SAP BW/4HANA
实战指南

智扬信达大数据工作室◎主 编

電子工業出版社

Publishing House of Electronics Industry

北京·BEIJING

内 容 简 介

SAP BW/4HANA 是在 SAP BW 的基础上发展出来的新一代数据仓库应用,支持云部署。BW/4HANA 在 BW 原有功能的基础上,为用户提供端到端的数据管理平台,对数据存储对象、数据流、数据温度管理、源系统等进行了简化,并支持 SQL 直接访问,实现数据的实时集成。本书在深入总结深圳智扬信达信息技术有限公司十几年 SAP BI 实战经验基础上,结合 SAP BW/4HANA 产品的特点及优势,基于企业数据仓库建设过程中通常涉及的工作任务(如数据抽取、主数据建模、业务数据建模、数据流处理、处理链开发、权限管理和数据生命周期管理等)的特点及难点,详细介绍了如何对 SAP BW/4HANA 数据仓库建设过程中的各个工作项进行最优设计,并为过程中常见的疑难问题提供了解决方案。

本书适合有计划搭建实施企业级数据仓库的企业高管、BW 实施顾问,或对数据仓库产品感兴趣的 BI 顾问、SAP 业务顾问及数据仓库技术爱好者阅读使用。

未经许可,不得以任何方式复制或抄袭本书之部分或全部内容。
版权所有,侵权必究。

图书在版编目(CIP)数据

SAP BW/4HANA 实战指南 / 智扬信达大数据工作室主编. —北京:电子工业出版社,2022.7
ISBN 978-7-121-43874-5

Ⅰ.①S… Ⅱ.①智… Ⅲ.①企业管理—数据处理—应用软件—指南 Ⅳ.①F272.7-62

中国版本图书馆 CIP 数据核字(2022)第 116937 号

责任编辑:刘志红(lzhmails@phei.com.cn)　　特约编辑:王 纲
印　　刷:三河市君旺印务有限公司
装　　订:三河市君旺印务有限公司
出版发行:电子工业出版社
　　　　　北京市海淀区万寿路 173 信箱　邮编:100036
开　　本:787×980　1/16　印张:22.25　字数:569.6 千字
版　　次:2022 年 7 月第 1 版
印　　次:2024 年 11 月第 2 次印刷
定　　价:118.00 元

凡所购买电子工业出版社图书有缺损问题,请向购买书店调换。若书店售缺,请与本社发行部联系,联系及邮购电话:(010)88254888,88258888。
质量投诉请发邮件至 zlts@phei.com.cn,盗版侵权举报请发邮件至 dbqq@phei.com.cn。
本书咨询联系方式:(010)88254479,lzhmails@phei.com.cn。

编委会成员

陈凌 　深圳智扬信达信息技术有限公司联合创始人、智扬信达大数据工作室负责人，智扬云智慧企业套件总设计师，主导设计、咨询、参与实施 90+ 国内头部客户核心 BI 与大数据项目，负责本书第 1 章大数据与 SAP BW 的编写工作。

潘阳威 　深圳智扬信达信息技术有限公司联合创始人、技术研究院院长，智扬数据资产管理平台总设计师，主导和参与 100+ 大型企业数据仓库和大数据架构的设计与评审，负责本书第 3 章 SAPBW/4HANA 业务数据建模的编写工作。

祁翱 　深圳智扬信达信息技术有限公司资深技术专家、技术研究院副院长、数据治理研究组负责人，主导参与了多个大型数字化项目的规划和构建。负责本书第 2 章信息对象的编写工作。

李珺 　深圳智扬信达信息技术有限公司技术研究院副院长，实施四部部门经理，制造业行业专家，物料齐套产品总设计师，资深 BI 架构师，负责本书第 7 章数据分析的编写工作。

陈善廷 　深圳智扬信达信息技术有限公司上海分公司总经理，地产行业专家，资深 BI 业务咨询顾问，地产营销、运营、投资产品总设计师，负责本书第 6 章处理链的编写工作。

崔峰海 深圳智扬信达信息技术有限公司实施一部部门经理，资深 BI 顾问，长期从事企业数字化建设的落地实践与研究，主要涉及地产、制造等行业，负责本书第 4 章数据流处理的编写工作。

曾智宁 深圳智扬信达信息技术有限公司广州分公司经理，制造行业专家，高级 BI 业务咨询顾问，供应链、订单流等产品设计师，负责本书第 8 章百宝箱、第 9 章订单流追溯业务实施揭秘的编写工作。

周桐 深圳智扬信达信息技术有限公司武汉分公司经理，高级 BI 实施顾问、BI 实施项目经理，主导设计、咨询、参与实施 20+国内头部客户核心 BI 与大数据项目，负责本书第 5 章数据抽取的编写工作。

本书的编纂和许多同事的辛勤付出密切相关，在此特别感谢聂朋朋、赖雯妮、李政、李万成、吴海洋、郝伟伟、卢俊东、刘汪、符兰竹、郑金鹏、王志鹏、祝世楠、练书祥、陈俊健。

序 1

21世纪的现代化企业需要更强大、更简捷、更实时、更灵活的商务智能和大数据平台，这样的平台既能做好企业管理问题的结果归因，又能做好管理过程的实时纠偏，同时具有预测模拟和自动诊断能力，能实现真正意义上的数字化转型，让数据推动企业变革和创新。

SAP BW/4HANA 作为 SAP Business Technology Platform 的数据仓库层和数据平台层，致力于以更简单的方式获取实时的企业洞察力。SAP BW/4HANA 承载了数据资产集成、存储、管理、消费等关键数据应用功能，是大部分世界五百强企业经营决策和数字化运营的核心引擎。如何深入应用 SAP BW/4HANA，应对简化、实时、灵活的跨时代的数据挑战，是每一个数据驱动型企业、相关数据从业者、产品和实施服务厂商都格外关注的话题。

智扬信达作为 SAP 大中华区 BTP BI 业务最核心的合作伙伴，多年来协助 SAP 成功实施了大量的商务智能项目，在制造、地产、金融、零售、医疗等行业积累了大量的最佳实践和成功经验，并获得了很高的客户满意度。作为"习武之人"，武功高低往往取决于基础的扎实程度和实践经验的多少。我很高兴这群"武林高手"愿意把多年的"习武心得"通过这本"秘籍"总结分享出来。

让我格外惊喜的是，这本书兼具"深"和"全"的特点，绝不是英文文献的翻译或者简单的平台工具介绍。"深"体现在这本书从主数据、业务数据、数据流、数据抽取、业务实例等方面，进行系统、全面又不乏生动的原理讲解，引导读者了解本质，从根本上理解 SAP BW/4HANA 的设计原则和思路。"全"体现在这本书从逻辑顺序到建模特点、从全面讲解到细节展现、从技术落地到业务价值应用多维度展开，读者不难发现本书是智扬信达多位资深 BI 实施专家多年经验的复盘总结。而深入和全面的数据化平台建设的能力，正是企业进行科学决策和数据创新的基础。

数字化企业的下一站是"数智化"企业，即深度挖掘大数据的价值，通过建模和增值使用，提升应用数据的水平和效率，打造智慧决策型企业。这本书作为 SAP BW/4HANA 全流程应用的"武林秘籍"，对企业练好数据的"内功"具有非常大的意义。我相信，此书会为打造中国真正的"数智化"企业提供基础的、真实有效的、全面的助力。

徐哲（SAP 全球副总裁）

2022 年 3 月 31 日

序 2

数字化是大数据、云计算、物联网等技术的进步和融合给企业能力提升与新模式发展带来的新机遇。市场竞争和疫情压力也加速了企业与社会进入数字化时代的步伐。

从发展的角度看，数字化是企业在实现智能化的征程上的一站，它建立在信息化的基础上，但与信息化有关键的差异，而这些差异又决定了我们在数字化时代需要采用不同的策略、管理模式、方法和工具。数字化建设的一个重要特征就是数据治理需要全企业的共管共享，数字化应用的建设需要业务与IT的共建共创，这就要求IT技术平台能够提供高效的数据治理流程支持和易用的数据服务建设工具，让懂业务的人用好数据，让数据的价值在企业中得到释放。

对于非数字原生的企业来说，弥补数据治理基础的薄弱与缺失是数字化建设过程中不可或缺的一步，这项工作是长期的、艰巨的。但数字化赋能企业的这种内生外延、塑造企业和生态的能力，是每个想在数字化时代获得成功的企业必须具备的。

数字化变革的前途是光明的，道路是曲折的。祝各位同道前行的"取经者"修得正果。

吴庆赟（迈瑞医疗 CIO）

2022 年 3 月 31 日

前言

随着数字经济在全球的发展，数字化转型作为数字经济发展的重要着力点，已经成为激发企业创新活力、推动变革的核心力量。各行业对数字化转型重要性的认识不断深入，都在紧急部署企业数字化转型战略。当前，企业利用大数据、云计算等新一代信息技术对组织、业务、市场、产品、供应链、制造等经济要素进行全方位变革，而企业数字化转型面临的典型问题是如何在业务数据化后提升效率、控制风险、提升产品和服务的竞争力。企业数据仓库作为企业数据资产的外在承载，其构建成为企业数字化转型过程中的关键环节之一。

SAP BW 作为市场上最强有力的企业级数据仓库产品之一，除具有数据仓库平台必须具备的 ETL 功能外，还充分结合 Inmon 与 Kimball 数据仓库理论思想，提供了基于主题的主数据建模、管理及应用解决方案。SAP BW 针对企业不同数据分析应用场景，提供了不同的预置数据模型进行存储。同时，平台还提供专业的多语言支持、元数据管理、配置化的数据流故障处理等功能。基于 SAP BW 平台，数据仓库实施顾问不再需要将大量的时间和精力投入繁杂的数据库表和字段创建工作中，而是站在业务的视角，结合数据的应用场景，以搭积木的方式进行数据模型的设计和创建。

2016 年，SAP 发布了数据仓库应用 SAP BW/4HANA，提供了全新的基于高性能内存计算平台的数据仓库解决方案，可以更快速、更灵活地帮助企业进行不同业务系统之间的数据整合，为企业构建统一、完整的数据资产中心，并实现实时的数字化运营。SAP BW/4HANA 是在 SAP BW 的基础上发展出来的新一代数据仓库应用，支持云部署。在 SAP BW 原有功能的基础上，SAP BW/4HANA 为用户提供端到端的数据管理平台，对数据对象、数据流、数据温度管理、源系统等进行了简化，并支持 SQL 直接访问，实现数据的实时集成。

同时，SAP BW/4HANA 基于内存计算的数据仓库架构，将前端数据分析、数据管理及 BPC 计划等功能向下内置到 HANA 数据库中进行，进一步提升了系统整体性能，可以满足企业在大数据时代的非结构化与结构化数据并存的分析需求。SAP BW/4HANA 一经推出，其功能便受到市场好评。

好的产品离不开高质量的实施落地，在数据仓库设计、开发中充分发挥 SAP BW/4HANA 的优势，为企业创建高性能、高稳定、高扩展的数据仓库，不仅需要丰富的实施经验，还需要对 SAP BW/4HANA 建模原理有深入、全面的认知，而业内相关书籍较少涉及这方面的知识。无论对于 BI 实施顾问还是企业 BI 维护人员，在 SAP BW/4HANA 实施及运维的过程中，常常会遇到大到架构设计、增量机制选择，小到主数据建模操作、汇率转换等各类问题，高级顾问在架构设计过程中也常遇到性能问题。这些问题得不到解决，不仅对实施进度有影响，而且会导致企业依赖的数据中心平台在两三年后出现性能差、难扩展、不易维护的问题。

本书凝聚了深圳智扬信达信息技术有限公司十几年的 SAP BI 实战经验，以科学的数据仓库建模设计理念为指引，结合 SAP 数据仓库产品的特点及优势，从实践落地的角度出发，基于企业数据仓库建设过程中通常涉及的工作任务（如数据抽取、主数据建模、业务数据建模、数据流处理、处理链开发、权限管理和数据生命周期管理等）的特点及难点，详细介绍了如何对 SAP BW/4HANA 数据仓库建设过程中的各个工作项进行最优设计，并为过程中常见的疑难问题提供了解决方案。

本书首先对 SAP BW/4HANA 的平台功能和操作进行了详细介绍，然后以一个虚拟制造公司 BI 项目实施过程为引子，对整个实施过程中应该关注的理论知识及建模要点进行了阐述，同时对项目常见问题进行了总结、剖析，并结合 SAP BW/4HANA 的特点提供了解决方案。

企业数据仓库建设、数据中心集成、数据治理和数据资产管理的相关理论日新月异，SAP BW 的产品也不断迭代，如何在企业数字化转型过程中，基于数据仓库产品本身特点为企业量身搭建一个高扩展、高性能、易维护、灵活的数据中心，始终是值得我们不断深入讨论的课题。

为方便读者从全局的视角理解、掌握 SAP BW/4HANA 项目设计及实施落地的知识点，本书设定了一个虚拟项目场景。该场景涵盖了常规 BI 数据仓库建设中涉及的主要工作及常

前 言

见问题。虚拟项目背景说明如下。

某芯片公司 A 成立于 20 世纪 80 年代，默默深耕芯片产业链（含设计、采购、制造、销售等业务）30 余年，整体运营平稳有序，业务发展遍布海内外。

随着信息化建设浪潮的来临，A 公司建设了多套业务系统，沉淀了公司创立以来的业务流转数据。核心业务系统包括 ERP、CRM、MES、WMS 等。其中，ERP 采用了 SAP ECC 6.0，于 2015 年升级到 S4，CRM、MES、WMS 等系统均保持了良好的运行状态，并持续进行了数据质量的管理和主数据的规范化建设。

随着信息化水平的提升，A 公司管理层将数据作为重要管理依据之一。公司要求业务分析人员根据实际情况，以月度 PPT 汇报的方式向集团汇报上个月企业运营情况。但是在进行业务分析时，针对不同的系统，分析人员需要找不同的负责人，并且跨系统数据难以合并，分析人员需要耗费大量时间在数据收集、整理及核对方面。此外，业务人员需要随时应对管理层临时变化的数据需求。因此，在业务分析方面，存在数据获取难、业务分析时间长、不深入的问题，这些问题也导致公司管理层无法及时获取企业全局运营情况。

近年来，受新型冠状病毒性肺炎疫情的影响，世界范围内的芯片短缺引起了一阵恐慌，国内众多行业也受到不同程度的影响。A 公司作为一家老牌芯片公司，国际形势的极速变化引起了公司高管们的警觉。为了应对外来挑战，该公司第一时间响应国家号召，主动担负起作为一家民族企业的使命与责任，在提升国内供应份额、满足国内企业芯片需求的同时，有序扩大产能，从而化危机为机遇，提升公司在国内市场的竞争力和影响力。

在此背景下，每日获取公司最新的运营动态迫在眉睫，公司 CEO 主持召开会议，将公司运营管理数字化提上日程，提出希望以内部运营管理效率作为切入点，通过每日信息汇报的形式及时掌握公司运营状况的要求。

A 公司成立数字化小组，以 CEO 为委员长，CIO 为组长，CEO 直接牵头推进数字化事宜，公司数字化经营管理项目应运而生。由于缺乏数字化项目实施经验，A 公司邀请专门从事 BI 咨询与服务的 JSC 公司负责该项目的具体设计与实现。

经过多方调研与沟通，JSC 公司项目经理 Jackie 根据 A 公司当前的情况制定了一套完整的建设方案，包括业务方案设计、技术架构规划设计、建设规范、数字化平台工具选择（包括 ETL 工具、展示工具、数据采集平台、数据服务平台、数据门户平台等）。该方案为企业的数据应用场景分别提供了非实时数据仓库的分层设计、实时数据仓库的落地原则及上线后运维与数据管理等解决措施。

该项目的目标为：从公司层面统一规划，以业财一体化为核心，逐步打通财务、销售、供应链三大模块的运营分析。项目的重点规划方向定位在毛利分析，对每一笔销售订单进行利润分析，从而实现运营管理全过程可追溯、可视化，帮助公司管理者及时掌握运营状况，缩短决策时间。

A 公司于 2020 年 5 月正式启动数字化经营管理项目，项目周期为 6 个月，项目组由 JSC 公司项目经理 Jackie、业务顾问 Danny、其他 6 位顾问及 A 公司项目经理 Richard、项目成员 David 等构成。项目组织架构图如下图所示。

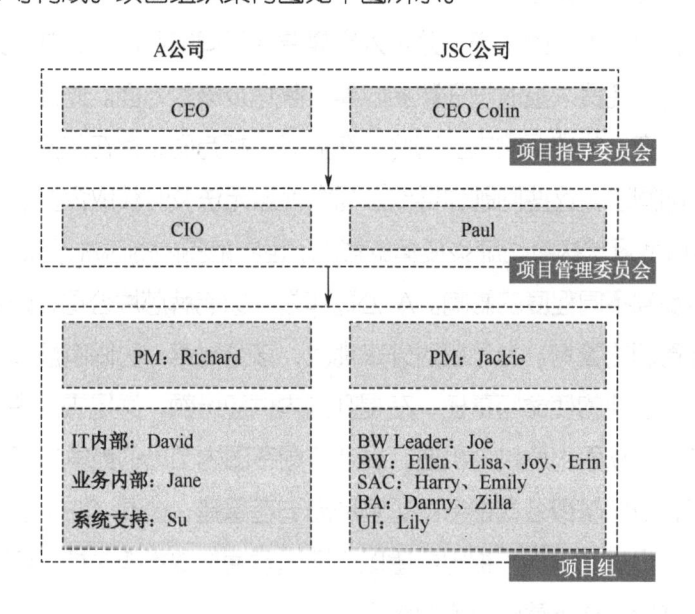

A公司	JSC公司	
CEO	CEO Colin	项目指导委员会
CIO	Paul	项目管理委员会
PM：Richard	PM：Jackie	
IT内部：David 业务内部：Jane 系统支持：Su	BW Leader：Joe BW：Ellen、Lisa、Joy、Erin SAC：Harry、Emily BA：Danny、Zilla UI：Lily	项目组

项目组织架构图

本书将按项目组的关键工作任务展开叙述，由此开启一场数字化项目之旅。

由于编写时间仓促，且作者水平有限，书中难免有不足之处，敬请读者批评指正。

作　者

2022 年 5 月

目 录

第 1 章 大数据与 SAP BW 1

1.1 数据仓库面临的挑战 1
1.1.1 大数据时代的数据特点和挑战 1
1.1.2 数据应用多元化 3
1.1.3 数据仓库的治理挑战 4

1.2 SAP BW/4HANA 的特点 5
1.2.1 为什么是 BW 而不是 DW 5
1.2.2 SAP HANA 给 SAP BW 带来了什么 5
1.2.3 被人误解的 SAP BW/4HANA 6

第 2 章 信息对象 9

2.1 主数据的本质 9
2.1.1 主数据管理 9
2.1.2 主数据与参考数据 10
2.1.3 主数据与分析 11

2.2 SAP BW/4HANA 主数据实战 11
2.2.1 SAP BW/4HANA 中的主数据实现 13
2.2.2 特征值信息对象 15
2.2.3 关键值信息对象 27

2.3 主数据设计难点 30

2.3.1　主数据还是业务数据 30
　　2.3.2　时间相关的主数据 32
　　2.3.3　带有时间趋势的层级主数据 35
2.4　主数据实施的"酸甜苦辣" 39
　　2.4.1　例外聚合信息对象的设计和应用 39
　　2.4.2　主数据结构变更引发的"血案" 41
　　2.4.3　主数据中特殊字符的处理 42

第3章　SAP BW/4HANA 业务数据建模 46

3.1　数据模型设计 47
　　3.1.1　分析场景和数据模型 48
　　3.1.2　数据模型设计思路 49
　　3.1.3　采购订单数据模型设计示例 51
3.2　SAP BW/4HANA 业务数据模型开发详解 56
　　3.2.1　ADSO 概述 56
　　3.2.2　ADSO 配置及应用场景 59
　　3.2.3　ADSO 性能优化 68
　　3.2.4　CompositeProvider 的配置和使用 72
　　3.2.5　Open Ods View 的配置和使用 77
3.3　数据仓库设计之规范化与反规范化 87
　　3.3.1　什么是范式 87
　　3.3.2　数据模型设计之规范化 90
　　3.3.3　数据模型设计之反规范化 90

第4章　数据流处理 92

4.1　运筹帷幄地设计 94
　　4.1.1　数据流对象和数据建模的关系 95
　　4.1.2　数据流对象实施详解 97
4.2　转换的秘密 101

	4.2.1	SAP BW/4HANA 中的转换	102
	4.2.2	转换的创建和常用功能	106
	4.2.3	转换例程详解	111
	4.2.4	ABAP 转换和 AMDP 转换	120
4.3	执行开关的设置	130
	4.3.1	DTP 的创建和基本配置	130
	4.3.2	DTP 数据过滤和语义组的应用	134
	4.3.3	DTP 错误处理设置	138
	4.3.4	DTP 与转换调试	141
	4.3.5	执行监控	144
4.4	请求的管理与监控	147
	4.4.1	请求状态查询	147
	4.4.2	请求的激活和删除	148
4.5	如何避免性能问题	151
	4.5.1	转换中性能问题的高发区和解决方法	152
	4.5.2	DTP 性能优化	155

第 5 章 数据抽取 ········ 159

5.1	进化中的 SAP ERP 抽取机制	159
	5.1.1 ODP-SAP 提取器使用说明	161
	5.1.2 ODP-SLT 队列使用说明	187
	5.1.3 ABAP CDS View 使用说明	191
	5.1.4 SAP HANA Information View 使用说明	194
5.2	实时数据同步	197
	5.2.1 SLT 实时数据同步详解	197
	5.2.2 SDI 实时数据同步详解	200
5.3	非 SAP 业务系统的批量数据抽取	202
	5.3.1 SAP HANA 智能数据访问源系统创建和配置	202
	5.3.2 SAP HANA 智能数据访问数据源创建和配置	205

5.3.3 数据抽取和增量实现 ········· 206
5.4 手动加载数据 ········· 210
  5.4.1 文件源系统的创建和配置 ········· 210
  5.4.2 文件数据源的创建和执行 ········· 212

第 6 章 处理链 ········· 218

6.1 数据流串接的挑战 ········· 219
  6.1.1 处理链的主要作用 ········· 219
  6.1.2 数据流串接的重点和难点 ········· 220
6.2 SAP BW/4HANA 处理链关键组件 ········· 221
  6.2.1 处理链的关键步骤 ········· 221
  6.2.2 一般服务类 ········· 224
  6.2.3 加载和后处理类 ········· 228
  6.2.4 数据目标管理类 ········· 230
  6.2.5 其他 BW 组件 ········· 233
6.3 合理的处理链设计 ········· 233
  6.3.1 处理链设计的核心要点 ········· 233
  6.3.2 处理链设计步骤 ········· 236
6.4 异常情况的监控和处理 ········· 240
  6.4.1 处理链日志监控 ········· 240
  6.4.2 处理链异常邮件通知 ········· 241
  6.4.3 处理链执行统计 ········· 243

第 7 章 数据分析 ········· 245

7.1 报表预处理 ········· 247
  7.1.1 Query 基础开发介绍 ········· 247
  7.1.2 Query 传统变量的应用 ········· 252
  7.1.3 Query 变量增强 ········· 253
  7.1.4 Query 公式说明 ········· 258

目录

        7.1.5　Query 结构设计和应用 ································· 261
　7.2　数据展现 ··· 262
        7.2.1　BI Platform 简介 ·· 263
        7.2.2　Webi 基础功能介绍 ······································ 264
        7.2.3　Webi 与 SAP BW 的集成 ······························ 266
        7.2.4　Webi 高级应用 ··· 266
　7.3　全新一代数据分析平台——分析云 ······························ 271
        7.3.1　三位一体的分析平台 ····································· 271
        7.3.2　SAC 故事的实施与发布 ·································· 274
        7.3.3　双模数据——云端+本地 ································ 279

第 8 章　百宝箱 ·· 282

　8.1　灵活的单位转换 ·· 282
        8.1.1　货币单位转换实施方法 ·································· 283
        8.1.2　物料计量单位转换实施方法 ···························· 289
　8.2　预置的权限管控方案 ··· 293
        8.2.1　SAP BW/4HANA 权限管控架构 ······················· 294
        8.2.2　SAP BW/4HANA 功能权限和分析权限 ·············· 295
        8.2.3　系统标准权限信息对象 ·································· 296
        8.2.4　业务模型的权限配置 ····································· 297
        8.2.5　配置分析权限 ··· 300
        8.2.6　创建角色 ·· 302
        8.2.7　为用户分配角色 ·· 306
        8.2.8　SAP BW/4HANA 权限测试方法 ······················· 306
　8.3　热、温、冷数据管理 ··· 307
        8.3.1　数据分层存储概览 ······································· 307
        8.3.2　热、温、冷数据的分类标准 ···························· 308
        8.3.3　DTO 实施介绍 ·· 309
　8.4　实施神器 BI Content ··· 311

8.4.1　BI Content 应用介绍·················311
　　　8.4.2　BI Content 的激活方法···············314
　　　8.4.3　BI Content 使用案例介绍··············316
　8.5　数据接口服务功能······················317
　　　8.5.1　数据接口服务设计原则概述·············318
　　　8.5.2　数据接口服务技术方案——RFC············318
　　　8.5.3　数据接口服务技术方案——OData···········322

第 9 章　订单流追溯业务实施揭秘·················325

　9.1　订单业务流程························326
　9.2　订单流之 SD 模块简介和关注点···············327
　9.3　订单流之 SD 模块关键维度·················328
　9.4　订单流之 SD 模块标准数据源和模型·············329
　9.5　订单流之 SD 模块实施方案设计思路·············333
　9.6　订单流其他模型和展示···················334
　9.7　订单流追溯方案总结····················335

第 1 章

大数据与 SAP BW

数据是文明的基础，是精确的艺术，是科学的根本。基于数据，通过特定的算法，揭示其中隐藏的规律和趋势，更精准地确定管理和决策的方向，才能为企业打造更强大的核心竞争力。正是因为这个原因，商务智能（BI）才会成为每个企业信息化建设过程中最关键甚至决定性的一步。

在大数据时代，SAP BW 如何保持企业数据平台级的能力，如何面对数据量的极速增长，如何灵活地响应用户需求，都是用户或潜在用户关心的话题。

1.1 数据仓库面临的挑战

当前，传统数据仓库的发展来到了一个十字路口，海量数据、中台、人工智能（AI）等概念的兴起给数据仓库带来了挑战，数据仓库不仅要在数据的计算、存储、建模等方面展现自己的能力，也要从工具或平台层面转向对数据管理和治理概念的覆盖。

1.1.1 大数据时代的数据特点和挑战

从 20 世纪 90 年代中后期开始，作为 SAP 生态体系中的数据分析关键应用组件，

SAP BW 被国内外大中型企业广泛应用，成为大部分世界一流企业事实上的数据存储和数据建模中心。国外大家耳熟能详的苹果、微软等大部分世界五百强企业，国内大量中字头的央企，以及各行各业的标杆企业，它们内部核心的数据管理引擎和辅助关键决策的基础数据平台，都是 SAP BW。

进入 21 世纪以来，随着人类计算数据、生产数据、使用数据的能力的增强，数据科学进入一个崭新的阶段。无论是互联网企业还是传统企业，不仅需要传统意义上的小数据（企业内部数据），还需要现代意义上的大数据（竞争对手和社交媒体数据）；不仅有结构化数据（格式化好的数据），还有非结构化数据（如邮件、音视频等）；不仅希望存储数据的容量大，还希望数据的价值大。大数据这个概念早已经"飞入寻常企业家"，成为现代化企业数字化转型的关键成功要素。随着企业需求的数据量大幅度增加、机器学习和机器智能概念的兴起，大数据系统也呈现出不一样的特点，面临着不一样的挑战。

（1）数据由传统的以结构化数据为主转为结构化数据和非结构化数据并存，对于不同类型数据的存储与整合能力提出了更高的要求。冷数据、温数据、热数据、数据湖、数据中台等概念应运而生。

（2）对数据抽取、计算、建模、呈现的效率要求大幅度提高，基于实时数据仓库，大数据场景下的高性能计算和展现成为企业的刚需（特别是针对事中监控分析等应用场景）。所以在数据应用上，不仅要求一步快，还要求步步快，更有甚者，在快的基础上追求最佳性价比，这就对整体数据架构（各种系统或平台的组合）、技术、系统（平台）能力、实施能力提出了更高的要求。

（3）在大数据场景下，大量数据资产的管理和治理成为一项必须做好的基础性工作。良好的数据质量、高效和规范的数据追溯及管理能力是一个企业 BI 项目成功的基本前提，也是企业数据素养和数据使用能力的基本体现。

（4）大数据应用结合更高级的算法，能帮助数据的业务价值达到新的高度。大数据应用不仅要展示数据，还要成体系地梳理指标、辅助战略，及时而精确地改善管理，真正帮助企业实现看得到、看得清、看得远的目标。这就是我们常说的业务数据化和数据业务化。数据分析不再是一个奢侈品，而是一个必需品。大数据系统成为企业管理的基本工具，成为企业科学决策甚至战略发展的核心系统。

1.1.2 数据应用多元化

古语云：工欲善其事，必先利其器。但"利其器"（完善技术、平台、架构）只是更好地完成事情的基础，最主要的还是"善其事"。体现在企业数字化上，也就是数据分析、数据应用是否真正帮助企业的各级业务部门解决了管理问题，提高了运营效率，规避了风险，提升了收入或者降低了成本，进而真正有效地提升企业的竞争力。

在作者职业生涯前十年实践的 BI 项目中，有很多属于帮助执行层减轻工作量的报表项目，所谓 BI 的应用只是为了实现报表的电子化或者大屏的可视化（甚至有的是为了应对特定场景的"面子工程"）。这种项目的价值最多体现在报表开发效率的提升或者企业形象的提升上，对企业产生的实际管理价值及客户满意度提升作用显然是很有限的。

那么在大数据时代，什么才是一个有效的 BI 项目？企业数据应用的多元化又如何体现？基于对智扬信达这几年实践的客户高满意度 BI 项目的总结，我们分析出成功项目具备的几个特征。

（1）从企业管理周期的角度来看，数据分析要囊括事前（预测型分析）、事中（监控型分析）、事后（追溯型分析）、行动（处方型分析）4 个环节，这 4 个环节对应管理的 PDCA 循环。这样将使数据分析涵盖完整的管理周期，实现事前有计划、事中有控制、事后有复盘、数据和算法直接推导行动的管理目标。

（2）从企业管理成熟度的角度来看，完备的数据分析应该包括三层路径和三层指标，即第一层结果类指标、第二层动因类指标、第三层活动类指标。从改善结果的角度出发，分析路径覆盖管理的各个层级（战略决策层、管理层和执行层）的关键用户的需求，真正做到从经营结果到关键驱动要素，再到根本活动的纵向打通，让 BI 成为管理绩效改善的根本工具。

（3）从企业数据体系框架和实施方向选择的角度来看，既要有高屋建瓴的管理框架（如平衡计分卡等）做指引，又要结合企业关键痛点（如缺料、利润拆解等）给予精准定位和高效解决，打造速赢典范，真正做到整体计划、分步实施、高效建设、精品试点的科学有效的 BI 项目分期实施路径。同时，伴随着每一期项目的建设，不断提升综合数据治理水平及企业数据素养和数据文化。

（4）基于业务的高要求，从技术的角度来看，如要支持数据多元化、实现高价值创造目标，则必须打造一个完备、准确、高效、实时、易维护的数据仓库平台或数据中台，真正做到数字化转型的三位一体（技术、业务与数据治理）。这既是企业 BI 项目成功的根本技术保障和平台建设基础，也是帮助客户达成主要目标的关键保障。

1.1.3 数据仓库的治理挑战

20 世纪 80 年代，随着数据随机存储技术和数据库技术的使用，人们可以方便地存储和访问计算机系统中的数据，数据管理的概念随之产生。2015 年，DAMA 在 DMBOK2.0 知识领域将数据管理扩展为 11 个管理职能，分别是数据架构、数据模型与设计、数据存储与操作、数据安全、数据集成与互操作性、文件和内容、参考数据和主数据、数据仓库、商务智能、元数据、数据质量。

在大数据时代，数据治理（数据资产管理）不仅要做到对数据资产"管得住"和"用得好"，还要满足数据对象的变化（数据量增大，数据来源增多）、处理架构更新换代（云存储和混合式架构等）、组织职能升级变迁（专门的"数据管理部门"）、管理手段自动智能（需要平台式的自动化管理）等高段位要求，这些无疑对当前数据仓库（大数据平台）的实施建设提出了非常高的标准和要求。

结合以上内容，基于大数据时代数据的特点、数据的应用方式和数据治理等多方面的变化，结合企业数字化转型的核心目标，当前数据仓库（大数据平台）的建设，要从架构、效率、业务价值、技术特性、数据治理等方面进行综合考量、科学实施，才能为企业打造一个功能相对完备、兼具高扩展性和高维护性的数据基础平台。传统的 SAP BW 平台显然是无法实现这些目标的，这也是 SAP BW/4HANA 诞生的基础。

1.2 SAP BW/4HANA 的特点

借助 SAP HANA 的强大能力，SAP BW/4HANA 如虎添翼，在数据存储、建模、管理等各个方面都有所提升。在深入学习它的各项功能前，有必要向读者介绍 BW 和 DW 的区别，以及 SAP HANA 和 SAP BW/4HANA 的区别。

1.2.1 为什么是 BW 而不是 DW

数据仓库之父比尔·恩门（Bill Inmon）在 1991 年提出了数据仓库（Data Warehouse，DW）的概念后，Oracle、IBM、Microsoft、SAS、Teradata 等公司均推出了数据仓库产品，这些产品不仅拥有高并发、高性能的特点，还具有强大的数据存储能力和与 OLAP 工具无缝交互的能力。它们均是以技术架构为支撑的类数据库软件，是做好数据应用的"利器"。

SAP BW（SAP Business Warehouse）是 SAP 公司推出的企业级数据仓库（Enterprise Data Warehouse，EDW）管理软件，它本质上是"业务+数据仓库"的集成平台。SAP BW 在数据仓库的技术层面，拥有大数据存储的管理能力、ETL 能力、OLAP 能力。不仅如此，SAP BW 还拥有 SAP 各个业务模块的标准模板——BI Content。它是一组基于 SAP BW 中一致的元数据预先配置的角色和任务相关的信息模型，BI Content 为企业提供了各个行业所需的数据仓库模型和业务分析工具。这些信息模型包括角色、工作簿、查询、数据源、数据存储对象、关键值、特征、更新规则和 SAP 应用程序的提取器等。借助 BI Content，企业可以实现不同行业的数据模型模板"开箱即用"，快速部署数据仓库模型，提升开发效率。

1.2.2 SAP HANA 给 SAP BW 带来了什么

SAP HANA（SAP High-performance Analytic Appliance）是由 SAP 公司推出的一款基

于内存计算的列式数据库的系统平台。SAP HANA 除内置数据库以外，还具有 ETL 功能与高级分析（如预测分析、空间数据处理、文本分析、文本搜索、流分析、图形数据处理）功能，并内置了应用程序服务器。

SAP HANA 作为数据库平台，支持结构化数据和非结构化数据的存储，并且由于其数据存储在内存数据库中，所以访问速度极快，根据已有的成功案例，数据处理速度比客户原数据库系统快成百上千甚至上万倍。SAP HANA 使用了列式存储，可以提高内存的利用率和数据的检索效率，并且 SAP HANA 支持大规模并行扩展部署，这些特性使 SAP HANA 能够支持对大数据量的快速存储、计算和检索。

在 SAP HANA 横空出世的时候，业内诸多人士认为，SAP HANA 就是数据仓库的未来，SAP BW 将会被 SAP HANA 取代。然而，事实并非如此，因为 SAP HANA 是数据库软件，提供了数据存储、读取的能力；SAP BW 是应用平台，提供了数据管理、应用的能力。两者各有分工，相辅相成。SAP BW 内置了元数据、主数据的统一管理模块，其模型能够自动生成数据流和血缘关系，能够很好地实现企业对数据质量的管理和监控。

虽然 SAP BW 中许多特定的功能已被移至 SAP HANA 平台，如一些用户界面已在 Eclipse（HANA Studio）环境中可用，并且这种趋势仍在继续，但是 SAP BW 的功能已通过利用 SAP HANA 平台附带的许多功能得到增强，使之成为一个全面、开放和面向服务的数据仓库平台，而且依靠 SAP BW 进行语义建模、管理和监控，同时利用 SAP HANA 特定功能的混合解决方案正在兴起。这都归功于 SAP BW 和 SAP HANA 平台的强大能力，以及它们与 Hadoop 和基于云的解决方案的紧密集成，如最新的云分析平台 SAP Analytics Cloud。

SAP BW + SAP HANA 的强力组合，在数据管理上能够帮助企业全面掌握数据资产现状、提升数据质量，在数据应用上能够保障数据安全合规。同时，能够实现数据互联互通，提高数据获取效率，让企业的数据价值持续释放。

1.2.3 被人误解的 SAP BW/4HANA

2016 年 8 月，SAP 公司正式向全球推出了新一代数据仓库产品 SAP BW/4HANA，该产品基于全新的架构和设计，具有如下几大特点。

（1）简化开发系统，可以通过提高敏捷性和灵活性来快速响应需求。对模型开发来说，SAP BW/4HANA 的数据对象更加简单，并且支持结构化数据和非结构化数据，同时能够通过信息对象和字段建模；对数据流来说，支持快速、灵活地从任意层级进行分析，能够跨层虚拟合并数据。在数据管理方面，能够做到对热数据、温数据和冷数据进行统一管理，划分不同数据分区，并且自动在热数据、温数据和冷数据存储间分配数据。

（2）拥有全面的开放性，可以提供更广泛的商业洞察力。SAP BW 和 SAP HANA 的紧密结合实现了端到端混合场景的集成管理，并且提供了两种满足不同需求场景的建模方式，实施起来高度灵活。

（3）为所有用户提供全新的界面，便于快速学习和使用。建模开发更加直观和便利，现代化的监控平台提供了高效的管理手段。通过 Analysis Office 和 SAP Analytics Cloud 提供更加丰富的分析工具。

（4）基于内存的高性能数据仓库平台。SAP BW/4HANA 是基于 SAP HANA 的数据应用，不需要聚合过程，数据库层面使用更少的索引，具有更高的数据加载和处理速度，能满足大数据时代对性能和效率的要求。

尽管 SAP BW/4HANA 拥有诸多新特性，可以应对大数据时代的各种需求，但用户对它依然存在以下一些误解。

（1）SAP BW/4HANA 只能抽取 SAP 系统数据。

SAP BW/4HANA 是 SAP 的数据仓库解决方案，它是一个开放的平台，能够支持市面上主流的各种数据源。并且，SAP BW/4HANA 将源系统简化为三种，其中所有的 SAP ERP（如 SAP S/4HANA）相关的应用采用 ODP 连接，所有的数据库和文件系统采用 HANA Local 连接，文本文件依然采用文件系统连接。另外，为了解决数据的时效性问题，SAP BW/4HANA 充分利用了 SAP HANA 数据集成的相关功能，通过提供 SDI（Smart Data Integration）和 SLT（SAP Landscape Transformation）的方式实现数据的实时同步/复制。SAP BW/4HANA 不仅对 SAP 系统的数据抽取进行了大幅优化，对非 SAP 系统数据也有良好的集成性。

（2）SAP BW/4HANA 是数据中台。

数据中台是最近出现的一个新兴概念，其核心目标是搭建一个连接前台和后台的平台，提供 EB 级的数据存储、共享和服务。SAP BW/4HANA 基于 SAP HANA 搭建，支持结构化数据和非结构化数据的存储，能够满足高性能、大数据量的需求。不仅如此，SAP BW/4HANA 还基于信息对象、元数据管理及数据流管理，帮助企业全面掌握数据资产现状、保障数据质量，并且在数据应用上能够保障数据是安全合规的。

此外，SAP BW/4HANA 是一个开放的平台，支持本地部署和云部署，而且可以基于简单的数据连接架构连接任意数据源和数据类型。数据中台并不是一个具体的标准化产品或系统平台，而是一系列数据组件或模块的集合，而 SAP BW/4HANA 正是 SAP 在大数据时代提出的数据中台解决方案的核心组件。

（3）SAP BW/4HANA 开发难度大。

SAP BW/4HANA 提供了更加简便的开发和管理模式，它将原有的 11 种数据对象简化到 4 种，用 CompositeProvider 和 Open ODS View 代替传统的虚拟提供者，其中 Open ODS View 主要基于 SAP HANA 视图提供数据，CompositeProvider 通过组合其他虚拟对象对外提供数据。InfoCube、DSO 等对象则全部由 Advanced DataStore Object（ADSO）替代。信息对象依然是 SAP BW/4HANA 最基础的元件。另外，无论是工具层面的 BWMT 或 SAP BW/4HANA Cockpit，还是 SAP 提供的详尽的帮助文档，都大大降低了 SAP BW/4HANA 的学习、使用和管理成本。

第 2 章

信息对象

自 BW 问世以来，信息对象就贯穿 BW 系统的始终，从 BW1.0 到 SAP BW/4HANA，信息对象始终是 BW 建模中最基础的那块积木。本章主要阐述如何基于 BW 信息对象的特点，解决主数据设计的难点，最终通过主数据实施搭建 BW 系统的坚实底座。

2.1 主数据的本质

主数据和交易数据分开存储是架构设计中的关键点。一方面，要做好主数据本身的管理工作，使主数据实现标准和统一，为交易数据提供基础；另一方面，要根据实际情况设计主数据的分析场景，充分发挥主数据的应用价值。

2.1.1 主数据管理

主数据（Master Data）指用来描述企业业务实体的数据，是企业核心业务对象和交易业务的执行主体。主数据是在整个价值链上被重复应用于多个业务流程、跨越各个业务部门和系统的高价值的基础数据，是各业务应用和各系统之间进行数据交互的基础。

交易数据（Transaction Data）也称业务数据，是随着企业业务的推进而产生的数据，是对组织业务运营过程中的内部或外部事件、交易的记录。

主数据管理最重要的目标是消除数据冗余，提高数据处理效率，提升企业战略协同力。这是一种需要业务部门与 IT 部门协同合作，并且需要技术支撑的管理流程，以确保企业主数据资产的统一性、准确性、组织性、语义一致性和可靠性。通过构建准确、唯一、权威的数据来源建立企业主数据标准管理体系，是提高企业数据质量和数据资产价值的关键因素。

2.1.2 主数据与参考数据

企业对不同的主数据类型有不同的管理要求，通常与主数据一起被提及的是参考数据。奇泽姆（Malcolm Chisholm）在他的六层数据分类法中，将主数据定义为参考数据、企业结构数据和交易结构数据的聚合，如表 2-1 所示。

表 2-1　主数据类型

类型	说明	举例
参考数据（Reference Data）	用于描述其他数据	客户名称描述表
企业结构数据（Enterprise Structure Data）	按业务职责描述业务活动	会计科目表
交易结构数据（Transaction Structure Data）	业务活动包含的元素	客户类型

主数据和参考数据都为交易数据的创建和使用提供重要的基础信息。同时，参考数据会为主数据提供基础信息，以便理解数据的含义。在企业层面，参考数据和主数据都是被管理的共享资源，但它们的管理侧重点不同。参考数据的更新频率比主数据低，主要是对定义的域值及定义进行控制，如科目表、定价类型、语言代码等，目标是确保企业用户访问的数据含义是一致的。主数据需要对值和标识符进行控制，确保准确性和可用性，如客户主数据、产品主数据等。

在 SAP BW/4HANA 中，信息对象的属性值可以引用自参考数据，通过信息对象融合主数据和参考数据，可以帮助企业数据仓库实现基础信息的统一，有助于用户理解数据之间的关系，并且可以用来建立数据质量规则。

2.1.3 主数据与分析

在传统商务智能的层面,分析的对象往往是企业经营指标,如销售额、利润率、人均产值等。这些指标通常反映企业经营管理的过往、现状,并能预示未来的情况。

企业数据仓库中与主数据相关的分析一方面能为业务用户提供更多的分析视角,例如,数据标签分析能够帮助用户快速识别和分类数据,组织结构分析能够帮助企业实现内部组织结构跟踪和优化,主数据容量分析能够帮助业务部门了解数据规模。另一方面能满足各类企业数据资产的管理需要,例如,变更影响分析能够帮助实现平台功能的迭代开发,数据血缘分析能够帮助解决数据仓库中的数据定义和数据关系问题,数据质量分析能够帮助企业提高数据资产价值。

2.2 SAP BW/4HANA 主数据实战

在 SAP BW/4HANA 数据仓库建设过程中,往往要从多个业务系统中获取数据,由于很多企业在进行业务系统建设时不重视主数据管理,导致同样的主数据在不同业务系统中可能存在不同的描述、不同的字段类型、不同的字段长度、不同的编码。例如,常见的组织单位主数据,可能在 A 系统中被称作一级组织、二级组织、三级组织,在 B 系统中被称作单位、部门、处室,但其代表的是同样的业务含义;在 A 系统中可能采用 A001、B001、C001 这种字母与数字组合的形式表示组织单位编码,而在 B 系统中又采用 10000000、10010000、10020001 这种数字编码形式表示组织单位编码。因此,在搭建数据仓库时无法把 A、B 两个业务系统中的数据直接拿来做跨业务系统的分析。数据仓库中模型的可复用性也主要体现在主数据上,所有跨系统的数据集成,首先要去除系统间主数据的异构性,在此基础上系统间共用一套主数据。主数据建模是 SAP BW/4HANA 的重要基座,基于对数据一致性、规范性等方面的要求,主数据的质量是保证企业数据仓库数据质量的第一道关卡。

为了解决主数据异构的问题，在建设数据仓库的时候，需要对这些主数据进行统一处理。进行主数据统一处理有以下几个步骤：①统一主数据编码；②统一主数据描述；③明确主数据的业务含义；④统一主数据字段类型与长度。对应到BW数据仓库建设中，就是把不同源系统中的字段统一成同一个信息对象，通过信息对象统一字段编码、字段类型、字段描述等。

确定统一编码规则后，还需要梳理源系统中主数据与数据仓库标准主数据的对应关系，将转化后的值存储在BW数据仓库中，以便进行跨系统的数据分析。此外，由于部分业务系统对录入的信息缺乏校验，数据在进入数据仓库时可能包含非法字符，因此需要在数据抽取的转换过程中对非法字符进行处理，否则无法通过BW数据仓库的主数据验证。

综上所述，数据仓库主数据设计主要包含以下几个方面。

1. 统一主数据编码

在企业层面对主数据进行梳理，统一主数据的数据类型和编码。在系统中维护各业务系统主数据和全局主数据之间的编码映射关系，在数据仓库的数据流中进行统一的处理和应用。主数据编码映射表设计样例如表2-2所示。

表2-2 主数据编码映射表设计样例

主数据编码（标准）	主数据描述（标准）	业务系统	业务系统编码	业务描述	备注
M00001	可乐600mL	SAP	M0001	可乐	
M00002	可乐300mL	零售终端系统	P0022	可乐	

2. 设计主数据属性

主数据属性分为时间相关和时间无关两类，因此在设计主数据属性时需要提前明确属性的时间相关性。主数据属性设计样例如表2-3所示。

第 2 章　信息对象

表 2-3　主数据属性设计样例

主数据编码	属性编码	开始时间	结束时间	备注
M00098	N001	2021.03.01	2021.12.31	
M00098	N001	2022.01.01	2022.12.31	

3．设计主数据文本

主数据文本有语言相关性和时间相关性，在设计主数据文本时，需要明确是否有与语言、时间相关的细节。

4．设计层次结构

主数据的层次结构设计需要确认时间相关性、版本。

5．统一主数据应用

在数据仓库的模型设计中，全局主数据模型只设计一套，所有业务数据模型统一调用全局主数据模型，以达到主数据共享和复用的目标，如图 2-1 所示。

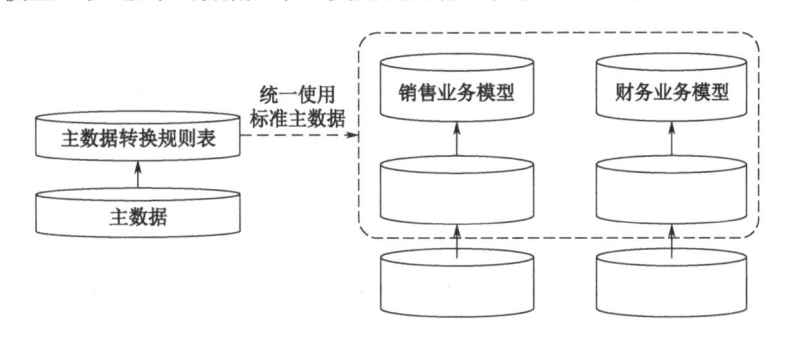

图 2-1　主数据共享和复用

2.2.1　SAP BW/4HANA 中的主数据实现

在 SAP BW/4HANA 系统中，信息对象（InfoObject）是最小的建模单位，可以基于一个信息对象来建模，用来存储相关的主数据信息，或者出具简单的报表。信息对象还可以用来组成其他的复杂模型，定义报表，评估主数据和交易数据。

信息对象有如下几个关键特征：

（1）可以通过技术名称被唯一标识；

（2）包含技术信息和管理信息；

（3）允许建模；

（4）用于出具分析报表。

每个信息对象具有不同的技术名称，但不同的信息对象可以有相同的描述。有时无法通过信息对象的描述区分不同的信息对象，但可以通过其技术名称区分。一个信息对象不仅包含技术信息，如字段类型、长度，还可以用来存储主数据的属性、文本、层次结构等业务信息。

SAP 在 BI Content 中提供了标准的信息对象，这些信息对象的名称通常以数字"0"开头。用户也可以自定义信息对象，但自定义信息对象的技术名称不能以数字或者特殊字符开头。

在 SAP BW/4HANA 中，信息对象被分为关键值（Key Figure）和特征值（Characteristic）两种类型。

在 SAP BW/4HANA 数据仓库建模中，关键值信息对象对应的字段用来存储需要被计算或评估的值，如报表中常用的金额及数量。特征值信息对象对应的字段用于存储与维度相关的数据，如成本中心、科目、人员编号等信息；或者日期、时间信息，如日历天（0CALDAY）、日历年（0CALYEAR）、财年（0FISCYEAR）等。

在 SAP BW/4HANA 数据仓库建模中，信息对象本身就是可建模的最小对象，一般包含属性、文本、层次结构三种主数据信息。除此之外，它还可以用来组成转换、复合信息提供者、Open ODS View、ADSO 等复杂的建模对象，如图 2-2 所示。也可以在建模过程中直接使用 Fields 代替信息对象以减少建模的工作量。但是，使用 Fields 时无法使用特征值的主数据属性、文本、层次结构，也无法对 DTP 设置过滤器，以及基于特征创建 Query 变量（包括出口变量、权限变量等）。

第 2 章 信息对象

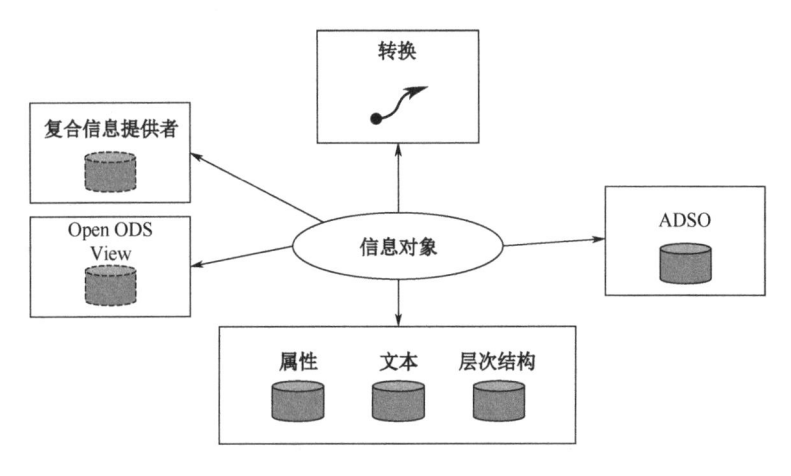

图 2-2 信息对象的使用范围

2.2.2 特征值信息对象

在 BW 资源库中，选择信息对象需要存放的信息范围，按照如图 2-3 所示的流程即可创建信息对象。

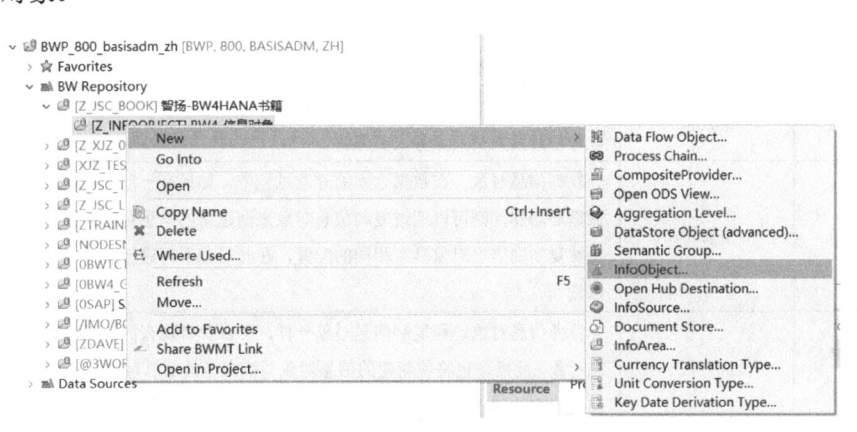

图 2-3 创建信息对象

此时会弹出创建信息对象的对话框，如图 2-4 所示。根据当前所在的项目及信息范围，系统将自动给出前两个选择框（BW Project 及 InfoArea）的内容，一般情况下无须修改其中的内容。下面介绍其他需要填写和配置的输入框及选择框。

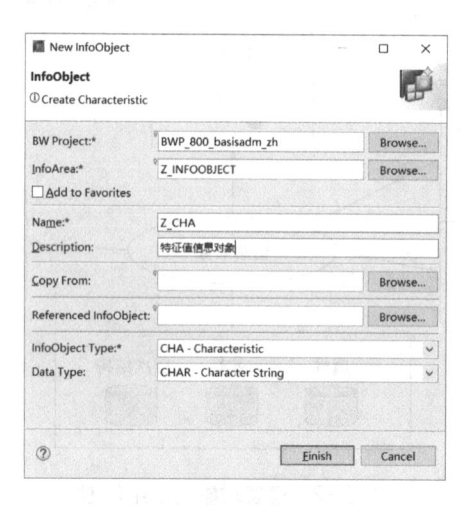

图 2-4 创建信息对象的对话框

创建信息对象时，相关配置项如表 2-4 所示。

表 2-4 信息对象配置项

名称	类别	用途
Name	输入框	在此输入框中，需要输入信息对象的技术名称，此名称是信息对象在 BW 系统中的唯一标识，不可与已存在的信息对象相同，且无法修改。注意，在 BW4 系统中，信息对象的技术名称应包含 3～9 个字符，否则系统不允许创建信息对象
Description	输入框	在此输入框中，需要输入信息对象的描述，此描述一般代表信息对象的业务含义，以方便开发人员及业务人员理解
Copy From	选择框	复制信息对象。在数据仓库的开发过程中，如果有一批配置相同或接近的信息对象需要创建，则可以通过复制信息对象来创建新的信息对象，此时新建的信息对象与被复制的信息对象具有相同的配置，在此基础上再进行修改，将会降低开发的工作量
Referenced InfoObject	选择框	参考信息对象。和复制信息对象一样，可以参考现有的信息对象创建一个新的信息对象，此操作也将使新建的信息对象与被参考的信息对象具有相同的配置。但是，使用此方法创建的信息对象配置将会随着被参考对象的配置变化而变化
InfoObject Type	选择框	此处可以选择 4 种信息对象类型： Characteristic（特征值） Key Figure（关键值） Unit（单位） XXL InfoObject（超大的信息对象）

在创建信息对象的时候，可以选择的信息对象的类型如图 2-5 所示，并且可以指定信

息对象的数据类型。

图 2-5 信息对象的类型

特征值信息对象的数据类型如图 2-6 所示。

图 2-6 特征值信息对象的数据类型

关键值信息对象的数据类型如图 2-7 所示，详细的内容将会在后续章节中讲述。

图 2-7 关键值信息对象的数据类型

通过前文所述步骤完成特征值信息对象的创建后，将得到如图 2-8 所示的新建的特征值信息对象。

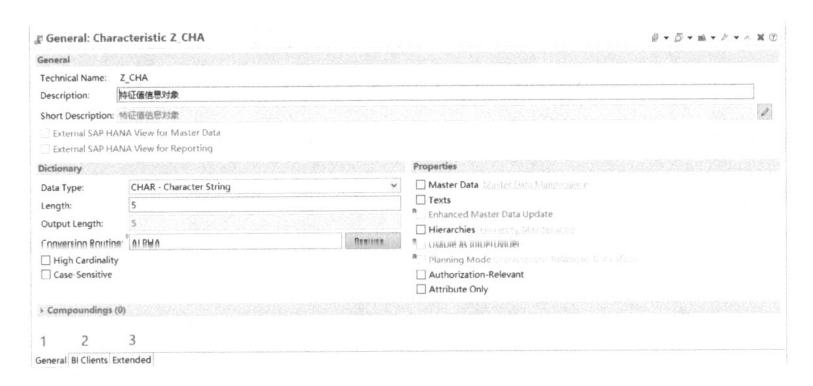

图 2-8 新建的特征值信息对象

接下来，将介绍一个特征值信息对象有哪些配置项，以及每个配置项的含义和用途。

1. General 页签

General 页签中包含信息对象的基本信息，如图 2-9 所示。

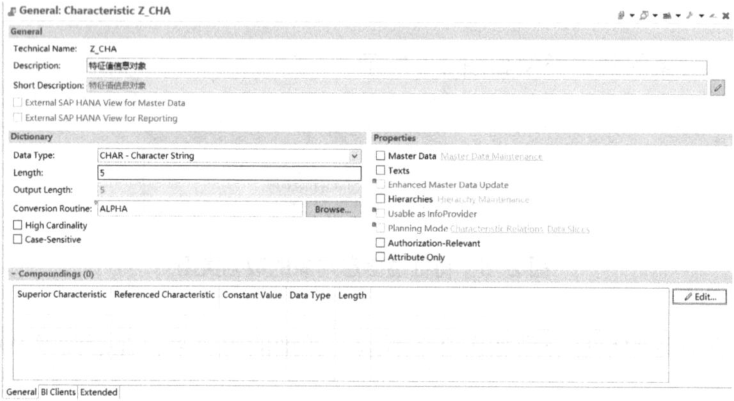

图 2-9　General 页签

下面介绍 General 页签中各选项的用途。

1）General（常规）

常规选项如图 2-10 所示。其中，技术名称在创建时确定，创建后无法进行修改。信息对象的描述可进行修改，根据需要可以启用短描述。

勾选 External SAP HANA View for Master Data 和 External SAP HANA View for Reporting 两个选项后，会在 HANA 数据库中生成对应的 HANA 视图。但是注意，勾选这两个选项有前置条件：External SAP HANA View for Master Data 需要信息对象至少具有主数据属性或文本；External SAP HANA View for Reporting 需要信息对象在具有主数据属性的基础上，再勾选 Usable as InfoProvider 选项。

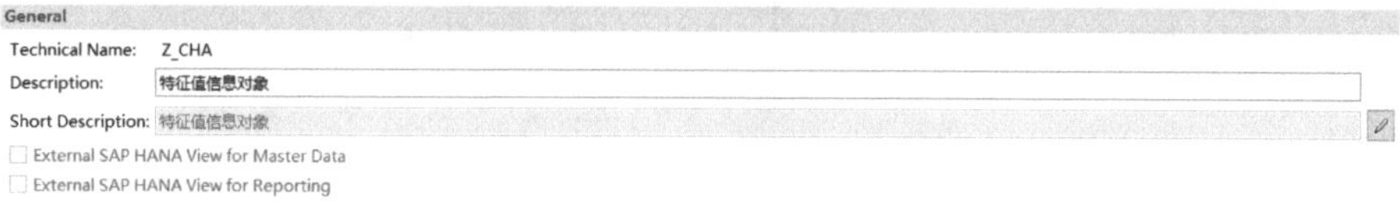

图 2-10　常规选项

2）Dictionary（字典）

字典选项如图 2-11 所示，可以改变信息对象的数据类型、字段长度，可以选择转换例程，如常用的 ALPHA 转换可以对数字字符进行前导零填充。

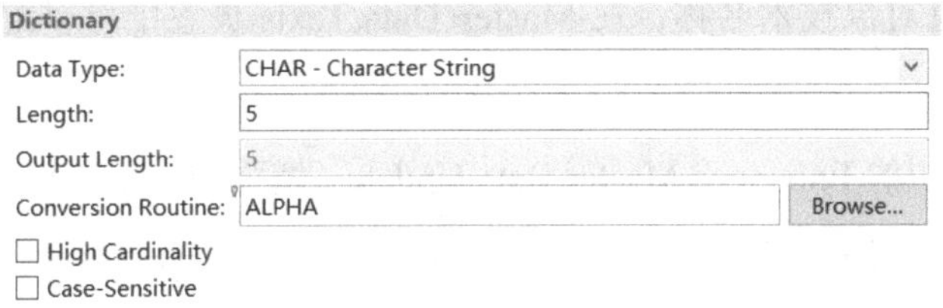

图 2-11　字典选项

字典选项中的 High Cardinality（高基数）选项用来进行物理优化，会使用与标准案例不同的索引类型，通常用于包含大量属性的维度，如维度表条目比事实表多 20%的情况。需要注意的是，如果勾选此选项，信息对象将不再拥有 SID 值和 SID 表。

勾选字典选项中的 Case-Sensitive（区分大小写）选项后，信息对象主数据值中的小写字母将不会被认为是非法字符，并且支持中文字符。

3）Properties（属性）

属性选项用于设置信息对象是否具有主数据属性、文本、层次结构，是否权限相关，是否仅作为属性，以及进行其他一些设置，如图 2-12 所示。

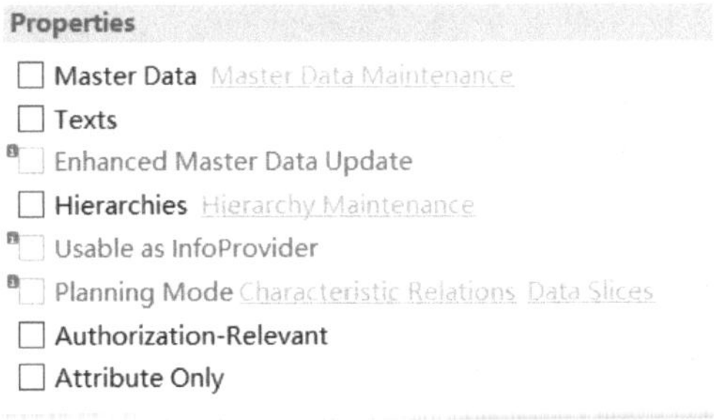

图 2-12　属性选项

勾选属性选项中的 Master Data（主数据）选项后，将会生成 Master Data/Texts 和

Attributes 页签，并将生成对应的 Master Data View（主数据视图）及 Master Data Table（主数据表），技术名称分别为"/BIC/M"+信息对象技术名称和"/BIC/P"+信息对象技术名称。

勾选属性选项中的 Texts（文本）选项后，将会生成 Text Table（文本表），技术名称为"/BIC/T"+信息对象技术名称，在 Master Data/Texts 页签中可以配置信息对象文本相关信息。

勾选属性选项中的 Enhanced Master Data Update（增强的主数据更新）选项后，将为特征值的属性和文本生成入站和出站队列。但需要注意的是，如果启用了时间相关的属性或文本，则不能使用增强的主数据更新。使用增强的主数据更新后，将会为信息对象生成如下几张新表：Inbound Table for Master Data Attributes（主数据属性入站表），技术名称为"/BIC/D"+信息对象技术名称；Change Log Table for Master Data Attributes（主数据属性更改日志表），技术名称为"/BIC/E"+信息对象技术名称；Inbound Table for Master Data Texts（主数据文本入站表），技术名称为"/BIC/F"+信息对象技术名称；Change Log Table for Master Data Texts（主数据文本更改日志表），技术名称为"/BIC/G"+信息对象技术名称。

勾选属性选项中的 Hierarchies（层次结构）选项后，将为特征值生成层次结构表，启用了层次结构的特征值可在报表中展现层级关系，如组织层级的划分。在特征值中层级关系被存放在三张系统表中，它们分别是 Active Data Table for Hierarchies（层次结构活动数据表），技术名称为"/BIC/H"+信息对象技术名称；层次结构 SID 活动数据表，技术名称为"/BIC/K"+信息对象技术名称；层次结构 SID 结构活动数据表，技术名称为"/BIC/I"+信息对象技术名称。

勾选属性选项中的 Usable as InfoProvider（可用作信息提供者）选项后，特征值信息对象可作为信息提供者出具报表，用来展示特征值主数据表中的数据。

勾选属性选项中的 Planning Mode（计划模式）选项后，特征值需要支持计划模式，且此模式的特征值不支持增强的主数据更新。

勾选属性选项中的 Authorization-Relevant（权限相关）选项后，特征值信息对象可作为权限对象存在于报表中，基于此特征值可设置权限变量，用来控制用户查看报表时的字段数据权限。

勾选属性选项中的 Attribute Only（仅属性）选项后，特征值信息对象仅能作为显示属性被其他特征值使用，而不能作为导航属性使用。

4）Compoundings（组合属性）

组合属性用于设置其他特征值信息对象，如图 2-13 所示。其他特征值信息对象与当前信息对象共同组成特征值信息对象的唯一标识。例如，某制造行业的不同工厂会生产相同的产品，但每个产品在不同工厂中会有一些不同的属性，仅使用物料号无法确认具体的工厂物料情况，此时可以将物料和工厂两个特征值信息对象组合起来唯一标识不同工厂的物料。一旦在这里设置两个信息对象的组合关系，系统在其他用到物料的地方就会自动识别与它组合的工厂信息对象，以保证数据的一致性。

图 2-13　组合属性

2．Attributes 页签

在 Attributes 页签中，可以加入其他信息对象作为属性，共同组成当前信息对象的属性表。当信息对象含有属性后，可勾选 Navigation Attribute（导航属性）选项，之后可以在 CompositeProvider（复合信息提供者）中将其作为导航属性放出，作为独立的字段进行分配。在导航属性选项中可以单独为导航属性设置描述及短描述，也可以配置导航属性字段是否权限相关。勾选导航属性选项后，将生成 Attribute SID Table（属性 SID 表），技术名称为"/BIC/X"+信息对象技术名称。

1）信息对象属性配置

将其他信息对象作为属性加入当前值信息对象，如图 2-14 所示。

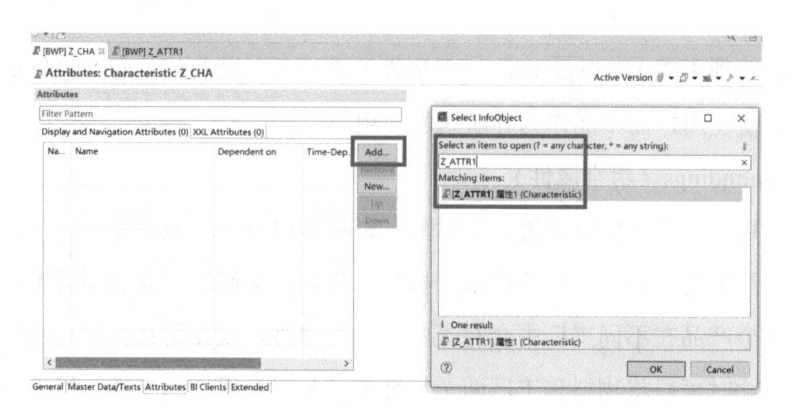

图 2-14　将其他信息对象作为属性加入当前信息对象

加入导航属性后有如图 2-15 所示的配置项。

图 2-15　导航属性配置项

勾选 Time-Dependent（时间相关）选项后，将会生成 Time-Dependent Master Data Table（时间相关的主数据表）和 Time-Dependent Attribute SID Table（时间相关的属性 SID 表）。需要注意的是，如果所有属性都被设为时间相关，那么原来的 Master Data Table（主数据表）、Attribute SID Table（属性 SID 表）将不复存在，如图 2-16 所示。时间相关的主数据表技术名称为"/BIC/Q"+信息对象技术名称，时间相关的属性 SID 表技术名称为"/BIC/Y"+信息对象技术名称。若信息对象既有时间相关的属性，又有非时间相关的属性，则两种主数据表和属性 SID 表将同时存在。

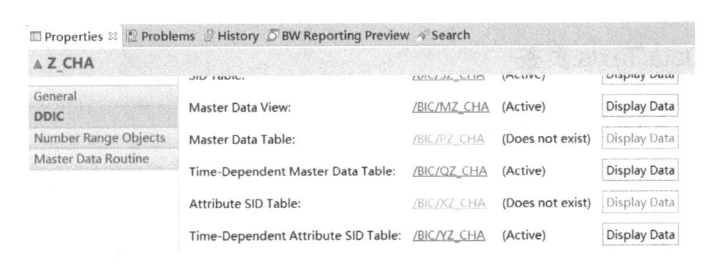

图 2-16　所有属性都为时间相关时主数据表不存在

勾选 Part of Index（作为索引）选项后，可将该属性作为索引，提高数据检索速度。

2）Transitive Attribute（传递属性）

假如信息对象的属性也具有属性，可以通过传递属性使用"属性的属性"。传递属性的配置如图 2-17 所示。

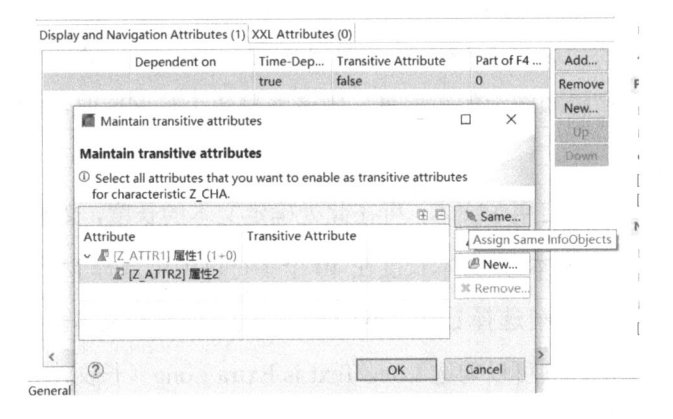

图 2-17　传递属性的配置

传递属性配置成功后，可以在属性界面看到传递属性状态，如图 2-18 所示。

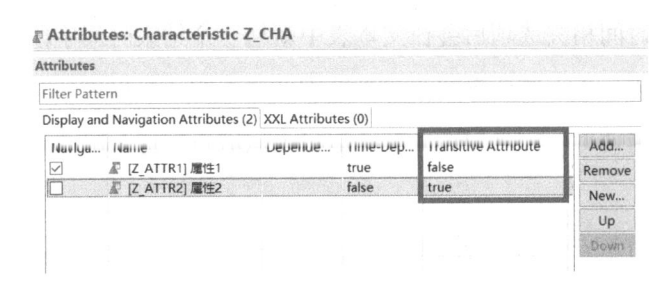

图 2-18　传递属性状态

3. Master Data/Texts 页签

在此页签中可进行以下配置。

1）Read Access（读取访问）

定义特征值信息对象显示的值的取数来源。在此处可以定义特征值信息对象的主数据值如何存储，以及如何从数据库读取，读取类型分为以下三种。

（1）Generic Access（一般访问方式），数据通过标准主数据表进行存储并显示。

（2）Local Implementation（本地实施），信息对象的取值有特殊的需求，通常需要通过程序实现。

（3）SAP HANA View（视图），数据以 HANA 视图作为来源，本地不进行存储。

通常情况下，选择一般访问方式即可，对主数据读取有特殊需求时可以选择另外两种方式，但本地实施需要一定的 ABAP 或 AMDP 编程能力，而 HANA 视图的形式需要注意性能问题，如有复杂逻辑和较大的数据量，则可能导致主数据读取性能较差。

2）Texts（文本）

如果特征值信息对象启用了文本，可在此处确定文本的长度，文本长度在 20 个字符以内可选择 Short Text（短文本），文本长度在 40 个字符以内可选择 Medium Text（中文本），文本长度在 60 个字符以内可选择 Long Text（长文本）。如果长文本依旧无法满足特征值信息对象对应的文本要求，则可以勾选 Long Text is Extra Long（长文本超长）选项，此时特征值的长文本可以支持最多 1333 个字符。

此外，还可以设置信息对象的文本是否语言相关（Language-Dependent）或时间相关（Time-Dependent）。需要注意的是，勾选语言相关选项后将会在文本表中新增一个语言字段作为主键；勾选时间相关选项后会在文本表中新增一个结束时间字段作为主键，还会生成一个开始时间字段。由于这些选项会对表结构产生影响，所以在信息对象中已存在大量数据的情况下要谨慎使用，一旦勾选并激活后将无法取消勾选，除非清除信息对象中的所有数据。

3）Configure Authorization（配置授权）

勾选此选项后，将决定维护主数据时是否进行权限检查。

4．Hierarchies 页签

在此页签中可对层次结构的属性进行配置。

1）Hierarchy Type（层次结构类型）

在此可以选择层次结构的类型是标准还是本地实施（Local Implementation）。如果是标准的层次结构，可通过 SAP 层次结构数据源维护数据或手动维护层次结构；若是本地实施类型，则需要通过程序进行层次结构的维护。选择本地实施类型时，需要在 Remote Hierarchy Properties（远程层次结构属性）中指定一个 Remote Hierarchy Class（远程层次结构类），用来进行层次结构的维护。需要注意的是，选择本地实施类型后，Hierarchies 页签中的其他可维护项目将不可配置，全部逻辑需要在程序中完成。

若选择标准类型，则可以进行如下配置。

（1）Version-Dependent（版本相关），如果勾选此选项，则特征值的层次结构将支持不同的版本。

（2）Time-Dependent（时间相关），如果勾选此选项，则层次结构将与时间相关。

（3）Time-Dependent Properties（时间相关属性），在此可以设置整个层次结构是时间相关的，或者仅层次结构的结构是时间相关的，如果仅结构是时间相关的，还可以勾选 Use Temporal Hierarchy Join（使用时间层次结构连接）选项，如图 2-19 所示。

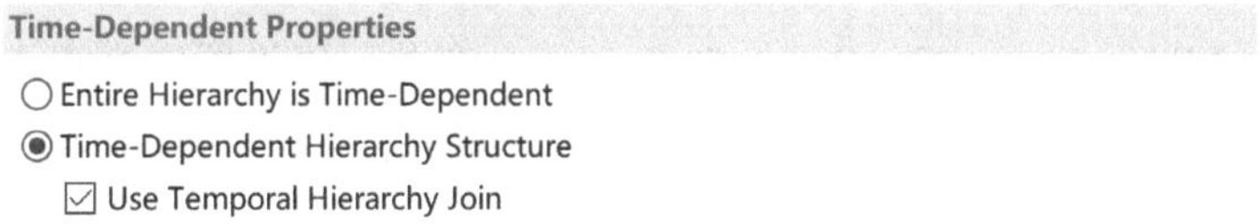

```
Time-Dependent Properties
○ Entire Hierarchy is Time-Dependent
◉ Time-Dependent Hierarchy Structure
    ☑ Use Temporal Hierarchy Join
```

图 2-19　时间相关属性设置

2）Miscellaneous（其他）

Miscellaneous 包含以下两个选项。

（1）Intervals Permitted in Hierarchy（层次结构中允许有间隔），勾选此选项后，间隔将被允许作为层次结构中的节点。

（2）Reverse +/- Sign for Nodes（反转符号），勾选此选项后，可以在层次结构中决定

节点的数据在 Query 中展示时是否需要反转符号。

3）External Characteristics in Hierarchies（层次结构中的外部特征）

在此处可以将其他的信息对象作为层次结构的节点加入进来。

5．BI Clients 页签

BI Clients 又称业务浏览器，在此页签中主要配置信息对象在报表展现中的一些设置，这些设置将会在使用当前特征值进行展现的所有报表中生效。

1）General（常规）

（1）Display（显示）。利用此选项可以确定特征值信息对象在报表中的显示形式，可以根据实际需要选择显示或不显示键值、文本，文本的类型（短、中、长文本）及其与键值相结合的方式。

（2）Description（描述）。利用此选项可选择特征值信息对象采用现实描述还是短描述。

（3）Selection（选择）。利用此选项可确定是否及如何在查询中限制信息对象的值，可以设置为无选择限制、每个单元格唯一限制或每个查询唯一限制。

（4）Include Initial Value in Sort Sequence（在排序序列中包含初始值）。如果勾选此选项，则初始值（#）将被包含在排序列表清单中。

2）Query Filter Value（查询筛选值）

（1）Selected Filter Values for Query Definition。在此可以设置定义查询（Query）时过滤器中可以选择的值，可以是特征值信息对象主数据表中的值，或者仅选择查询所在的信息提供者中的值。

（2）Selected Filter Values for Query Execution。在此可以设置执行查询（Query）时过滤器中可以选择的值，可以是特征值信息对象主数据表中的值，或者仅选择查询所在的信息提供者中的值，或者仅发布导航值。

（3）Representation of Filter Values During Query Execution。在此可以设置查询（Query）执行后过滤器的值如何展示。

3）Geographical（地理特征）

在此项中，可以配置特征值信息对象的地理特征及其获取方式，如经纬度等。

6．Extended（扩展）页签

在此页签中可以进行货币转换、设置特性的固定计量单位和固定值、指定特征值主数据验证的 ADSO、读取访问日志记录等相关配置。

7．Runtime Properties（运行时属性）页签

在此页签中可以进行特征值属性在运行时的相关配置，如数据加载、Query 展现、SAP HANA 中的操作等。

2.2.3 关键值信息对象

关键值信息对象用来存储在 BW 中进行分析的数据，一般包括金额、数量、时长、长度、百分比等。下面介绍关键值信息对象有哪些配置项。

1．General 页签

此页签中的配置项与特征值信息对象一致，技术名称在创建信息对象时唯一指定，创建成功后无法修改，它是区分关键值信息对象的唯一标识。描述可以根据实际情况修改，还可以根据需求决定是否启用短描述。

1）Dictionary（字典）

关键值选型如表 2-5 所示。

表2-5 关键值选型

关键值类型	数据类型
Amount	CURR-Currency Field in BCD Format
	FLTP-Floating Point Number
Date	DEC-Packed Number in BCD Format
	DATS-Date in Format YYYYMMDD
Number	FLTP-Floating Point Number
	DEC-Packed Number in BCD Format
Integer	INT4-4-Byte Integer ,−2.147.483.648 to +2.147.483.647
	INT8-8-Byte Integer ,−9.2*10^18 to +9.2*10^18
Quantity	FLTP-Floating Point Number
	QUAN-Quantity Field in BCD Format
Time	DEC-Packed Number in BCD Format
	TIMS-Time in Format HHMMSS

2）Aggregation（聚合）

在聚合方式选项框中，可选择 Maximum（最大值）、Minimum（最小值）、Summation（累加）、No Aggregation（无聚合）四种方式。选择聚合方式后，当相同维度存在多条记录时，关键值信息对象对应的字段可按照选定的方式进行聚合。当选择前三种聚合方式时，还可以选择异常聚合来对关键值进行聚合。

异常聚合可以实现更加复杂的聚合方式，如平均值、中值、第一个值、最后一个值、方差、计数等方式。选择异常聚合后，有时还需要设置一些参考特征值来辅助计算。例如，一个模型中存有某公司各部门人员多个月的绩效考核等级，那么这个模型中有公司代码、部门代码、人员编号、日历年月四个特征值信息对象，以及绩效考核评分、人员计数器两个关键值信息对象。

假如在上述模型中要对每个部门的人员数量进行统计，那么可以创建一个员工人数的关键值信息对象，但是在维度不减少的情况下，无法对人数进行简单的合计。此时可以使用异常聚合的功能，参考日历年月、部门代码两个特征值信息对象，对其下所属的人员计数器进行计数，则可以得到每个部门的人数。类似地，还可以实现许多其他特殊情况的聚合。

3）Currency/Unit（货币/单位）

在此处可以设置关键值信息对象的单位，通过 Fixed Unit 可以设置常用的金额或数量单位，如果无法找到合适的单位，还可以通过 Currency InfoObject 特征值信息对象来绑定相关的单位。

4）Properties（属性）

（1）High Precision（高精度）。如果设置了此选项，则在分析引擎中对数值数据使用浮点值。

（2）Stock Coverage（库存覆盖率）。如果设置了此选项，则当前关键值信息对象将被视为库存覆盖率关键值，用于计算库存覆盖计划或预期需求的期间数。

（3）Non-Cumulative（非累计值）。如果设置了此选项，则当前关键值信息对象将被改为一个非累计值关键值信息对象，此关键值本身将不再存储数据而是带有一个附加关键值，这个附加关键值会存储数据，记录的是非累计值的增量变化，非累计值的结果为附加关键值计算得到的结果。关键值信息对象的开发界面中会多出一个 Non-Cumulative 页签，在该页签中可以设置非累计值关键值信息对象的结果是依照一个附加关键值计算得到的，还是使用两个关键值信息对象分别代表流入及流出计算得到的。

（4）Attribute Only（仅属性）。如果设置了此选项，则当前关键值信息对象仅能用作不同特征值信息对象的显示属性，而不能用作导航属性。

2. BI Clients 页签

BI Clients 页签主要用于配置关键值信息对象在报表中展现时的效果。

1）Display（显示）

在此处可以设置关键值信息对象在业务浏览器中显示时的缩放倍数，如模型中存储的金额单位是元，而在业务浏览器中展现时需要显示万元，那么可设置缩放倍数为 10000。

2）Description（描述）

在此处可以设置关键值信息对象在业务浏览器中展示的字段采用描述还是短描述。

3）Decimal Places（小数位）

在此处可以设置关键值信息对象在业务浏览器中展示的数值小数的位数。

2.3 主数据设计难点

BW 的主数据设计在一些特殊应用场景下是件令人头疼的事，本节将介绍几个典型的主数据设计应用案例，帮助读者理解数据仓库中传统的主数据设计方法，以及 BW 是如何实现主数据设计的。

2.3.1 主数据还是业务数据

在企业数据仓库建设过程中常常会出现下面这种情况：某个主题的数据信息有多个来源，而且随着业务的发展，数据会产生变化，如商品的描述、分类、产地等。在分析型系统中，为了更灵活地为前端的分析应用提供便利的数据支撑，往往需要将主数据分离出来，如图 2-20 所示。

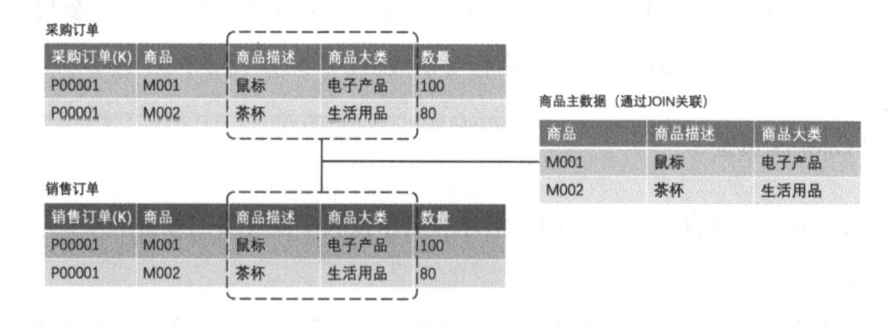

图 2-20　分离主数据

虽然将主数据属性存储在业务数据表中会让数据分析变得简单，但从长远来看，这种建模方式存在很多弊端。

(1)数据冗余。如果同一产品出现在同一业务数据表或不同表的多条记录中,就会导致相同关系的冗余存储,大大占用HANA存储空间。

(2)数据固化。主数据更新的时候只能保存最新值,不能保存不同语言的文本,也不能保存主数据层次结构的不同版本。

(3)数据不一致。当主数据存储在不同的表中或一个表的不同数据条目之间存在延迟时,数据同步的难度很大。

(4)业务混乱。当原始的主数据值中有错误时,由于它们被存储在大量的业务数据表中,因此很难找到所有的错误,也很难改正错误。

(5)更新困难。如果主数据属性关系改变,则必须在业务数据表的每条记录中更改主数据值,这将导致ETL加载时间很长。

分离主数据后,不仅可以减少数据存储容量,主数据的更新和校验也变得更容易。除此之外,还可以针对不同语言的文本及层次对象进行管理,如图2-21所示。

图2-21 不同语言的文本

将主数据独立建模的优点是便于检查引用的完整性。SAP认为,在数据仓库中,主数据应该只接收有效的值,这样可以消除主数据表中无效条目的记录。

如果在SAP BW/4HANA中进行数据流处理,那么那些没有在主数据表中列出的数据将被识别为错误。根据缺少条目的原因,有两个方法来修复它:一是将缺少的实体加载到主数据表中;二是纠正业务数据源中的条目。但是,在修复之后还需要重新加载这些数据。

如果使用SAP HANA视图,可以使用内连接来消除值与主数据表中的条目不匹配的记录。

SAP建议将主数据和业务数据分开存储。这样做有以下好处。

（1）节省存储空间。模型将单独存储每个独立的主数据。

（2）多语言支持。文本常常依赖于语言，这样更容易实现国际化。

（3）简化数据流。主数据更新的条目通常比业务数据少。如果主数据关系发生变化，则不需要重新加载业务数据。

（4）数据容易保持一致。不同模型引用了同一个主数据（如供应商），当主数据更新后，所有数据域的模型均会同时获取最新纪录。

（5）实现灵活的分析支持。更容易实现标签类应用，如每个类别有多少产品、产品类别更改的频率等。

然而，并不是所有的场景都适合将主数据与业务数据分离，下面将介绍需要将主数据与业务数据合并在一起的情况。

2.3.2 时间相关的主数据

通常，企业使用的主数据都是最新的信息，如产品分类、供应商所在地区等。但数据仓库不仅要对业务数据进行历史分析，也要对主数据进行历史分析。例如，在 SAP HR 人事主数据中，一个人的职业级别会发生变化，今天是初级，明天经过企业内部评定后就可能变为中级。那么，在不同日期统计出的各级别数据就应该体现出差异（初级减少 1 人，中级增加 1 人）。为了能正确反映这种随时间变化的数据，SAP BW 提供了一些建模机制，统称时间相关性处理。

信息对象中的时间相关属性被勾选后，在主数据表中就会增加开始时间和结束时间两个字段，并且结束时间字段是主键，这样在主数据中就能按照时间区分同一个属性。例如，员工甲在 2022 年 2 月 5 日前在生产部，2 月 5 日调岗到营销部，那么在主数据表中就存有两条数据记录，如表 2-6 所示。

表 2-6 员工甲岗位信息

员工	开始日期	结束日期	组织单位
甲	2010 年 1 月 1 日	2022 年 2 月 4 日	生产部
甲	2022 年 2 月 5 日	2025 年 12 月 31 日	营销部

在信息对象中用导航属性加时间相关的方法，可以区别不同时间的不同状态。但是，这一方法有一个缺陷：在生成数据报表的时候，只能把员工甲按新的架构统计到营销部，或者按以前的架构统计到生产部，无法在一张报表中用两种状态对他进行统计，以正确反映员工甲的历史情况。也就是说，无法正确生成如表 2-7 所示的报表（这种需求在人事部门很常见）。

表 2-7 部门人数趋势分析

月份	生产部人数	营销部人数
2022 年 1 月	15	8
2022 年 2 月	14	9

要解决这个问题，一个比较好的方法是把组织单位这个与时间相关的维度看作模型里的一个特征（而不仅仅是主数据导航属性），在 ETL 过程中把历史数据保留在业务数据模型中，如表 2-8 所示。

表 2-8 人事数据模型

月份	人数	员工	组织单位	级别	……
2022 年 1 月	1	甲	生产部	中级	……
2022 年 1 月	1	乙	生产部	中级	……
2022 年 1 月	1	丙	生产部	高级	……
……	……	……	……	……	……
2022 年 2 月	1	甲	营销部	中级	……
2022 年 2 月	1	丁	营销部	初级	……
……	……	……	……	……	……

一个属性是比较容易处理的，但是如果有多个时间相关属性，如教育信息、组织信息、奖惩信息等，那么传统的建模方式就不能准确表达员工的真实情况。

例如，员工甲在组织单位表中有如表 2-9 所示的数据。

表 2-9 组织单位表

员工	开始日期	结束日期	组织单位
甲	2010 年 1 月 1 日	2022 年 2 月 4 日	生产部
甲	2022 年 2 月 5 日	2025 年 12 月 31 日	营销部

员工甲在人事范围属性表中有如表 2-10 所示的数据。

表 2-10 人事范围属性表

员工	开始日期	结束日期	人事范围
甲	2010 年 1 月 1 日	2021 年 12 月 31 日	罗湖工厂
甲	2022 年 1 月 1 日	2025 年 12 月 31 日	南山分公司

如果要把这些变化记录到员工甲的统一属性表中，必须按照每一次变化的时间点把数据分割成多条，这样才能在每个时间段找到员工甲对应的所有正确属性，这种方法就是时间分割。从员工甲的个人数据中可以看出，其组织单位有一次变动，人事范围也有一次变动，如果用图形来表示，可以很直观地看出，员工甲的属性在时间轴上被分割成三段，如图 2-22 所示。

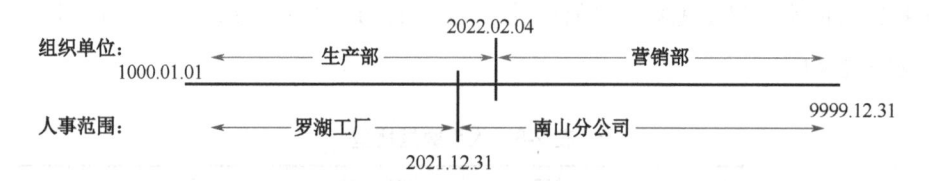

图 2-22 员工甲属性时间分割

分割后将数据存入一个属性表，如表 2-11 所示。

表 2-11 分割后的员工属性表

员工	开始日期	结束日期	组织单位	人事范围
甲	2010 年 1 月 1 日	2021 年 12 月 31 日	生产部	罗湖工厂
甲	2022 年 1 月 1 日	2022 年 2 月 4 日	生产部	南山分公司
甲	2022 年 2 月 5 日	2025 年 12 月 31 日	营销部	南山分公司

可以看到，经过时间分割，前两个表中的数据在属性表中各有两条记录。在属性表中，在每个时间段都能找到员工甲对应的正确属性信息。

这时，将每个时间段的主数据属性关联到业务数据中便容易多了。

时间相关建模还有一个较棘手的问题：如果一个信息类型（一种属性）在一个时间段内重复出现怎么办？以奖惩信息为例，员工甲在 2022 年 1 月 1 日到 1 月 31 日期间得了两

第 2 章　信息对象

个奖，一个是道德风尚奖，另一个是劳动模范奖。企业需要一个如表 2-12 所示的统计表。

表 2-12　每月得奖人数统计表

月份	道德风尚奖得奖人数	劳动模范奖得奖人数	女性得奖人数	罗湖工厂得奖人数
2022 年 1 月	12	6	176	354
2022 年 2 月	10	5	174	356

如表 2-12 所示，根据实际需求，可以从模型中获取每个月女性得奖人数和罗湖工厂得奖人数。但是，得奖情况无法直接从模型中获取。因为在该模型中，每个月每位员工只有一条记录（数据源只有一条记录），每位员工只能对应道德风尚奖或者劳动模范奖，无法统计一个月内获得两个奖的人数。

在 SAP ERP 中，子信息类型也会导致时间重复。子信息类型是指当仅按信息类型无法精确区分某个人员属性时，通过加上附属信息类型来进一步区分。以教育信息类型为例，它需要分为初中、高中、大学等子信息类型才能精确定位和维护具体信息。

因为存在子信息类型，所以可能会导致同一时间段内同一个信息类型中的字段重复出现（例如，家庭住址和办公地址可能是同一个地址，而且可能在同一时间段内出现，因此虽然两个地址的字段相同，但是表示的含义不同，需要做特殊处理）。

子信息类型是导致时间重复的一种特例，必须有一套额外的建模机制来对其进行合理的处理。

2.3.3　带有时间趋势的层级主数据

趋势分析可为企业经营管理提供参考。在分析数据的过程中，如果层级主数据也是时间相关的，那么建模设计会更加困难。

企业的组织架构通常会随时间发生变化，如果企业在某一年需要从组织架构维度分析 12 个月的销售额，或者分析物料类别的采购额，那么一般有两种分析方式。

　　方式一：以当前最新的组织架构分析销售额及采购额。

　　方式二：以业务发生时的组织架构分析销售额及采购额。

这两种方式在实践中均有应用，也各有优劣，如表 2-13 所示。

表 2-13 两种趋势分析方式的对比

对比项	方式一（以最新组织架构）	方式二（以业务发生时的组织架构）
业务视角	以最新看历史	以历史看历史
主数据与业务数据的关系	分离主数据	合并主数据
ETL 性能	好	一般
报表性能	差	好
数据更新	主数据保持最新	较难更新历史数据

例如，某公司的营销部有 A 和 B 两个事业部，两个事业部各有两个销售大区，四个大区在 2012 年 12 月 30 日、2012 年 12 月 31 日、2013 年 1 月 1 日都有销售额，如表 2-14 所示。在 2013 年之前，A1 和 A2 属于 A 事业部，B1 和 B2 属于 B 事业部。到了 2013 年，公司调整了组织架构，两个事业部下面的大区调换了位置。

表 2-14 基础销售数据

日期	大区	销售额
20121230	A1	122
20121230	A2	131
20121230	B1	129
20121230	B2	143
20121231	A1	102
20121231	A2	115
20121231	B1	141
20121231	B2	123
20130101	A1	152
20130101	A2	146
20130101	B1	161
20130101	B2	151

正常情况下，分析报表会基于一个关键日期（Key Date）来确定主数据对应的时间段，这个日期决定了用哪个组织架构来显示数据。简单来说，报表要么以 2012 年的组织架构显示数据，要么以 2013 年的组织架构显示数据，如图 2-23 所示。

以某个具体时间点来看，以上报表是没有问题的。但是站在业务的角度来看，以上报表中信息的缺失是比较严重的，无法直观反映组织架构的变化，也无法准确表达各事业部的销售额。因为在 2013 年之前，A 事业部应当计算 A1 和 A2 大区的销售额，从 2013 年开始应当统计 B1 和 B2 大区的销售额。B 事业部反之。

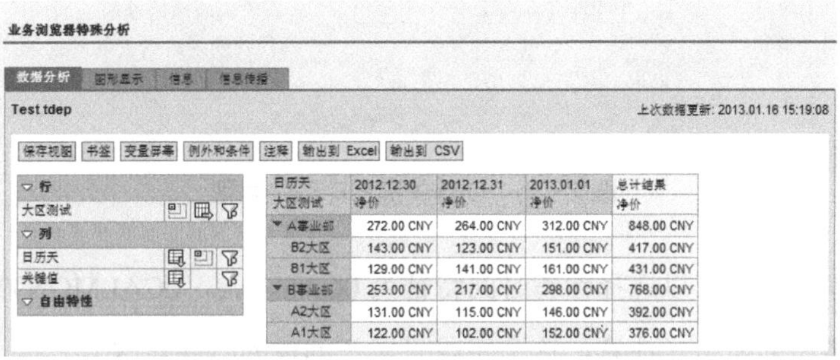

图 2-23　以 2013 年的组织架构显示数据

那么，如何正确反映组织架构的历史变化呢？以下是两种具体的解决方式。

第一种方式非常常见，即将主数据合并到业务数据中。如果有层级主数据，则将各个层级通过代码重新组织成平面结构。例如，某企业的组织层级有 7 个，那么创建 7 个特征：层级 1、层级 2、……、层级 7。在 ETL 过程中根据组织特征读取层级表，把每个层级的节点读取到 7 个特征中。这样会使每条数据记录对于相应特征都有 n 个字段（n=层级数）记录每个实际层级节点，且任何时候的各层级节点都是实际节点，而不存在 Key Date。这样做的好处是报表的灵活度和性能都比较好，缺点是无法在报表中通过层级进一步展开维度。

第二种方式是借助 BW 信息对象的"使用时间层次结构连接"功能，如图 2-24 所示。

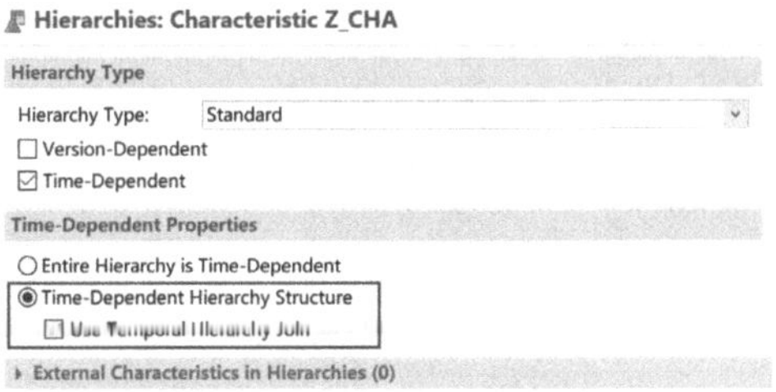

图 2-24　"使用时间层次结构连接"功能

接下来，需要在创建关键日期派生类型，如图 2-25 所示。

图 2-25 创建关键日期派生类型

和货币转换类似，可以选择参考时间特征为 0CALDAY、0CALMONTH 等。不同的是这里有个派生类型的概念（注意，这个字段只能在创建的时候修改）。

派生类型有三种：

（1）期间内的第一天；

（2）期间内的最后一天；

（3）延迟天数（在 Delay by days 字段中指定）。

关键日期是从时间段的第一天加上指定的天数减 1 开始计算的。如果关键日期不在该时间段内，则使用该时间段内的最后一天。

最终可以看到，在 Query 结果中，多了一个有效性字段，将各大区归属事业部的时间显示出来，并且销售额能正确对应到各自的维度上，如图 2-26 所示。

图 2-26 时间趋势报表示例

以上两种方式的对比如表 2-15 所示。

第 2 章 信息对象

表 2-15 时间趋势实现方式对比

对比项	方式一（读取层级节点）	方式二（使用时间层次结构连接）
性能	好	差
工作量	需要编写代码，工作量较大	工作量很小
实际报表效果	汇总结果较为清晰	数据明细较为清晰（如时间范围）
层级修改对数据的影响	需要重新加载数据	无

2.4 主数据实施的"酸甜苦辣"

在 BW 中主数据实施需要在一定规范下进行，很多开发者刚刚接触 BW 主数据设计时会有较多的不适应，本节会分享一些"故事"，为读者提供一些经验参考。

2.4.1 例外聚合信息对象的设计和应用

在 SAP BW/4HANA 中，例外聚合（Exception Aggregation）可以实现更加灵活的数据分析，但用好例外聚合并不容易。接下来将通过一些实际案例来介绍它。

某日，一用户向 David 提出了一个需求。由于各种原因，用户企业的系统中存有大量生产过程中产生的物料主数据，很多物料价格不高，但耗费了大量人力成本来管理，给实际工作带来了不便。因此，用户希望分析出各个客户手中价格低于 20 美元的物料有多少，以便对其进行专项管理。基础数据如表 2-16 所示。

表 2-16 基础数据

单据号	物料名称	数量	客户	日期	价格	单位
12346	A	1	C2000	20150102	15	USD
12346	A	3	C5000	20150102	15	USD
12347	B	4	C3000	20150103	40	USD
12347	B	4	C4000	20150103	40	USD
12345	C	1	C2000	20150101	25	USD
12345	C	2	C1000	20150101	25	USD

David 在 BW 中创建了一个 Query，并在其中创建了一个计算指标：价格低于 20 美元的物料数量，如图 2-27 所示。

图 2-27　例外聚合计算指标示例

他还设置了例外聚合，这个计算指标的异常聚合将与其计算的参考特征值（客户）一起产生作用，如图 2-28 所示。

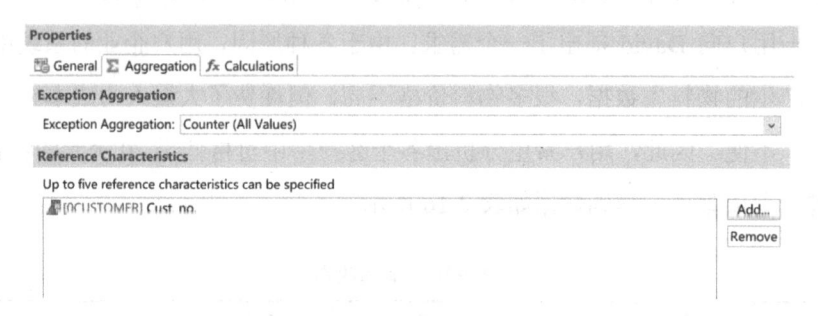

图 2-28　设置例外聚合

带有异常聚合的 KF 将显示值 1，即客户手中有 1 个物料满足价格低于 20 美元。实际上，计算是通过在向下钻取中保持参考特征值来完成的，但输出显示时并没有该参考特征值。

表 2-17 显示了 BW 中的例外聚合函数。

第 2 章 信息对象

表 2-17 例外聚合函数

序号	例外聚合函数	含义（英文）	含义（中文）
1	Max	Maximum	最大
2	Min	Minimum	最小
3	>1 R	Exception If more than One Record Occurs	出现多条记录时异常
4	>1 V	Exception If more than One Value Occurs	出现多个值时异常
5	>1 V <>0	Exception If more than One Value <>0 Occurs	当<>0 的值多于一个时，出现异常
6	Avg	Average	平均
7	Avg <>0	Average of Detailed Values That are Not Zero, Null or Error	非零、空值或错误的详细值的平均值
8	Counter	Counter for All Detailed Values	所有详细值的计数器
9	Counter <>0	Counter for All Detailed Values That are Not Zero, Null or Error	所有非零、空值或错误的详细值的计数器
10	1st Value	First Value	第一个值
11	Last Value	Last Value	最后一个值
12	Std Dev	Standard Deviation	标准偏差
13	Variance	Variance	方差

2.4.2 主数据结构变更引发的"血案"

在数据库中，如果需要改变表的字段类型、调整字段长度等，都需要通过 Alter 命令来调整表结构。而 BW 是一个高度集成的系统，在调整表结构时稍有不慎，便会引发"血案"。以下是一个具体的案例。

销售部针对经营日报提出了一个优化需求：能够对客户所属产品线进行分类，并且在报表中提供过滤筛选功能。David 经过调研，决定在客户主数据中增加一个导航属性——所属产品线，并在报表中添加变量，以供用户筛选。然而，当 David 按计划修改了客户信息对象"0CUSTOMER"并激活后，他惊讶地发现，所有包含信息对象"0CUSTOMER"的 ADSO 和 HCPR 都变为停用状态。而信息对象"0CUSTOMER"不仅在销售模块中用到了，在采购和供应链模块中也用到了。David 只好逐个排查受影响的模型、转换、DTP，并进行手动激活。

对于 SAP BW/4HANA 来说，为了保证信息对象和生成的 HANA 列视图的一致性，技术上需要取消激活相应的模型（包括 HCPR 和 ADSO），以便系统进行深度和灵活的检查。因此，SAP BW/4HANA 只会激活那些真正需要激活的对象。

对信息对象进行下列操作都会导致相关模型（包括对应的转换）处于停用（Inactive）状态。

（1）删除/添加导航属性。

（2）删除/添加显示属性。

（3）修改信息对象的数据类型（Char、Numc 等）。

（4）修改信息对象的数据长度。

（5）改变访问类型。

目前，SAP BW/4HANA 尚未实现自动激活已经停用的模型，只能手动激活受影响的模型。因此，实际应用时要做好前期工作以尽量减少这方面的影响。在设计阶段，主数据模型基于整体、跨模块的方式进行设计，且在大多数时候优先于业务模块模型的设计，以便减少后期的改动。在特殊情况下，可以预留长度、少量显示属性和导航属性来应对变化。

2.4.3 主数据中特殊字符的处理

从文件或其他数据源加载数据时，很多特殊字符支持加载，却不能够存储于 BW 系统中。遇到加载了非法字符的数据时，BW 错误日志中会出现如下内容。

（1）Error in SID generation。

（2）Error when assigning SI: Action VAL_SID_CONVERT table。

（3）Characteristic 0XXX / ZXXXX contains invalid characters like 235-A100[060D]。

（4）Activation of M records from Data Store object terminated。

（5）Error mentioning #, @, $, %, ! etc are not allowed while loading data。

出现以上情况是因为在 BW 中，只有满足规范要求的数据才能被加载到特征值中。默认情况下，允许使用的字符包括!、"、%、&、'、(、)、*、+、,、-、.、/、:、;、<、=、>、?、_、0～9、A～Z。

BW 是否只能加载上面这些字符呢？其实并不是。BW 是一个规范化和集成化要求比较高的系统，主数据的特征需要满足一致性要求，而复杂的字符对象较难满足这一点。遇到这种情况时，可以将主数据设计为"主键—描述"的形式，以性别维度为例，如表 2-18 所示。

表 2-18 主数据设计示例

主键	描述
M	男性
F	女性

在信息对象的 Text 属性中，允许使用绝大多数字符类型。因此，这里的特殊字符指的是信息对象中的特征值主键所面临的特殊字符。

根据业务实际情况，可采取如下两种方法处理特殊字符。

（1）保留需要的特殊字符。

（2）排除不需要的特殊字符。

保留需要的特殊字符，可以通过以下两种方法来实现。

1）保留新字符

将系统中允许的和需要的字符通过 TCODE RSKC 下发执行，即可在 BW 系统中正常使用。

图 2-29 表示特殊字符#、&被允许在 BW 系统中使用。

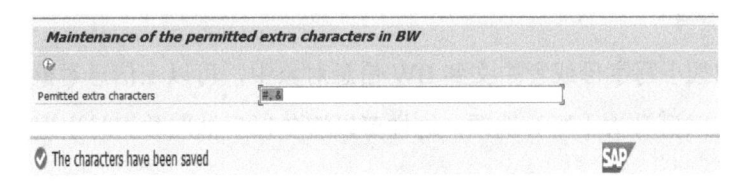

图 2-29 保留新字符

使用新字符时，只需要在文本框中输入字符并执行，执行后可以看到界面的左下方出现提示信息：字符已经被保存。这些字符将被存储于数据库表 RSALLOWEDCHAR 中。

Space（空格）也是一个比较特殊的字符，在之前介绍的字符中并没有包含 Space（空格）。如果允许空格留存于字段中，也需要使用 TCODE RSKC 来添加，使之成为全局保留字符。不过，添加 Space（空格）与一般的字符不同，可以在 TCODE RSKC 界面中利用快捷键"Alt+255"或者"Alt+0160"来完成。

在 TCODE SE37 中输入"RSKC_ALLOWED_CHAR_GET"，可以看到 BW 系统中目前已经设置好的保留字符，且 Space（空格）是第一个。

另外，以下几种情况会导致系统报错。

（1）只有#，因为不输入是用#来表示的。

（2）以!开头的值，系统会删除该字符值。

（3）数据字符的十六进制值（00～1F）。

2）成为首字符

一般来说，特殊字符是不允许作为数据的首字符出现的。当确实需要用特殊字符作为首字符时，可以使用 TCODE RSKC 来执行"ALL_CAPITAL"、"ALL_CAPITAL_PLUS_HEX"或"ALL_CAPITAL*"。如果这个需求仅在某个字段或信息对象中出现，那么可以在转换中创建一个规则。

需要注意的是，使用"ALL_CAPITAL""ALL_CAPITAL_PLUS_HEX"会对从源系统抽取到 BW 系统中的所有数据字符产生影响，即允许使用所有字符，并且不会进行大小写转换（将小写转换成大写）。

排除不需要的特殊字符，可以通过以下两种方法来实现。

1）区分大小写

如果需要加载小写字母或者中文到 BW 信息对象中，可以在信息对象的设置界面中勾选 Case-Sensitive（区分大小写）选项，这样可以避免以后抽取数据时出现错误，如图 2-30 所示。

2）移除意外字符

尽管利用上述方法可以保留很多特殊字符，也可以排除一些特殊字符，但在数据抽取过程中还是会从源系统中得到很多不需要的字符，可以通过以下方法来移除这些字符。

第 2 章 信息对象

图 2-30　区分大小写

（1）利用标准函数来移除。

函数 SCP_REPLACE_STRANGE_CHARS 可以在转换规则或开始例程中使用，这个函数可以将指定字段或所有字段中不需要的字符移除。

（2）移除从文件加载的非法字符。

从文件中加载数据时，更容易出现特殊字符，可以通过设置字符集来处理，如图 2-31 所示。

图 2-31　设置字符集

在默认设置中，Unicode 系统将使用 UTF-16LE 编码（代码页为 4103）。常用的 SAP 代码页是 1100（基于 ISO 8859-1），此代码页涵盖西欧、南美洲、北美洲、澳大利亚和非洲等地区的语言。其他 SAP 代码页（基于 ISO 8859 代码页）有 1401（东欧语言）、8000（日语）、8400（简体中文）、8300（繁体中文）、1500（俄语）等。

当传入的文件中有无法使用配置的代码页算法解释的字符时，系统会分配一个替换字符，默认为"#"。

45

第3章

SAP BW/4HANA 业务数据建模

经过一个半月的项目蓝图设计，项目组已经完成财务、生产、销售、库存主题的需求调研、分析体系和分析场景设计，总计产出约 100 个指标、30 页管理驾驶舱。按计划，项目经理 Jackie 将带领项目组成员为项目蓝图设计阶段产出的指标和管理驾驶舱设计底层支撑的数据模型，但此时 A 公司项目经理 Richard 却对如何合理设计数据模型忧心忡忡，于是找到 Jackie 讲述了他的担忧。

（1）如何进行数据建模，满足不同业务场景的指标需求？不同业务主题的指标、计算逻辑差异巨大，如销售收入（累计指标），资产、负债（累计余额），库存数量（非累计指标），人数（期间最后一天统计）等，SAP BW/4HANA 是否有合适的数据存储对象进行数据建模并确保性能？

（2）如何进行数据建模，满足不同数据的时效性要求？不同的分析场景对数据有不同的时效性要求，SAP BW/4HANA 如何实现对实时、非实时的分析场景的支撑？

（3）如何建立良好的架构，支撑当前需求和未来需求？从后续数据仓库平台的稳定性、可扩展性、可维护性角度出发，当前数据仓库搭建该如何考虑时间和空间的平衡、数据如何分层存储？

Jackie 听完，微微一笑，安慰 Richard 并帮他分析起来。

数据建模是 BI 项目实施过程中最为关键的工作之一，是 BI 数据分析的基座，从本质上讲是数据业务化的过程。想要构建正确、可靠、可扩展、高效、易维护的数据模型，首先要深入理解什么是业务数据化及数据业务化。

业务数据化是指将企业各业务域运营过程中的关键信息转变为数据的过程，目前企业各业务系统担负了将企业业务运营过程数据化的主要职责，典型的业务系统如 ERP、CRM、HR 等。业务数据化是企业信息化建设前期的必经阶段，随着企业信息化建设的深入，企业数据呈指数级增长，如何发挥已积累业务数据的价值，为企业战略制定、运营管理、业务执行提供支持，是当前大部分企业面临的主要问题。

从业务数据化到数据业务化是企业信息化建设的两个阶段，如何将源系统中沉淀的数据进行集成，并将数据进行业务化建模，实现数据反哺业务，是数据仓库实施工作的重点和难点。企业决策层、管理层及执行层在日常工作中对数据的分析需求差异较大，因此支撑这些数据分析需求的数据模型设计也要因"需"而定。

SAP S/4HANA 系统能实现企业运营数字化，而 SAP BW/4HANA 作为 SAP 推出的 BI 工具，则能实现数据集成和价值化。SAP BW/4HANA 通过预置的标准数据接口及增量机制实现对 SAP 业务系统数据的无缝集成。SAP BW/4HANA 不仅能集成 SAP 业务系统，还可以集成非 SAP 系统，为企业打通系统数据孤岛，创建统一的数据中心。此外，SAP BW/4HANA 内置了超过 10 种类型的 ADSO 数据模型，可支撑不同的数据分析场景。

3.1 数据模型设计

SAP BW/4HANA 中数据模型的设计、开发与需要支持的数据分析场景息息相关。一般在分析场景设计中需要提前明确 5W2H 相关信息，从而确定分析场景需要的指标、维度、计算逻辑等信息，如图 3-1 所示。

分析场景设计完成后，在具体模型搭建前需要先进行数据模型设计。数据模型设计核心要素有数据结构、数据计算、数据管理。将分析场景确定后输出的指标、维度、计算逻辑等信息转换为后台数据模型设计核心要素，最终数据模型为分析场景的实现提供数据支撑。因此，数据模型设计非常关键，它决定了企业数据中心架构的稳定性、可靠性及可扩展性。分析场景和数据模型设计的转换如图 3-2 所示。

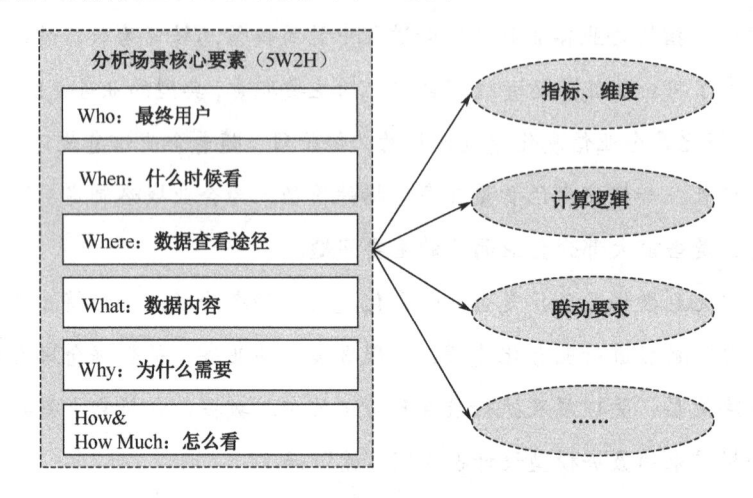

图 3-1 分析场景核心要素

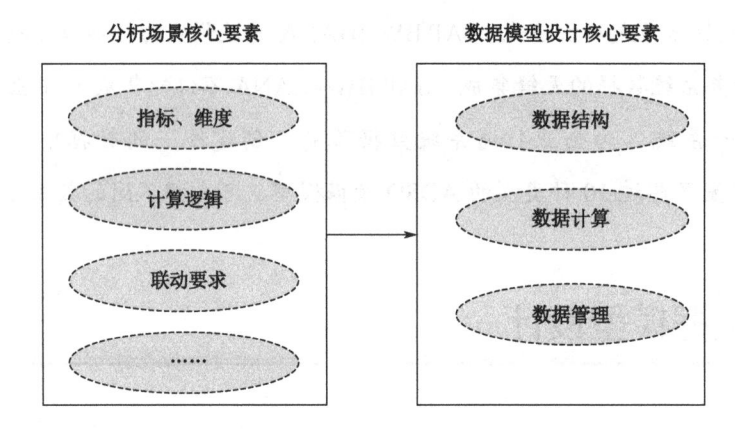

图 3-2 分析场景和数据模型设计的转换

3.1.1 分析场景和数据模型

在企业的分析需求中，常用的指标分析场景有如下几种。

（1）累计指标的统计分析，如销售数量、销售收入、采购数量、采购成本等。该类型的特点是指标可累加，常用于统计期间发生值。

（2）非累计指标的统计分析，如库存数量、库存金额等。该类型的特点是指标非累加，计算量大，多用于统计时点状态值。此类指标需要特别关注计算和展现性能，如物料的库存数量计算。

（3）累计余额的统计分析，如资产、负债等。该类型的特点是指标值为所有统计期间发生额的汇总值，指标计算量大，需要关注计算和展现性能，典型应用是公司资产负债表。

（4）特殊计算逻辑的统计分析，如最大值、最小值、平均值、计数器等。该类型的特点是指标值的计算逻辑与特定需求挂钩，与不同粒度的维度组合时，需要重新计算指标值，典型应用是统计个数（计数器）。

分析场景确定后，需要给后台数据建模输入数据结构、数据计算及数据管理三类信息，以便进行数据模型设计。其中，数据结构决定了数据模型的维度和度量范围，数据计算决定了数据模型使用的类型及度量的计算类型，数据管理决定了数据模型是否启用附加数据管理功能。

以上四种分析场景对后台数据建模有着不同的技术要求。其中，第一种场景需要提前计算逻辑，且指标是累计指标，如果需要考虑业务主键，则适合采用标准 ADSO；第二种场景需要从性能的角度考虑如何实现实时计算历史时点库存值，适和采用 BW 提供的专用库存模型；第三种场景中的资产负债表需要从总账中取余数，适和采用 Data Mart 类型的 ADSO；第四种场景则需要将 BW 提供的例外聚合指标信息对象与标准 ADSO 结合使用。

3.1.2 数据模型设计思路

数据模型是对现实业务处理结果进行抽象整合，以支撑后续数据分析的后台对象，数据模型核心组成部分有数据结构、数据计算及数据管理。SAP 提供了不同类型的信息提供者以实现不同的数据结构、数据计算、数据管理功能。针对不同场景的统计需求，需要选择具有特定技术特点的信息提供者作为后台数据模型。SAP BW/4HANA 提供的信息提供者如图 3-3 所示。

	SAP BW	SAP BW/4HANA
虚拟模型	MultiProvider InfoSet VirtualProvider TransientProvider CompositeProvider (obsolete type)	CompositeProvider Open ODS View BADI Provider
物理模型	InfoObject InfoCube DSO Semantically Partitioned Object PSA	InfoObject Advanced DataStore Object

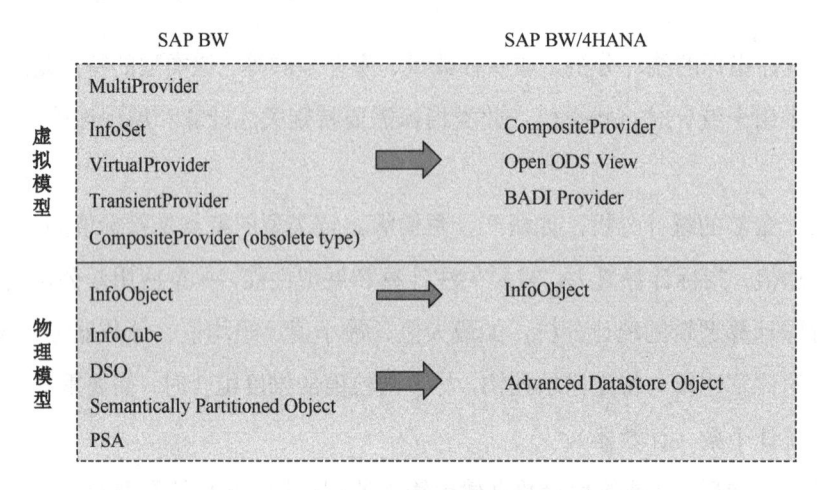

图 3-3　SAP BW/4HANA 提供的信息提供者

SAP BW/4HANA 提供的各类型信息提供者说明如下。

（1）InfoObject（信息对象）。在 SAP BW/4HANA 中，信息对象是主数据管理的关键对象。虽然并不是业务场景中的所有非指标字段都必须被建模为 InfoObject（如备注字段一般不会进行信息对象建模），但信息对象提供的主数据统一管理、属性共享的关键理念使之成为企业数据仓库不可或缺的组成部分。所有主数据的存储、管理都以信息对象为基础模型。

（2）Advanced Datastore Object（高级数据存储对象，ADSO）。在 SAP BW/4HANA 中，ADSO 是持久化的业务数据存储对象，通过 ADSO 模型属性的不同配置组合，实现适用于各种分析场景的后台模型。ADSO 代替了 SAP BW 中的 InfoCube 和 DSO，是 SAP BW/4HANA 提供的核心数据存储对象。

（3）CompositeProvider（复合信息提供者）。在 SAP BW/4HANA 中，数据处理逻辑可分为实时逻辑、非实时逻辑两大类。其中，非实时逻辑是指指标提前在数据流处理中计算落地，存储在 ADSO 中。实时逻辑则是指在查询执行期间通过执行 Union 或 Join 物理数据模型（信息对象、ADSO 等）进行数据检索和计算。CompositeProvider 是逻辑信息提供者，处理的是实时逻辑，提供对基础模型的 Union 或 Join 操作，支撑后续的 Query 开发。

（4）Open ODS View。它提供用于直接访问远程数据库表、视图之类对象的 SAP BW 逻辑模型。Open ODS View 允许灵活地集成，不需要创建任何信息对象。这种灵活的数据类型集成使得在 SAP BW 中使用外部数据源成为可能，而不需要 Staging。

（5）BADI Provider。SAP BW/4HANA 提供基于 "BADI: RSO_BADI_PROVIDER" 的虚拟信息提供者，可以被包含在 CompositeProvider 中。

数据模型设计涵盖从业务数据源表到最终支持数据分析场景的后台数据表之间的一系列模型设计。需要综合考虑主数据建模，再根据数据仓库分层规范，结合每个数据模型核心组成部分需要支持的应用场景，选择合适的信息提供者进行业务模型设计。

任何一个业务主题的模型设计都不是孤立的，通常涉及主数据调研、业务流程调研、业务分析体系设计、分析场景设计、后台数据存储探源、数据源激活、数据模型和数据流设计等一系列环节。

3.1.3 采购订单数据模型设计示例

在 SAP ERP 中，一个完整的采购流程包含采购申请、定商定价、采购订单、货物接收、付款清账、发票校验六大环节。当然，也有企业不通过 SAP 系统管理采购申请，采购流程从采购订单开始。核心主数据有物料、供应商、公司、工厂等，这些主数据贯穿整个业务流程，如图 3-4 所示。采购订单建模主要包括主数据（物料、供应商等）建模和业务数据（采购订单表头、行项目、计划行）建模。

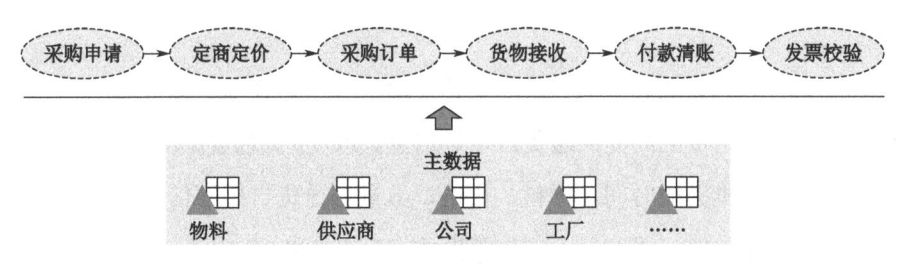

图 3-4 采购流程和主数据

在对交易数据建模前，需要调研确认核心主数据的属性清单、层次和文本信息，并明确采购主题关键指标的分析维度，明确哪些主数据属性需要按历史事实分析、哪些需要按当前属性值分析历史。这些将为后续的采购订单建模提供参考。

制造业标准的采购流程，主要包含采购申请、定商定价、采购订单三个环节。

1. 采购申请

采购申请是指采购需求（PR），一般通过运行 MRP 产生，也可以手动创建。为了方便管理，有的企业会连接流程系统，通过完成流程审批的方式下达采购需求。PR 主要包括 PR 单号、PR 项目号、PR 申请时间、PR 审批完成时间、PR 订单量、物料等信息，且审批完成后会生成采购订单号、项目号和定价编号。采购申请经过审批会进入定商定价环节，也会转为采购订单。

2. 定商定价

定商定价（PA）是指 SAP 系统中的采购询价、报价管理功能。有些企业采用线下管理或通过非 SAP 系统管理。在 PR 审批完成后，会根据采购物料进行定商定价。有的物料是常采购物料，有规定的价格，因此可以快速走完 PA 流程，否则要经过供应商主数据维护、供应商报价、供应商定价等流程，待 PA 审批完成，才能定下最终采购价格。PA 主要包括定价编号、PA 申请时间、PA 审批完成时间、PA 价格、PR 单号、物料等信息。PA 完成后就可以进入采购订单环节。

3. 采购订单

将采购申请下达为采购订单（PO），或者手动录入采购订单。该订单经过审批后，会正式下达给供应商，由供应商提供送货日期等信息。PO 主要包含 PO 单号、PO 项目号、PO 申请时间、PO 审批完成时间、物料、价格、数量、送货日期等信息。

以上为"PR-PA-PO"流程，完成 PR 审批才会有 PA 和 PO 申请，完成 PA 审批才会有 PO 审批。但是，PO 申请日期可以在 PA 审批日期之前，收货日期一般至少细化到计划收货日期和供应商交货日期。

采购订单核心主数据的详细说明如表 3-1 所示。

表3-1 采购订单核心主数据说明表

项目	后台表	备注
物料	MARA 常规物料数据 MAKT 物料描述 MARM 物料的计量单位 MARC 物料的工厂数据	物料主数据比较复杂,有物料常规属性,也有和工厂、销售等组合的属性
公司	T001 公司主数据	公司属性和描述在同一张表中
供应商	LFA1 供应商主数据	供应商属性和描述在同一张表中
工厂	T001W 工厂主数据	工厂属性和描述在同一张表中
成本中心	CSKS 成本中心数据 CSKT 成本中心文本	—

采购订单业务数据的详细说明如表3-2所示。

表3-2 采购订单业务数据说明表

项目	后台表	备注
表头	EKKO	采购凭证抬头
行项目表	EKPO	采购凭证项目
计划行表	EKET	计划协议计划行

针对SAP ERP中常规业务模块的主数据和业务数据,系统提供了预置的标准数据源,因此在数据建模前首先要做的是找到相应的数据源并激活。采购订单核心主数据的数据源如表3-3所示。

表3-3 采购订单核心主数据的数据源

项目	数据源	后台表
物料	0MATERIAL_ATTR 0MATERIAL_TEXT 0MAT_PLANT_ATTR 0MAT_PLANT_TEXT 0MAT_UNIT_ATTR	MARA 常规物料数据 MAKT 物料描述 MARC 物料的工厂数据 MARM 物料的计量单位

续表

项目	数据源	后台表
公司	0COMP_CODE_ATTR 0COMP_CODE_TEXT	T001 公司主数据
供应商	0VENDOR_ATTR 0VENDOR_TEXT	LFA1 供应商主数据
工厂	0PLANT_ATTR 0PLANT_TEXT	T001W 工厂主数据
成本中心	0COSTCENTER_ATTR 0COSTCENTER_TEXT	CSKS 成本中心数据 CSKT 成本中心文本

采购订单业务数据的数据源如表 3-4 所示。

表 3-4　采购订单业务数据的数据源

项目	数据源	后台表
表头	2LIS_02_HDR	EKKO 采购凭证抬头
行项目表	2LIS_02_ITM	EKPO 采购凭证项目
计划行表	2LIS_02_SCL	EKET 计划协议计划行

梳理完采购订单的主数据和业务数据清单后，就可以在 BW 端创建相关的模型。在创建具体的模型前，需要先完成以下两项工作。

（1）在 ERP 端激活相关的数据源，并将其复制到 BW 端。

（2）在 BW 端激活采购订单相关的预置模型。

完成以上两项工作后，系统不仅会在 BW 端自动生成相应的采购订单模型，而且会生成模型和数据源之间的转换、不同层次模型之间的数据流。采购订单数据流结构如图 3-5 所示。

直接对接数据源层的模型为基础模型，其和数据源基本保持一样的结构，主键也和源系统业务表主键保持一致。自动生成的采购订单行项目 ADSO 模型结构如图 3-6 所示，其模型主键为采购订单号、行项目号，和表 EKPO 保持一致。

第 3 章 SAP BW/4HANA 业务数据建模

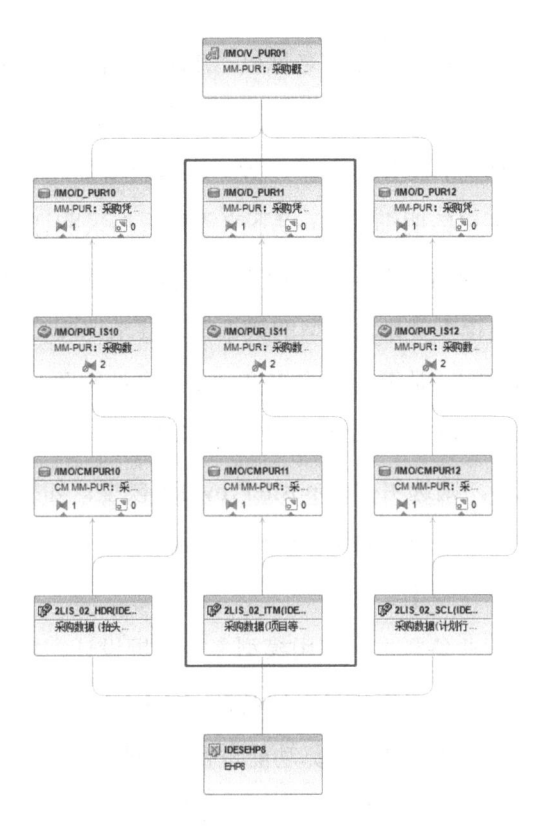

图 3-5 采购订单数据流结构

图 3-6 采购订单行项目 ADSO 模型结构

BI Content 激活生成的预置模型技术名称以"/IMO"开头，首先需要将该模型复制为客户命名空间的新模型，然后确认模型是否满足所有需求，如不满足则进行定制开发，满足则可直接使用。该模型结构和数据源保持一致，不做逻辑处理。

基础模型保存了采购订单的明细数据，接下来需要根据采购订单主题的最终应用需求，在基础模型之上做进一步的逻辑处理，形成应用数据模型。应用数据模型有如下特点。

（1）数据管理要求决定模型类别。模型的数据管理要求比较多，如是否支持出具报表，是否向上层模型提供增量数据，是否为多维模型，是否支持快照，是否物理落地等。因此，进行应用数据模型设计时需要根据数据管理要求的不同选用不同模型。如果需要整合多个数据模型，支持出具 Query，则选用 CompositeProvider 模型；如果需要汇总维度、指标数据存储，不再匹配业务主键，则选用 Data Mart 类型 ADSO。但是，在一些特殊场景中需要使用特殊类型的模型，如库存模型。

（2）数据结构设计匹配业务需求。应用模型多按主题设计，数据结构应匹配最终应用需求，设计时应关注性能、可扩展性和运维便利性，而不应只追求规范化设计。

（3）数据计算基于指标信息对象的计算功能进行基础配置。SAP BW 在创建 Key Figure 信息对象时，通过配置计算方法即可实现累计、非累计、最大值、最小值、例外聚合等计算功能，因此在指标逻辑确认后，需要创建合适类型的 Key Figure 信息对象。

3.2 SAP BW/4HANA 业务数据模型开发详解

SAP BW/4HANA 中预置了适用于不同场景的各类业务数据模型，这些数据模型可分为物理模型和逻辑模型两大类。物理模型包含 ADSO，逻辑模型包含 CompositeProvider、Open ODS View。

3.2.1 ADSO 概述

ADSO 是 SAP BW/4HANA 系统中用于物理存储的核心业务建模对象，可通过选择不

第3章 SAP BW/4HANA 业务数据建模

同的配置，生成适用于不同应用场景的数据模型。模型类型包括多维数据模型、快照数据模型、库存模型等。

在 SAP BW/4HANA 中 ADSO 的结构可以包含信息对象和字段，这是对传统 DSO 的一个改进。允许直接参考数据源创建 ADSO，生成基于字段结构的 ADSO。ADSO 应用在非 SAP 数据源业务场景中尤其便捷，可大大提升便利性，不再需要提前设计、开发、分配信息对象。

ADSO 主要包含三张核心表：Inbound Table（入站表）、Log Table（日志表）、Active Table（激活表）。不同的配置会对这三张表有不同的需求和操作。在新建和激活 ADSO 的过程中，后台会根据配置生成这些核心表。对于标准 ADSO 而言，数据处理流程将数据先加载到入站表中，请求激活后，再将数据从入站表写入激活表，同时更新日志表。

ADSO 是 BW 系统中数据存储和数据整合的核心对象，其创建步骤如下。

（1）确保 HANA Studio 已经安装了 BW Modeling Tools 插件。操作步骤如下：登录 BW 系统，展开 BW Repository，选择特定信息范围，在右键快捷菜单中选择 New→DataStore Object（advanced）。也可以在数据流对象中创建 ADSO，进入数据流编辑界面中的 BW Object Types，选择类型 DataStore Object（advanced）并将其拖动到 Details 画布中。然后，打开这个 ADSO 的创建菜单，选择创建持久对象。

（2）创建 ADSO 后默认显示 General 页签，如果勾选 External SAP HANA View 选项，则该数据存储对象会生成 SAP HANA 视图。

（3）在 Special Properties 下，可以为数据存储对象选择特殊功能属性，如 Inventory-Enabled、Planning-Enabled 等，如图 3-7 所示。

图 3-7 ADSO 的 Special Properties 配置

（4）在 Data Tiering Properties 下，根据访问频率将数据存储对象中的数据分为热数据、温数据、冷数据三种类型。

（5）在 Details 页签中，选择想要包含在数据存储对象中的信息对象或创建字段，可以创建组来对字段和信息对象进行分类。

（6）在 Settings 页签中，可以为关键字段创建分区，也可以为数据存储对象创建二级索引。索引默认在激活表上创建，如果没有找到激活表，则在入站表上创建索引。

（7）激活数据存储对象。

（8）在编辑器界面中的 Properties 下，可以看到有关 DDIC 元素的信息，也可以通过链接进一步导航到相关信息。

在实际的创建过程中，系统提供了更加方便快捷的创建方式，可以参考已有的 ADSO 或者数据源进行创建，其过程如下。

（1）在 HANA Studio 中打开 BW 建模工具。在 BW 项目中选择对应的信息范围，在右键快捷菜单中选择 New DataStore Object（advanced）。

（2）收藏信息范围。为了后续使用方便，可以将选定的信息范围添加到收藏夹中。

（3）输入 ADSO 的技术名称和描述。技术名称的长度应为 3~9 个字符。

（4）选择创建模板。直接复制一个已有的 ADSO，或者选择其他类型的对象模板，如数据源、信息对象、InfoSource 等，通过复制或模板可以直接生成字段或信息对象结构的 ADSO，如图 3-8 所示。

图 3-8 以数据源为模板生成 ADSO

(5)单击 Finish 按钮，完成创建。

3.2.2 ADSO 配置及应用场景

在配置 ADSO 时，首先要区分其类型，然后对其进行进一步的处理。下面将对 ADSO 的类型及相应的适用场景进行详细介绍。

1. 具有日志功能的标准 ADSO

该类型的 ADSO 适用于以下场景。

（1）适用于基础数据仓库模型，多用于存储明细业务数据，模型主键和业务数据表主键保持一致。

（2）适用于向上提供增量数据的场景，该类型 ADSO 数据按请求管理，数据激活后按主键更新激活表内容，同时生成数据变更日志，支持上层模型提供增量数据。

（3）适用于支持明细数据查询的场景。

具有日志功能的标准 ADSO 配置如图 3-9 所示。

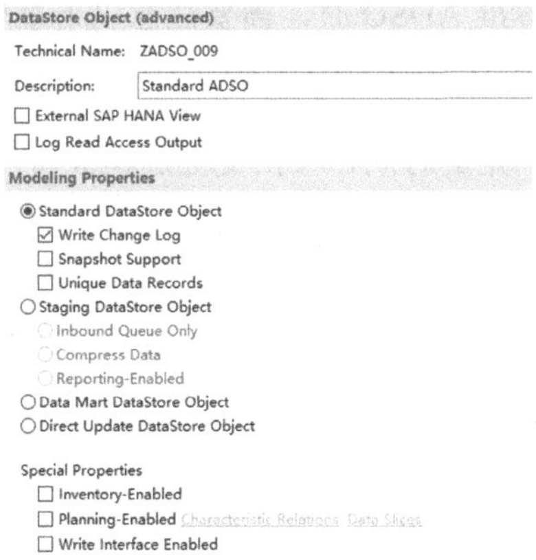

图 3-9 具有日志功能的标准 ADSO 配置

选择 Standard DataStore Object 并勾选 Write Change Log 选项。这里的 Write Change Log

是可选项，如果不勾选，则不会有 Change Log 产生，也无法向上提供增量数据。

具有日志功能的标准 ADSO 数据流处理过程如图 3-10 所示。

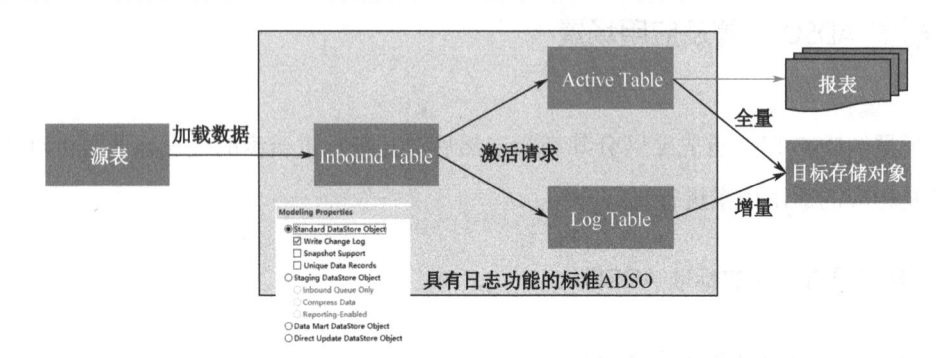

图 3-10 具有日志功能的标准 ADSO 数据流处理过程

数据流处理过程：从源表中将数据加载到 Inbound Table 中，在激活数据请求后更新 Active Table 和 Log Table，同时将 Inbound Table 中的数据清空。Active Table 和 Log Table 中一直存有数据，报表的实际来源为 Active Table。该类型 ADSO 向上提供数据时，全量数据只能由 Active Table 提供，增量数据从 Log Table 中抽取，报表数据则由 Active Table 提供。

在配置具有日志功能的标准 ADSO 时，需要注意以下事项。

（1）Log Table 会占用一定的存储空间。

（2）激活大量数据需要一定的时间，数据变更过程被写入 Log Table，这个过程的性能相对于传统的非 HANA 数据库已经有了质的提升。

（3）需要定期删除 Change Log。

2．无日志功能的标准 ADSO

该类型的 ADSO 不适用于需要向上层模型提供增量数据的场景，其适用的业务场景有如下几种。

（1）适用于存储业务明细数据的存储模型，其主键和业务数据表保持一致。

（2）模型支持数据按照业务主键覆盖。

(3) 支持出具报表。

无日志功能的标准 ADSO 配置如图 3-11 所示。

图 3-11 无日志功能的标准 ADSO 配置

选择 Standard DataStore Object 选项，不勾选 Write Change Log 及 Unique Data Records 选项，只能向上层提供全量数据。

无日志功能的标准 ADSO 数据流处理过程如图 3-12 所示。

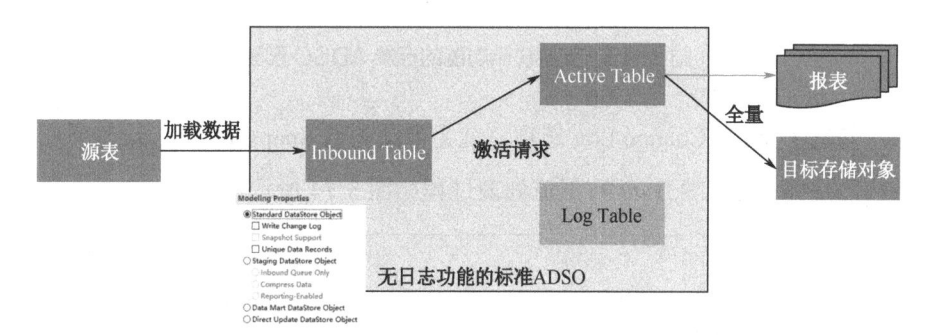

图 3-12 无日志功能的标准 ADSO 数据流处理过程

数据流处理过程：从源表中将数据加载到 Inbound Table 中，在激活数据请求后更新 Active Table，同时将 Inbound Table 中的数据清空。报表的实际来源为 Active Table。该类型 ADSO 向上提供数据时只能由 Active Table 提供全量数据。

在配置无日志功能的标准 ADSO 时，需要注意以下事项。

(1) 不能按照请求删除数据。

(2) 只能向目标提供全量数据，数据量大时不适合向上提供数据。

3. 支持快照功能的标准 ADSO

支持快照功能的标准 ADSO 不适用于大数据量存储的场景，适用于快照需求场景，如源系统中无法提供增量字段，且存在物理删除数据的情况。在这种情况下，只能先进行全删除，再进行全重抽。BW4 中提供了 Snapshot Support 选项，可以自动识别物理删除数据的情况。

支持快照功能的标准 ADSO 配置如图 3-13 所示。

图 3-13 支持快照功能的标准 ADSO 配置

注意：勾选了 Write Change Log 选项，就会自动勾选 Snapshot Support 选项。

支持快照功能的标准 ADSO 数据流处理过程如图 3-14 所示。

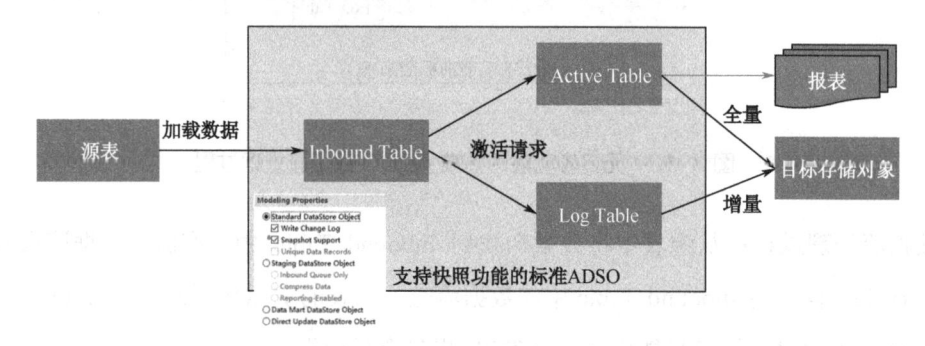

图 3-14 支持快照功能的标准 ADSO 数据流处理过程

数据流处理过程：从源表中将数据加载到 Inbound Table 中，在激活数据请求后更新 Active Table 和 Log Table，同时将 Inbound Table 中的数据清空。只有 Active Table 和 Log Table 中一直存有数据，报表的实际来源为 Active Table。该类型 ADSO 向上提供数据时，全量数据只能由 Active Table 提供，增量数据从 Log Table 中抽取。

在配置支持快照功能的标准 ADSO 时，需要注意以下事项。

（1）Log Table 占用存储空间，会产生一定的数据冗余。

（2）激活大量数据需要一定的时间，数据变更过程被写入 Log Table，这个过程的性能相对于传统的非 HANA 数据库已经有了质的提升。

（3）在抽取源系统数据的时候只能全量抽取，数据量大时 ETL 过程压力较大，建议使用 SLT 方法实现数据抽取。

4．支持数据唯一性检查的标准 ADSO

该类型的 ADSO 适用于以下几种场景。

（1）适用于存储明细业务数据，模型主键和业务数据表主键保持一致，且需要确保来源数据不出现重复，对数据质量要求较高。

（2）适用于向上提供增量数据的场景，该类型 ADSO 数据按请求管理，数据激活后按主键更新激活表内容，同时生成数据变更日志，支持上层模型提供增量数据。

（3）支持数据查询场景。

支持数据唯一性检查的标准 ADSO 配置如图 3-15 所示。

图 3-15　支持数据唯一性检查的标准 ADSO 配置

勾选 Unique Data Records 选项可以使该模型具有数据校验功能。这里的 Write Change Log 是可选项，可以勾选，也可以不勾选。勾选则会产生 Change Log，可按照请求删除数据，同时可以向上提供增量数据。

支持数据唯一性检查的标准 ADSO 数据流处理过程如图 3-16 所示。

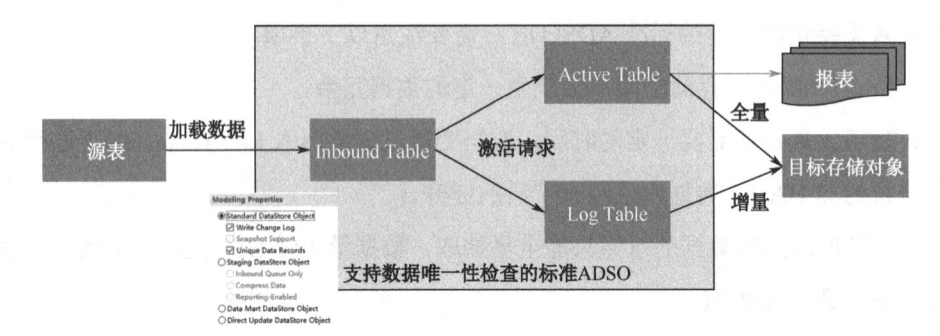

图 3-16　支持数据唯一性检查的标准 ADSO 数据流处理过程

数据流处理过程：从源表中将数据加载到 Inbound Table 中，在激活数据请求后更新 Active Table 和 Log Table，同时将 Inbound Table 中的数据清空。只有 Active Table 和 Log Table 中一直存有数据，报表的实际来源为 Active Table。该类型 ADSO 向上提供数据时，全量数据只能由 Active Table 提供，增量数据从 Log Table 中抽取。

在配置支持数据唯一性检查的标准 ADSO 时，需要注意以下事项。

（1）只有 Active Table 中的记录和 Inbound Table 中的记录没有重复数据，才能成功激活数据。

（2）在处理链执行时报错会中断进程，有可能影响次日报表数据。

5．直接更新的 ADSO

直接更新的 ADSO 适用于以下几种场景。

（1）适用于业务明细数据变更过程存储。

（2）适用于无须出具 Report 的场景。

（3）用作贴源层模型。

直接更新的 ADSO 配置如图 3-17 所示。

选择 Staging DataStore Object 及 Inbound Queue Only 选项。

直接更新的 ADSO 数据流处理过程如图 3-18 所示。

图 3-17 直接更新的 ADSO 配置

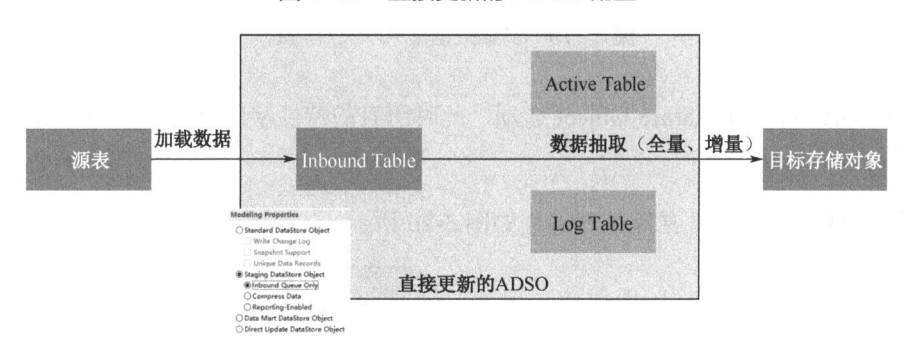

图 3-18 直接更新的 ADSO 数据流处理过程

数据流处理过程：从源表中将数据加载到 Inbound Table 中，不需要激活操作。该类型 ADSO 不支持直接给 Query 提供数据。向上更新数据时，直接从 Inbound Table 中抽取数据。

在配置直接更新的 ADSO 时，需要注意以下事项。

（1）模型数据无法按照业务主键合并，如果来源数据修改频繁，则数据存储压力较大。

（2）无法出具 Report。

6．多维数据集 ADSO

多维数据集 ADSO 适用于以下业务场景。

（1）适用于支持指标、维度快速分析的汇总数据模型。

（2）适用于无业务主键场景，所有的非指标字段均为主键。

（3）适用于数据不支持覆盖的场景。

多维数据集 ADSO 配置如图 3-19 所示。

Modeling Properties
- ○ Standard DataStore Object
  - ☐ Write Change Log
  - ☐ Snapshot Support
  - ☐ Unique Data Records
- ○ Staging DataStore Object
  - ○ Inbound Queue Only
  - ○ Compress Data
  - ○ Reporting-Enabled
- ⦿ **Data Mart DataStore Object**
- ○ Direct Update DataStore Object

Special Properties
- ☐ Inventory-Enabled
- ☐ Planning-Enabled Characteristic Relations Data Slices
- ☐ Write Interface Enabled

图 3-19　多维数据集 ADSO 配置

选择 Data Mart DataStore Object 选项，此时所有的特性字段会自动成为主键，和传统的 Cube 保持一致。

多维数据集 ADSO 数据流处理过程如图 3-20 所示。

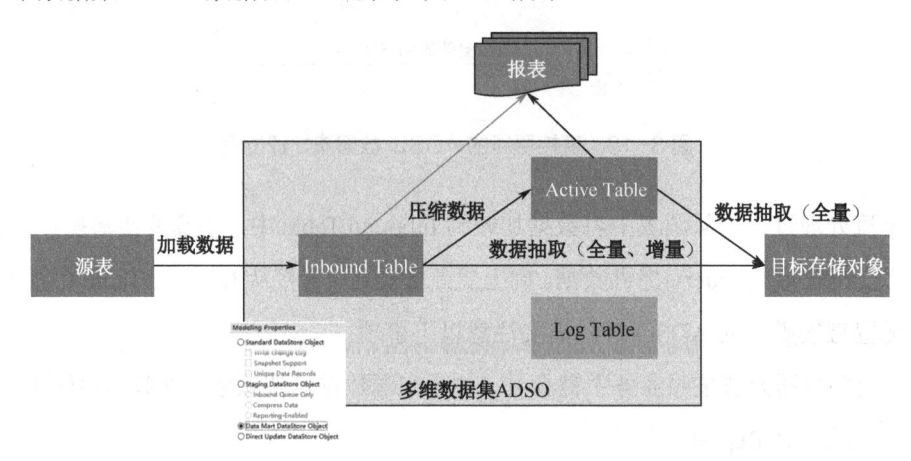

图 3-20　多维数据集 ADSO 数据流处理过程

数据流处理过程：从源表中将数据加载到 Inbound Table 中。在激活数据请求后将数据更新至 Active Table，同时将 Inbound Table 中的数据清空。这和传统的 Cube 压缩一样，Inbound Table 类似于 Cube 的 F 表，Active Table 类似于 Cube 的 E 表。

在配置多维数据集 ADSO 时，需要注意以下事项。

（1）和传统的 Cube 一样，为了确保模型数据无过多的冗余存储，需要按期激活（压缩）请求，压缩后数据按主键进行合并，无法按原请求进行删除。

（2）Inbound Table 和 Active Table 联合支持报表数据查询。

（3）Inbound Table 和 Active Table 联合支持对上层模型的全量数据提供。

（4）Active Table 支持对上层模型的增量数据提供。

7．库存非累计 ADSO

库存非累计 ADSO 适用于库存统计场景，支持非累计值的计算模式，如企业库存数量、金额的统计分析。

库存非累计 ADSO 配置如图 3-21 所示。

图 3-21　库存非累计 ADSO 配置

选择 Standard DataStore Object 及 Write Change Log 选项，在 Special Properties 中选择 Inventory-Enabled 选项。Inventory 时间参考特性字段使用 0CALDAY，如图 3-22 所示。

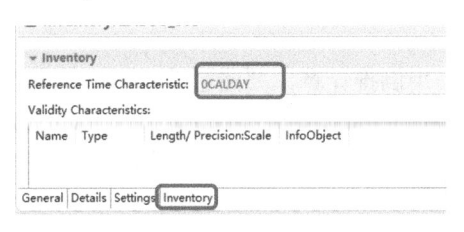

图 3-22　Inventory 时间参考特性字段

库存非累计 ADSO 数据流处理过程如图 3-23 所示。

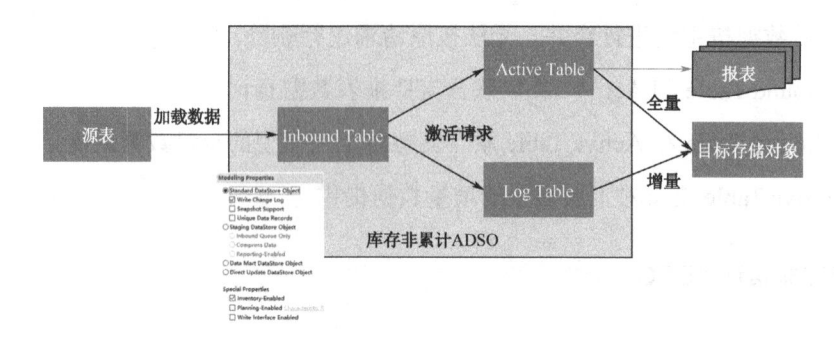

图 3-23　库存非累计 ADSO 数据流处理过程

数据流处理过程如下：

（1）从源表中将数据加载到 Inbound Table 中，此时 Validity Table 中会更新有效字段的范围。

（2）激活请求后将数据更新到 Active Table 中，同时将 Inbound Table 中的数据清空。

（3）激活请求后，Reference Point 进行更新，对 Validity Table 中的有效字段范围进行合并。

（4）Log Table 将数据的变化记录下来。

（5）报表的实际来源为 Reference Point、Active Table 和 Inbound Table。该类型 ADSO 向上提供数据时，全量数据只能由 Active Table 提供，增量数据从 Inbound Table 中抽取。Inbound Table 和 Active Table 中的数据会一起被抽取到后续目标存储对象中，但是 Delta Load 只读取 Inbound Table，因此要先抽取数据，再激活数据。

配置库存非累计 ADSO 时，需要注意以下事项。

（1）需要激活请求。

（2）历史库存统计多采用倒推计算，要注意数据初始化和增量更新的设计和执行。

3.2.3　ADSO 性能优化

SAP BW/4HANA 的核心优势是快，除 HANA 本身的内存数据库机制保证性能外，在

第3章 SAP BW/4HANA 业务数据建模

ADSO 的模型配置方面也提供了分区、索引等功能，从而进一步确保性能优势。

1．创建分区

SAP BW/4HANA 提供了分区功能，以避免单个模型数据存储量过大带来的性能压力。

使用分区技术可以将 ADSO 的整个数据集划分为几个独立且无冗余的较小单元。在进行数据分析时，根据筛选条件定位到特定分区进行数据检索。分区可以提升库存非累计 ADSO 数据流处理过程的性能。一个未分区的表或单个分区最多可以包含 20 亿条记录。

可以为带有主键的数据存储对象和 Data mart 类型 ADSO 创建分区。对于带有主键的数据存储对象，可以使用主键字段作为分区特征。对于 Data mart 类型 ADSO，每个字段都可以用作分区特征。

如果一个数据存储对象激活后只包含入站表，则不能为其创建分区。如果之前创建了分区，但在后续开发中改为只有入站表的 ADSO，那么原有的分区也会被删除。

SAP BW/4HANA 支持静态分区与动态分区，如图 3-24 所示。

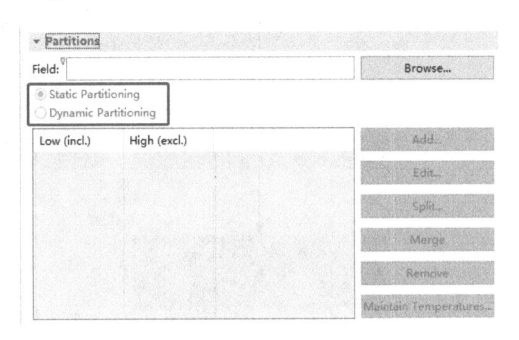

图 3-24 静态分区与动态分区

静态分区与动态分区的区别如下。

（1）在设计时将静态分区定义为数据存储对象元数据的一部分。因此，静态分区与传输相关，对分区的更改必须作为系统中的元数据更改进行传输。

（2）选择动态分区时，只需要指定分区字段，然后在激活数据期间动态创建分区。如果分区中不包含任何数据，则会自动删除分区。因此，动态分区比静态分区更灵活。

如果选择动态分区而不进行任何进一步的设置，那么在数据激活期间，将为分区字段的每个新值创建一个新的分区。如果分区字段的粒度过细，如日期类型字段，那么选择动态分区后，系统会自动为每个日期值创建分区，最终可能导致创建大量分区，大量分区会对性能产生负面影响。因此，需要根据字段的实际情况指定适当的数据分区粒度。

如果分区字段满足以下条件之一，通过指定粒度可减少生成的分区数量。

（1）分区字段具备以下特征之一：0DATE、0CALWEEK、0CALMONTH、0CALQUARTER、0CALYEAR、0FISCPER、0FISCYEAR。

（2）分区字段是 DATS 数据类型。

分区字段如何指定粒度，取决于分区字段所处的位置。时间层次结构定义了具体字段的粒度分配，如图 3-25 所示。

```
              0CALDAY,
         or Data Type = "DATS"
        ┌───────┼────────┐
        ↓       ↓        ↓
    0CALWEEK  0CALMONTH  0FISCPER
                ↓          ↓
            0CALQUARTER  0FISCYEAR
                ↓
            0CALYEAR
```

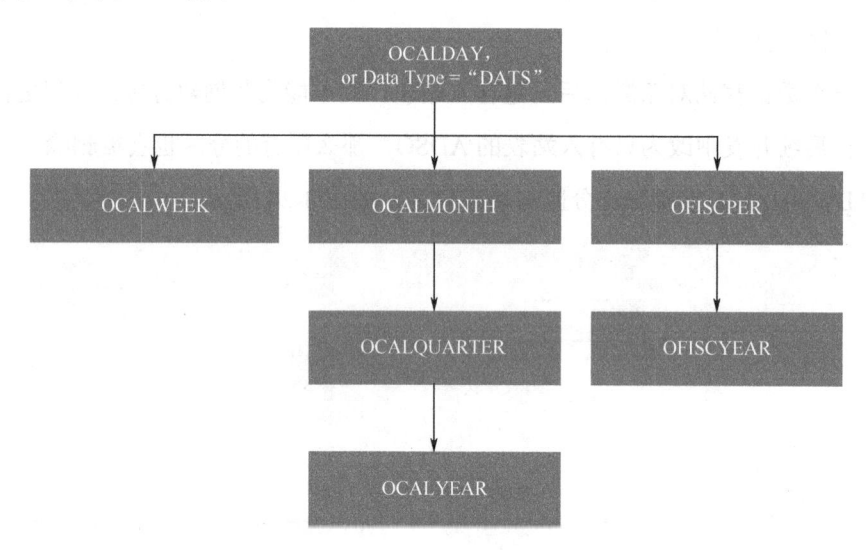

图 3-25　时间层次结构

时间相关分区字段粒度指定说明如下。

（1）如果分区字段为 0CALDAY 或由 0DATE 派生的特征，或者数据类型为 DATS 的特征，则可以选择 0CALDAY、0CALWEEK、0CALMONTH、0CALQUARTER、0CALYEAR、0FISCPER 或 0FISCYEAR 作为粒度。

（2）如果分区字段是 0CALWEEK 或由 0CALWEEK 派生出来的特征，则可以选择 0CALWEEK 作为粒度。

（3）如果分区字段为 0CALMONTH 或由 0CALMONTH 派生出来的特征，则可以选择 0CALMONTH、0CALQUARTER 或 0CALYEAR 作为粒度。

（4）如果分区字段为 0CALQUARTER 或由 0CALQUARTER 派生出来的特征，则可以选择 0CALQUARTER 或 0CALYEAR 作为粒度。

（5）如果分区字段为 0CALYEAR 或由 0CALYEAR 派生出来的特征，则可以选择 0CALYEAR 作为粒度。

（6）如果分区字段是 0FISCPER 或由 0FISCPER 派生出来的特征，则可以选择 0FISCPER 或 0FISCYEAR 作为粒度。

（7）如果分区字段为 0FISCYEAR 或由 0FISCYEAR 派生出来的特征，则可以选择 0FISCYEAR 作为粒度。

要想实现在激活数据时自动删除空分区，必须满足以下条件。

（1）选择动态分区。

（2）分区中没有数据（注意：只有当数据存储对象各个表的所有对应分区都为空时，系统才会认为某个分区为空）。

（3）当前数据温度和计划温度与默认温度一致。

创建分区的步骤如下。

（1）选择 Settings 页签并展开 Partitions 选项区。

（2）选择一个主键字段作为分区字段。对于 Data mart 类型 ADSO，每个特征都可以选择。选择分区字段时，不允许有以下字符：,、$、(、-、*)。

（3）单击 Add 按钮，可以创建分区。输入分区的上限和下限，然后单击 Next 按钮完成设置，最后单击 OK 按钮创建分区。分区应按顺序编号。如果要创建无缝分区，则当前分区的上限必须为下一个分区的下限。

（4）单击 Edit 按钮，可以更改现有的分区。

（5）单击 Split 按钮，可以拆分现有的分区。可以选择简单分割和相等的单位分割。简单分割是将现有分区拆分为两个分区。相等的单位分割是将现有分区平分为多个分区。

（6）单击 Merge 按钮，可以合并多个现有的分区。

（7）单击 Delete 按钮，可以删除分区。

（8）单击据存储对象被激活时，将使用所有指定的分区创建数据库表。

2．创建索引

给 ADSO 创建索引是一个高阶设置，通常情况下不需要更改此设置。如果需要从数据存储对象中读取大量单独的记录，那么创建索引有助于提升性能。

一般在激活表上创建索引。如果没有找到激活表，则在入站表上创建索引。创建索引的步骤如下。

（1）选择 Settings 页签并展开 Indexes 选项区。

（2）单击 New 按钮以创建新索引。索引的名称是根据第一个尚未用于索引的可用编号自动生成的。

（3）为索引选择一个字段或信息对象，然后单击 OK 按钮。索引创建完成后会显示在对话框中。

（4）后续可以更改或删除索引。

3.2.4　CompositeProvider 的配置和使用

信息对象和 ADSO 是物理存储对象，它们是实际存储数据的信息提供者。通常情况下，ADSO 会存储特定主题的业务数据，但是针对进行跨主题实时计算的综合分析场景，不一定能从某个特定信息提供者得到所有需要的数据。从模型灵活性、可扩展性的角度出发，并非所有分析结果都适合存储在数据存储对象中，在这种情况下需要用到虚拟数据提供者，对不同主题物理数据提供者的数据进行实时联合计算。SAP BW/4HANA 提供了 CompositeProvider（CP），其可以对其他信息提供者进行 Union 或 Join 整合。

但实际上 CP 不存储数据，它能够整合其他信息提供者的数据并用于数据分析。整合的方式有 Union、Left Join、Right Join 等。能用于创建 CP 的信息提供者包括信息对象、ADSO、CP、HANA 视图等。CP 在 SAP BW/4HANA 中的定位如图 3-26 所示。

第3章 SAP BW/4HANA 业务数据建模

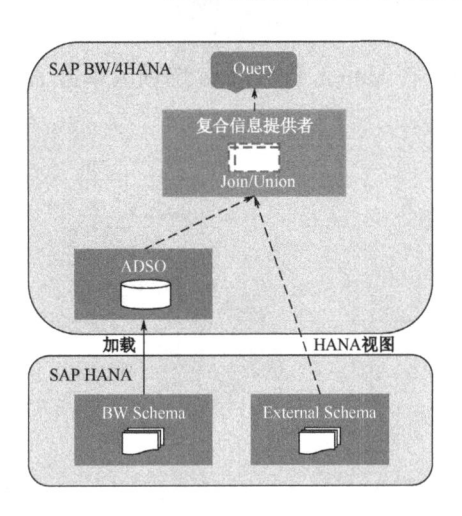

图 3-26 CP 在 SAP BW/4HANA 中的定位

从图 3-26 中可以看出，SAP BW/4HANA 中的 Query 一般基于 CP 创建，在项目实施中一般不建议在信息对象、ADSO 上直接出具 Query，有了一层 CP，就可以确保灵活性和可扩展性。CP 的创建有两种模式：一种是 Union，这是默认模式；另一种是 Join，该 CP 可以被另一个 CP 调用。

CP 的创建步骤如下。

（1）在 HANA Studio 中创建 CompositeProvider，填写名称及描述，然后单击 Next 按钮，如图 3-27 所示。

图 3-27 创建 CompositeProvider

(2）单击 Next 按钮后，在 Union Providers 选项区单击 Add 按钮，把信息提供者加入 CP 中，如图 3-28 所示。

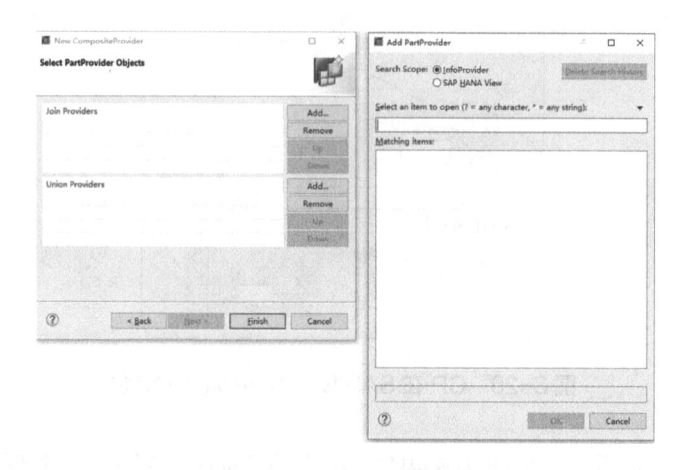

图 3-28　添加信息提供者

(3）通过拉线的方式进行 Union 操作，单击✓按钮检查是否缺少 Assignment。

(4）激活后创建完成。

CP 具有如下特点。

(1）如果使用 Union，则 CP 记录数等于各 Provider 记录数之和。

(2）如果使用 Inner Join，则 CP 记录数等于 Provider 关联字段值相同的记录数。

(3）如果使用 Left Join，则左表数据不会丢失。如果有一条左表记录与右表关联不上，CP 也会显示该记录，其中右表的维度为空，指标为 0。若能关联上，则根据右表关联上的数据条目数发散，所以 CP 记录数会大于或等于左表记录数。

(4）每个 Provider 的数据都会在执行 Join 操作之前先进行聚合，再关联聚合后的数据。

(5）一个 CompositeProvider 可以被另一个 CompositeProvider 调用。

(6）可以在 CompositeProvider 中灵活使用 Join 和 Union。

创建或使用 CP 时，需要注意以下几点。

(1）如果需要关联，应尽量使用 Inner Join，因为 Inner Join 比 Left Join 更快。

(2）如果大量使用 BW OLAP 函数，建议只使用 BW InfoProvider。这样可以确保在使用 BW OLAP 函数时获得更佳性能。

（3）可将 CompositeProvider 的使用与 InfoObject 关联，这样能使用 InfoObject 的默认属性和描述，同时能保证 BW 建模的一致性。

CP 具有如下限制。

（1）SAP BW/4HANA InfoProvider 输出生成的 HANA 视图不能作为 CompositeProvider 的成员。

（2）非累计值的 Key Figure 在 CompositeProvider 中必须设置 Direct Usage of Associated Object by Name。

（3）CompositeProvider 中不能包含优化类 ADSO。

（4）不能在 CompositeProvider 中添加多个包含相同 Provider 的 CompositeProvider。

（5）CompositeProvider 可以生成 HANA 视图，若要使用 CompositeProvider 生成的 HANA 视图，数据库用户需要 Schema【_SYS_BI】的授权。

（6）CompositeProvider 的技术名称最多包含 12 个字符。

CompositeProvider 和其所包含的信息提供者息息相关，因此不管是其所包含的信息提供者还是其自身的修改，都要注意相互之间的关联性，修改注意事项总结如下。

（1）无法删除已经在 CompositeProvider 中使用的 InfoObject 和 DataStore Object，需要先从 CompositeProvider 中删除对象，然后才能删除它们。如果 CompositeProvider 中已包含 InfoObject 和 DataStore Object，则此 CompositeProvider 不能被直接删除。如需删除，需要先删除 CompositeProvider 中的 InfoObject 和 DataStore Object。

（2）如果 InfoProvider 删除了字段，则包含该 InfoProvider 的 CompositeProvider 会失活。已删除的字段仍显示在 CompositeProvider 的源中，但被标记为 Unknown。在这种情况下，要相应地修改受影响的 CompositeProvider，然后重新激活。

（3）如果对 InfoObject 进行某些更改（如修改聚合模式和时间相关性、将显示属性更改为导航属性、添加导航属性），则使用它的 InfoProvider 或 CompositeProvider 将失活。在这种情况下，要相应地修改受影响的 CompositeProvider，然后重新激活。如果将导航属性更改为显示属性，会导致 CompositeProvider 运行时报错。可以通过在 Output 选项卡中删除该导航属性来解决 CompositeProvider 报错问题。

（4）当 HANA 视图修改后，CompositeProvider 虽然仍保持活动状态，但在 CompositeProvider 中会出现错误。在这种情况下，必须从 CompositeProvider（Target 结构）中手动删除 HANA 视图中已被删除的字段（这些字段被标记为 Unknown）。使用 BW 建模工具中的 BW 对象搜索，可以找到使用特定 HANA 视图的 CompositeProvider。

在 CompositeProvider 的传输中，有以下注意事项。

（1）CP 可以通过 TCODE STMS 传输。传输对象为 HCPR。

（2）在 CP 请求释放步骤中，系统会检查 CP 的各个部分是否可传输，但不会检查 CP 中的所有参与对象是否都被包含在传输请求中，即可以在没有 InfoProvider 的情况下传输 Composite Provider。

（3）对于 HANA 视图，系统不会检查它们是否在目标系统中，需要将这些对象自行传输到目标系统中。

（4）只有当 CP 的所有 Provider 都在目标系统中时，CP 才能使用。

需要注意的是，HANA 视图（计算视图和分析视图）、ADSO、Open ODS View、InfoObject、CompositeProvider 都支持 Union、Join、Union+Join 的 Provider。

CompositeProvider 分配字段时，兼容数据类型如图 3-29 所示。

Source/Target	CHAR	SSTR	STRG	NUMC	CUKY	UNIT	DATS	TIMS	LANG	INT1	INT2	INT4	INT8	FLTP	DEC	D34D	D16D	QUAN	CURR	RAW16
CHAR	X	X	X	X	X	X	X	X	X											
SSTR	X	X																		
STRG	X		X																	
NUMC	X			X			X	X												
CUKY	X				X															
UNIT						X														
DATS	X			X			X													
TIMS	X			X				X												
LANG	X								X											
INT1										X	X	X	X							
INT2											X	X								
INT4												X	X							
INT8													X							
FLTP														X	X	X	X			
DEC														X	X	X	X	X		
D34D														X	X	X	X			
D16D														X	X	X	X			
QUAN																		X	X	
CURR																		X	X	
RAW16	X																			X

图 3-29　兼容数据类型

第 3 章　SAP BW/4HANA 业务数据建模

SAP HANA 基本类型和 ABAP DDIC 类型之间的兼容情况如图 3-30 所示。

HANA	BW
CHAR	CHAR
ALPHANUM	CHAR
BIGINT	DEC
BLOB	RSTR
CLOB	STRG
DATE	DATS
DECIMAL	DEC
DOUBLE	FLTP
FLOAT	Not supported
INTEGER	INT4
NCLOB	STRG
NVARCHAR	STRG
REAL	FLTP
SECONDDATE	DATS
SHORTTEXT	STRG
SMALLDECIMAL	DEC
SMALLINT	INT4
TEXT	STRG
TIME	TIMS
TIMESTAMP	DATS
TINYINT	INT4
VARBINARY	RSTR
VARCHAR	STRG

图 3-30　数据类型兼容情况

3.2.5　Open Ods View 的配置和使用

SAP 提供的 Open ODS View 是一个虚拟视图，允许直接访问，其核心价值在于敏捷建模。Open ODS View 本质上是一个标准的 SAP 元数据对象，展示了基于源的一个视图，并在视图上结合了分析性元数据。当然，Open ODS View 本身也可以作为 BW 数据源使用，能被集成到 SAP BW/4HANA 物理模型中。

Open ODS View 没有对主数据或业务数据进行存储的机制，因此对于 Open ODS View 来说，持久性建模和分析建模解耦是其主要特点。通过 Open ODS View，可以为诸如数据库表、视图或 BW 数据源之类的对象快速定义 SAP BW 数据模型。这些数据模型能够灵活地集成，不需要创建任何 InfoObject。这种灵活的数据集成使得在 SAP BW 中不通过 Staging 使用外部数据源成为可能。

尽管使用 InfoObject 经典建模能保证数据的高度一致性，但在这种情况下，任何已被用于现有模型和 Query 的信息对象都很难修改。而使用 Open ODS View 建模要灵活得多。通过创建一个 Open ODS View 能够以最少的工作量查看数据源，并且能为 Open ODS View 的字段分配属性。Open ODS View 以这种方式建模使数据易于消费。

对于 Open ODS View 来说，无须将源数据物理集成到 SAP BW/4HANA 中，这意味着数据可以绕过 SAP BW/4HANA 的数据集成接口（源系统、数据源）而直接被调用。在很多情况下，数据在客户自定义的 SAP HANA Schema 中管理，而不是 SAP BW 管理的 Schema，基于 Open ODS View 可以快速对这些非 BW Schema 管理的数据进行建模使用。数据在客户自定义的 Schema 的中管理的原因有如下三个。

（1）直接写入。通过 ETL 工具直接将数据加载到 SAP HANA 自定义 Schema 中，如 SLT、DataService 等。

（2）SAP HANA 上的其他应用。和 SAP BW/4HANA 运行在同一个 SAP HANA 系统上的不同应用，其数据存储管理在应用各自对应的 Schema 中。

（3）数据联合。数据在外部资源上管理，但通过 SDA 或 SDI 将外部数据虚拟集成到 SAP HANA 中。

在 BW 项目资源管理器中，在 BW 项目的上下文菜单、InfoArea 的上下文菜单或语义文件夹中，选择 NEW→Open ODS View，可以创建 Open ODS View，如图 3-31 所示。

图 3-31 创建 Open ODS View

创建 Open ODS View 的具体操作如下。

（1）选择一个 InfoArea。

（2）如果希望下次能更快地访问，建议将相关设置添加到收藏夹中。

第 3 章 SAP BW/4HANA 业务数据建模

（3）在 Name 文本框中输入 Open ODS View 的技术名称，最多可输入 12 个字符。

（4）在 Description 文本框中输入 Open ODS View 的描述。

（5）默认情况下勾选 Create with Proposal 选项。这时系统会自动将源字段分配到 Open ODS View 的字段类别（如特征或关键数字）。如果取消勾选此选项，则系统不会在创建过程中自动将源字段分配到 Open ODS View 的字段类别（如特征或关键数字）。

（6）在 Semantics 选项区中，指定是要为事实、主数据还是文本创建 Open ODS View。

（7）单击 Next 按钮。

在 Select Source Type 步骤中，选择使用哪种类型的源对象作为 Open ODS View 的基础，如图 3-32 所示。

图 3-32 选择源类型

Source Type 各选项的具体含义如下。

（1）DataSource（BW）：Open ODS View 支持直接访问 BW ODP 和 SAP HANA 源系统的数据源。

（2）Database Table or View：Open ODS View 可以通过源数据库表或视图访问 SAP BW/4HANA 的 SAP HANA 数据库中的数据。相关的连接在 SAP HANA 源系统中配置，连接类型为 Local SAP HANA Database Schema。

（3）Virtual table using SAP HANA Smart Data Access：使用 SAP HANA Smart Data

Access，Open ODS View 可以访问来自不同外部源的远程数据。在 SAP HANA 中将源配置为远程源，具体连接在 SAP HANA 源系统中配置，连接类型为 SAP HANA Smart Data Access。当使用 SAP HANA Smart Data Access 创建 Open ODS View 时，将在 SAP HANA 中创建虚拟表，虚拟表指向一个远程表，该表是 Open ODS View 的源对象，允许访问数据。

（4）Big Data：Open ODS View 支持访问 Hadoop 集群的数据，该集群通过大数据源系统［通过带有 Spark SQL Destination 或 VORA（ODBC）适配器的远程源］连接到 SAP BW/4HANA 的 SAP HANA 数据库。

（5）DataStore Object（advanced）：Open ODS View 可以访问来自 DataStore Object（advanced）的数据。DataStore Object（advanced）仅支持在激活表上进行报告的数据存储对象。

（6）Transformation：可以使用转换。例如，对通过 Open ODS View 使用的数据执行数据类型转换、赋值或字符串操作。如果已经创建了相应的数据流，就可以使用转换作为 Open ODS View 的源。

在完成 Select Source Type 步骤后，可打开 Open ODS View 编辑器，如图 3-33 所示。

图 3-33　Open ODS View 编辑器

在 Open ODS View 维护界面中，指定了 Open ODS View 的结构，将源对象的字段分配到 Open ODS View 中，分配字段的类别取决于 Open ODS View 的语义，字段类别包括特征、关键数字、货币、单位。Open ODS View 字段的属性由 Open ODS View 字段的来源或系统默认值设置。在 Open ODS View 编辑器中可以执行以下操作。

（1）将源字段拖入 Open ODS View 的字段类别，或者将 Open ODS View 字段从一个字段类别移动到另一个字段类别。

（2）在源字段的上下文菜单中选择 Add，在 Add Source Fields 对话框中选择 Field Type 并选择要分配字段的类别，单击 OK 按钮确认选择。

（3）在 Open ODS View 字段的上下文菜单中选择 Move，在 Move Fields 对话框中选择 Field Type 并选择要分配字段的类别，单击 OK 按钮确认选择。

（4）在上下文菜单中选择 Remove，将某个字段从 Open ODS View 结构中删除，该字段在 Open ODS View 结构中显示为灰色。

（5）如果属性或文本存在多个关键字段，则将定义或表示 Open ODS View 的关键字段拖入字段类别中。

（6）检查 Open ODS View。系统检查日志在 BW 建模工具的问题视图中显示。

（7）保存并激活 Open ODS View。

在 Open ODS View 编辑器中 Semantics 选项卡的右侧区域，可以查看和修改 Open ODS View 字段的属性。根据字段类型，字段可以具有不同的属性。字段属性最初用于表示 Open ODS View 的来源。

可以单击带铅笔图标的按钮来修改字段属性，如图 3-34 所示。

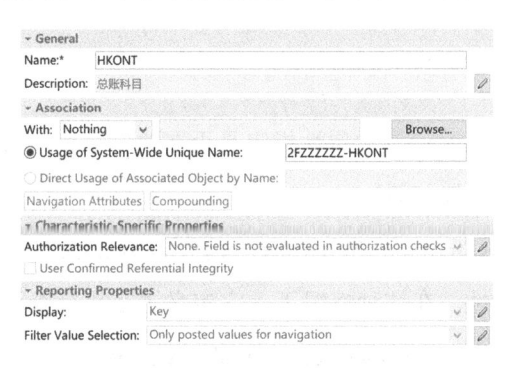

图 3-34　修改字段属性

下面分别讲解图 3-34 中各选项区包含的内容。

1. General

General 选项区中包含两个属性，这两个属性是所有类型的字段都有的属性。

（1）Name（字段名称）从源字段读取。将源字段名称中的小写字母转换为大写字母，名称长度限制为 12 个字符。

（2）Description（描述）从源字段读取。如果源字段没有描述，则用源字段的名称作为描述。

2. Association

如果希望从关联对象继承 Open ODS View 字段的 InfoObject 名称，则要选择 Direct Usage of Associated Object by Name 选项。具体说明如下。

（1）与 Characteristic 类型 InfoObject 或 Open ODS View 相结合可以继承属性（如 InfoObject 名称、相关对象的授权相关性或报告属性），并在 Open ODS View 的 InfoProvider 中使用相关对象的文本和导航属性。如果要从相关对象中指定用于 Open ODS View 的导航属性，则要选择 Navigation Attributes。它可用于与 InfoObject 关联，前提是 InfoObject 包含导航属性，导航属性可与 Open ODS View 关联。

（2）与 Key Figure 类型 InfoObject 或 Open ODS View 相结合可以在 Query 中使用 Formula 或 Variable，并从相关 InfoObject 继承属性（如 InfoObject 名称、聚合或报告属性）。

3. Characteristic-Specific Properties

（1）Authorization Relevance。此属性指定是否在执行查询时检查分析授权，以及检查哪些授权（如果该字段与授权相关）。

（2）User Confirmed Referential Integrity。只有当 Open ODS View 的字段与 InfoObject 关联时，才可以使用此属性。在这种情况下，它定义了在执行查询时如何处理有关引用完整性的数据。如果勾选 User Confirmed Referential Integrity 选项，必须确保程序中的每个特征值只有一个主数据记录，相当于 Inner Join，这样可以提高性能。

4．Reporting Properties

（1）Display。此属性指定是否显示查询中的单个特征值，以及如何显示它们。默认情况下，特征值与它们的键一起显示。该属性只有 Characteristic 类型才有。

（2）Filter Value Selection。此属性定义了在执行查询时如何选择筛选值。该属性只有 Characteristic 类型才有。

（3）Decimal Places。此属性指定查询中用于字段的小数位，默认设置两个小数位。该属性只有 Key Figure 类型才有。

（4）Digits to Display。此属性指定用于在查询中显示 Key Figure 的比例因子，默认为1。该属性只有 Key Figure 类型才有。

在使用 Open ODS View 时，有如下注意事项。

（1）无法为层次结构定义 Open ODS View。

（2）SAP HANA 视图的输入参数在 Open ODS View 中不可见。

（3）如果使用 Open ODS View 直接访问当前失活的源，则会导致错误。这种情况也会出现在对包含 Open ODS View 的 CompositeProvider 的查询中。在最坏的情况下，如果参与的 Open ODS View 之一的源失活，则 CompositeProvider 的所有查询都会出现错误。因此，可以在源系统编辑器中将受影响的源系统设置为非活动，从而暂时禁止对源的读取访问。对受影响的 Open ODS View 和 CompositeProvider 执行查询时，不会显示任何数据。在这种情况下，受影响的 CompositeProvider 仅显示其他 InfoProvider 的数据，如数据存储对象的数据。

（4）如果将 DataStore Object 作为 Open ODS View 的源，那么 DataStore Object 必须是支持在激活表上进行报告的数据存储对象。

（5）Open ODS View 编辑器始终包含 General 选项卡。根据 Open ODS View 的语义类型，它也可以包含相关的语义选项卡：事实、主数据或文本。主数据的 Open ODS View 有两种语义类型。在这种情况下，编辑器同时包含 Master Data 选项卡和 Text 选项卡。

（6）未分配的源字段显示为灰色（在选项卡的左侧区域）。

（7）可以在 Open ODS View 结构中多次移动源字段，以便将其分配给不同的字段类别。多次分配的源字段显示为蓝色（在选项卡的左侧区域）。

（8）视图字段的名称从源字段的名称复制，名称长度限制为 12 个字符。视图字段的描述从源字段的描述复制。如果源字段没有描述，则将源字段的名称作为视图字段的描述。

为了使 Open ODS View 包含属性和文本，可以在视图中添加语义。除了创建过程中指定的语义，还可以将文本添加到具有属性的 Open ODS View 中，也可以将属性添加到带文本的 Open ODS View 中，如图 3-35 所示。

图 3-35　添加文本或属性

具体添加步骤如下。

（1）在语义下的 General 选项卡中单击 New 按钮，显示创建语义的向导。

（2）在 Add Semantics 步骤中，在 Source Type 下选择用作 Open ODS View 的基础的源对象类型。

（3）单击 Next 按钮。

（4）完成所有向导步骤后，打开 Open ODS View 编辑器，系统会自动执行关键字段

（5）检查 Open ODS View。系统会在 BW 建模工具中显示问题视图中的检查日志。

（6）保存并激活 Open ODS View。

将 Open ODS View 集成到 SAP BW/4HANA TLOGO 框架中，可以进行传输。传输对象是 FBPA（A version）或 FBPD（delivery version）。传输必须考虑以下依赖项。

（1）源表或视图的依赖项。如果使用表或视图作为 Open ODS View 的源对象，则当传输 Open ODS View 时，该表或视图必须存在于传输的目标系统中。如果使用 SAP HANA Smart Data Access，则必须配置 SDA 连接，以便在目标系统中使用该表或视图。

（2）SAP HANA 源系统的依赖项。Open ODS View 不包含任何本地系统信息，如数据库或数据库模式的连接信息。这些信息在源系统配置中指定，用于 Open ODS View，以便通过 SAP HANA 源系统从数据库表或数据库视图中访问数据。在目标系统中，必须正确配置分配表 RSLOGSYSMAP，以用于 SAP HANA 源系统访问 Open ODS View 的表或视图。

在 Open ODS View 维护界面的 General 选项卡中，可以用不同的源替换 Open ODS View 的源。如果更换源后 Open ODS View 保持不变，则仍可以使用建立在 Open ODS View 上的对象（如查询），如图 3-36 所示。

图 3-36　更换 Open ODS View 的源

更换源的具体步骤如下。

（1）在 General 选项卡中，单击 Semantics 下的 Edit 按钮，显示用于创建源对象的向导。

（2）在 Change Source Object 步骤中，在 Source Type 下选择 Open ODS View 的源对象类型。

（3）单击 Next 按钮。

（4）完成所有向导步骤后，打开 Open ODS View 编辑器。系统会自动执行关键字段分配。

（5）检查 Open ODS View。系统会在 BW 建模工具中显示问题视图中的检查日志。

（6）保存并激活 Open ODS View。

对于使用 SAP HANA Smart Data Access 或 DataSource(BW)的数据库表或视图的 Open ODS View，可以以目标类型 DataStore Object（advanced）来创建数据流。

对于以数据库表或虚拟表作为源的 Open ODS View，创建数据流分为以下两个步骤：第一步是生成数据源，该数据源可用作 Open ODS View 的源；第二步是使用相关数据流创建目标对象。Open ODS View 创建数据流如图 3-37 所示。

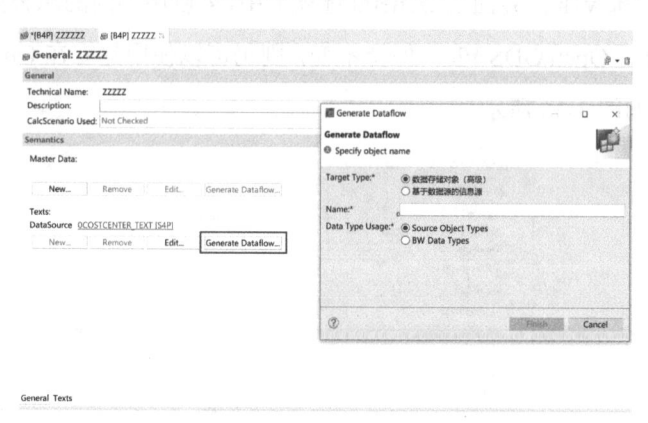

图 3-37　Open ODS View 创建数据流

创建目标类型为 DataStore Object（advanced）的数据流。首先，在 General 选项卡中，单击 Semantics 下的 Generate Dataflow 按钮。其次，根据 Open ODS View 源的不同，执行不同的步骤。具体可分为以下两种情况。

如果 Open ODS View 以数据库表或虚拟表作为源，则在第一步创建数据源。具体步骤如下。

（1）分配数据源名称。

（2）指定如何处理字段的数据类型。

（3）选择完成。

（4）系统在应用程序组件 NODESNOTCONNECTED 中的 Open ODS View 的源系统中创建一个数据源。此数据源的字段来自 Open ODS View 的源字段。

如果 Open ODS View 以数据源作为源，则创建 DataStore Object（advanced），在 General 选项卡中单击 Semantics 下的 Generate Dataflow 按钮，打开创建数据流的向导，输入要生成数据流的目标对象。具体操作步骤如下。

（1）选择 DataSource Object（advanced）作为目标对象。

（2）为 DataSource Object（advanced）分配名称。

（3）指定如何处理字段的数据类型。

（4）选择完成。后续可以在数据源和数据存储对象之间创建转换，并为转换创建数据传输流程。

3.3 数据仓库设计之规范化与反规范化

在数据仓库中如何设计数据存储结构才能达到时间（性能）和空间的最佳平衡，一直是数据仓库设计者最关注的问题之一。范式是关系数据库设计所要遵循的规则，其核心目标是最大限度减少冗余存储，使数据库在增、删、改方面有良好的表现。而数据仓库则需要在数据集成（增、删、改）的基础之上提供数据服务，因此数据检索性能也是数据仓库设计者的核心关注点。数据仓库的设计总是在增、删、改和查询之间寻求性能平衡。在设计数据仓库之前，首先要弄清什么是范式。

3.3.1 什么是范式

范式的英文名称是 Normal Form（NF）。它是英国人 E.F.Codd 在 20 世纪 70 年代提出关系数据库模型后总结出来的。关系数据库的数据表结构设计的关键点是理清数据之间的关系,确保数据表的设计是简洁的、结构明晰的,尽量避免相同的数据在不同的表中重复存储。

关系数据库共有 6 种范式:第一范式(1NF)、第二范式(2NF)、第三范式(3NF)、巴斯-科德范式(BCNF)、第四范式(4NF)和第五范式(5NF,又称完美范式)。这些范式呈递进关系,越高的范式数据库冗余越小。满足最低要求的范式是第一范式。在第一范式的基础上进一步满足更多规范要求的是第二范式,其余范式依此类推。一般来说,数据库只需要满足第三范式。接下来具体讲解前三大范式。

1. 第一范式

第一范式是指在关系模型中,所有属性都不可再分,即数据项不可分。第一范式强调数据表的原子性,是其他范式的基础。以销售订单表为例,其原始设计如图 3-38 所示。

在图 3-38 中,客户联系方式包含地址和电话,违反了数据项不可分原则,不符合第一范式,需要对客户联系方式字段进行拆分,如图 3-39 所示。

销售订单表
销售订单号(主键)
行项目号(主键)
客户ID
销售日期(YYYYMMDD)
销售月(YYYYMM)
物料号
客户联系方式(地址、电话)
销售数量
销售单价

销售订单表
销售订单号(主键)
行项目号(主键)
客户ID
销售日期(YYYYMMDD)
销售月(YYYYMM)
物料号
客户地址
客户电话
销售数量
销售单价

图 3-38 销售订单表原始设计   图 3-39 销售订单表第一范式设计

在任何一个关系数据库中,第一范式是对关系模型设计的基本要求。

2. 第二范式

第二范式要求数据表的非关键字段完全依赖关键字段。所谓完全依赖是指不能存在仅依赖主关键字一部分的属性。如果存在，那么这个属性和主关键字的这一部分应该分离出来形成一个新实体，新实体与原实体之间是一对多的关系。在上述例子中，销售订单表已经满足第一范式，假设有一个销售订单只对应一个客户 ID，则上述销售订单表不满足第二范式。如果要满足第二范式，还需要将销售订单号、客户 ID、客户地址、客户电话分离出来单独存储，拆分后的数据表设计如图 3-40 所示。

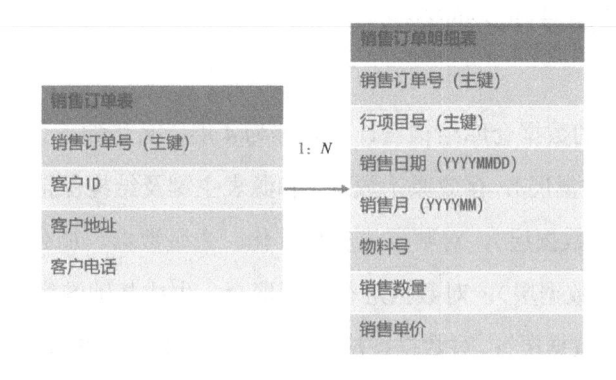

图 3-40　拆分后的数据表设计

3．第三范式

第三范式是指数据表中的所有数据元素不但能唯一地被主关键字所标识，而且它们之间相互独立，不存在其他的依赖关系。在上述销售订单表中，客户地址、客户电话依赖于客户 ID，因此不满足第三范式要求。在销售订单明细表中，销售月依赖于销售日期，也不满足第三范式要求。按第三范式要求调整后的数据表设计如图 3-41 所示。

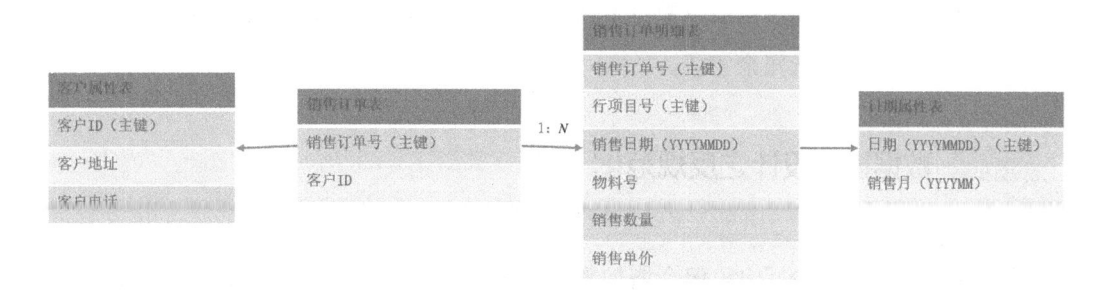

图 3-41　满足第三范式要求的数据表设计

由上述例子可以看出，通过第一、二、三范式设计，减少了数据的冗余存储，对数据表的增、删、改有着很好的支撑作用。

除遵循范式原则外，数据仓库中的数据模型结构还需要参考具体的应用场景来设计。下面具体介绍模型应用场景和规范化之间的关系。

3.3.2 数据模型设计之规范化

目前，比较主流的数据仓库结构设计一般分为4层，具体如下。

（1）ODS（原始数据层）：存放原始数据，和源表主键及结构保持一致，不做逻辑处理。

（2）DWD（明细数据层）：对数据进行标准化、去脏数据、加公共逻辑等处理。

（3）DWS（服务数据层）：对数据进行轻度聚合，生成基础维度、指标数据。

（4）ADS（应用数据层）：对数据按应用需求进行处理，生成支撑最终应用的数据。

以上4层为业务数据模型，再加上主数据模型即构成完整的数据仓库模型。这些模型是否都需要进行规范化设计呢？答案显然是否定的。那么，哪些模型需要重点考虑规范化设计呢？

（1）主数据模型。主数据模型的特点是变化缓慢和共享，因此在进行结构设计时要尽量做到简洁不冗余，建议按第三范式标准设计。

（2）ODS模型。该层模型保持和源表结构一致（包括主键），因此从某种意义上说已经继承了源表的范式标准。

（3）DWD模型。该层模型以数据清洗和加公共逻辑为主，因此应在以规范化设计为主的前提下适当增加少量冗余字段。

3.3.3 数据模型设计之反规范化

规范化设计可以减少冗余，但会增加数据检索的负担（表连接增多），因此在数据仓库设计中不能一味地追求规范化。为了提高数据查询性能，可以在数据模型中增加冗余字段，以减少表连接，降低实时计算的压力，达到用空间换时间的目的。反规范化设计场景有如下三种。

（1）提前计算逻辑。为了提升数据查询性能，能提前计算的逻辑尽量在数据仓库中提前计算并存储，这是典型的用空间换时间。例如，原表中有单价、数量字段，而金额是分析中常用的指标，因此建议在模型中增加金额字段以存储单价乘以数量的结果。

（2）数据模型中属性冗余存储。在很多应用中经常会基于一个属性的不同粒度对数据进行分析。例如，有时需要从日期、周、月、季度、年等不同角度对指标进行分析，为了提升性能，可以在模型中同时设计日期、周、月、季度、年等字段，以减少日期实时转换的性能消耗。

（3）以历史看历史。如果数据模型的特定属性来源于主数据模型的时间相关属性，且该属性需要以历史发生时间点的值分析历史数据，则该属性可直接存在于业务模型数据结构中，以避免查询时动态读取主数据时间相关属性，达到提升性能的目的。

第 4 章

数据流处理

上一章中提到数据模型的核心组成部分有数据结构、数据计算、数据管理，每个数据模型可以理解为一个数据站点，当数据按照固定的转换规则，有序地从一个数据站点流向另一个数据站点时，就形成了一个简单的数据流。在数据仓库的建设中，数据流是指在获取原始（源）数据后，经过一系列的清洗及转换后，加载到目标数据模型的过程，数据流体现了对 ETL 流程处理的规划设计，如图 4-1 所示。

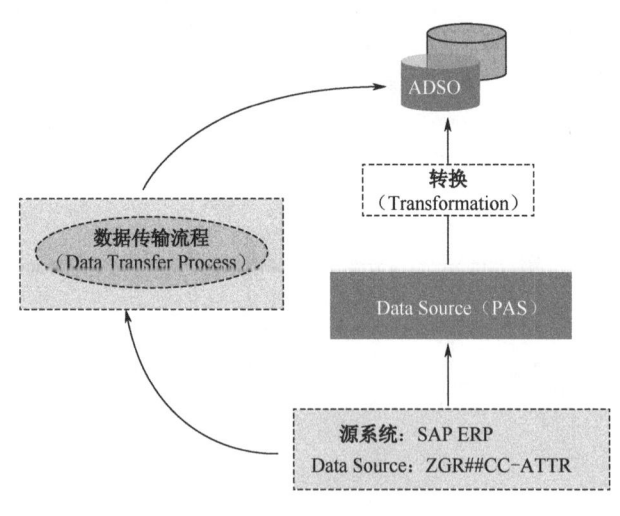

图 4-1 简单的数据流

为了方便对不同数据存储对象间的数据转换进行统一管理，在 SAP BW/4HANA 中引入了新的管理对象：数据流对象。其用于确定进行数据流设计时需要哪些对象，以及运行时需要哪些流程，通过这些对象和流程将数据从源系统传输到 SAP BW/4HANA 中的目标数据模型中，以完成数据抽取、清理、合并和集成，最后将其用于分析、报告和其他数据应用。数据流对象可以提供以下信息：

（1）当前数据模型由下游哪些模型供给数据，用于对下游模型进行数据影响分析。

（2）当前数据模型给上游哪些模型提供数据，用于对上游模型进行数据影响分析。

（3）当前数据模型与上下游的依赖关系，用于了解执行抽取任务的依赖分析。

（4）如果更改当前数据模型会影响哪些数据模型。

在 SAP BW/4HANA Content Add-on 1.0 SP03 版本后，系统中内置了核心业务主题的数据存储对象和数据流，如图 4-2 所示，在安装业务目录之前可以预览系统标准的数据流，也可以使用 TCODE RSOR 进行指定数据流对象业务目录的快速安装。

通过数据流对象可快速了解数据使用情况，并对数据进行初步评估，确定是否存在数据重复使用而造成系统资源浪费的情况，辅助判断哪些是必要数据模型、哪些是可优化模型，以及了解数据使用的集中程度。

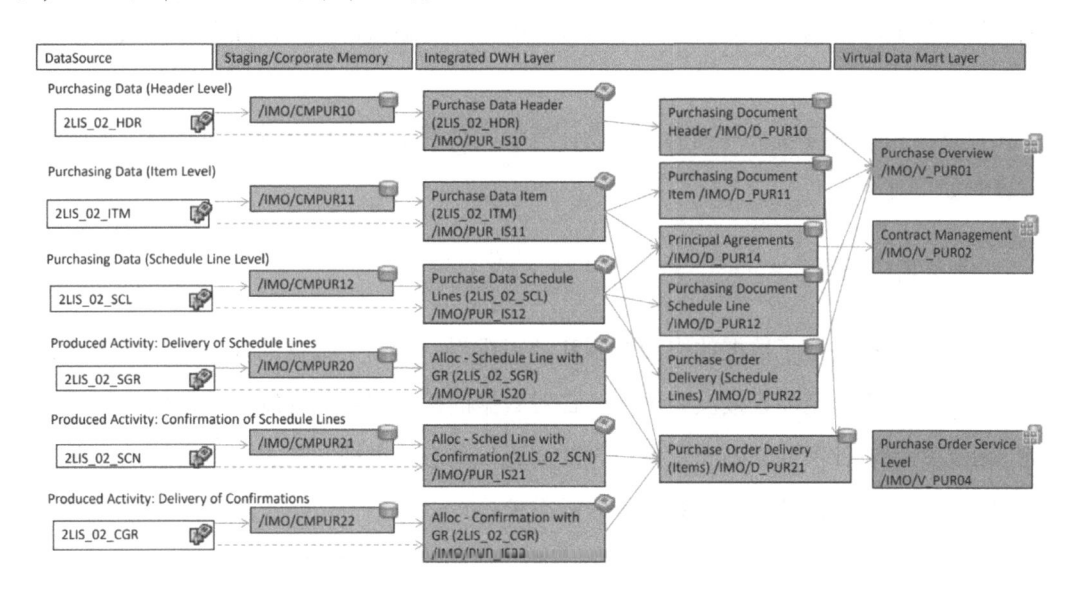

图 4-2　SAP 内置数据流示例

4.1 运筹帷幄地设计

数据流设计是数据仓库建模的重要组成部分，数据流的设计开发工作往往占整个数据仓库开发工作的 60%以上。在遇到复杂的业务分析主题时，如果开发人员在没有深入理解业务需求的情况下贸然开发，容易考虑不周，后续可能面临重大的逻辑调整及开发工作反复的情况，使项目上线存在很大的风险。因此在数据仓库开发前，进行细致、全面的数据流设计就显得很有必要，这样能有效提升数据仓库开发工作质量，推进项目开发进度，降低项目风险。

数据流设计是一个高度定制化的过程，没有一个万能的设计方案。

首先，收集并分析数据流设计中有哪些问题需要解决，如确认指标数据来源等。其次，把需要解决的核心问题梳理出来后，通过模拟创建数据流的方式进行关联整合。再次，经过充分的分析验证，确保相关核心问题都被考虑在内。最后，按照验证后的方式进行落地处理。

在数据流设计中可以从常规需求和设计流程的角度来考虑可能遇到的问题。可能遇到的问题有如下几个。

1. 业务需求问题

业务需求直接决定了数据的来源范围和处理逻辑，但由于数据的复杂性和局限性，这些信息业务用户不一定能直接反馈出来，在对数据的探索中可能会发现数据额外的价值。因此，在数据流设计中要加强和业务用户的沟通，动态地审视并探索这些问题，确保当前的数据流架构能很好地满足用户的业务分析需求。

2. 数据质量问题

应该在数据流设计阶段就对数据质量问题高度重视，确保源系统中的数据不存在严重质量问题，导致无法支持业务分析目标。一旦发现数据质量问题，应该优先执行数据质量的优化工作，以避免后续返工，造成各方资源的浪费。

3．数据延迟问题

不同的用户对数据时效性的要求各不相同，例如，有的业务用户可以接受 T+1 模式，有的希望每隔几小时更新一次数据，还有的希望能实时更新数据。实时数据和非实时数据直接决定了数据是采用批处理模式还是流处理模式，这是两种不同的数据架构。即使都采用批处理模式，也需要考虑整个数据流的执行顺序及是否能很好地满足用户对时效性的要求。

4．数据一致性问题

数据仓库中的数据通常来源于多个系统，在设计数据流时，需要考虑维度数据和业务数据的一致性，当维度数据来源于多个系统时，需要确认维度内容的范围和一致性映射逻辑。在业务数据模型中也要检查及修正相关数据维度内容，如是否引用了映射后的主数据，以确保在分析相关业务指标时使用的数据是统一的。

5．性能问题

为了建设高性能、高可用的数据仓库系统，需要在数据流设计初期分析可能存在的性能瓶颈，如数据量过大或复杂的处理逻辑，在数据流设计中需要考虑如何规避这些问题。

6．数据归档问题

为了确保数据模型的长期稳定使用，需要为历史数据设计归档机制，并且需要评估并明确数据归档带来的影响，例如，当需要恢复数据时，数据流是否能够正常运转。

4.1.1 数据流对象和数据建模的关系

数据建模流程如图 4-3 所示。

```
概念数据模型  →  逻辑数据模型  →  物理数据模型
     ↑                                    │
     │              支撑                    │
  业务分析需求  ←─────────────────────────────┘
```

图 4-3　数据建模流程

数据建模是根据业务场景及业务需求进行数据业务化的过程。数据流对象就是创建数据仓库过程中的作战沙盘,是 SAP BW/4HANA 中内置的一种可视化的数据建模对象,可以在 BWMT 中对 SAP BW/4HANA 数据流进行建模。通过数据流对象可以创建一个完整的数据流,数据建模过程中的逻辑数据模型、物理数据模型可以在数据流对象中完成。

所有创建的对象,如数据源、ADSO、信息对象等,都可以在数据流中重复使用,这能帮助 SAP BW/4HANA 开发人员实现可视化和更高效的设计,提升建模、维护和沟通的效率。

不论是数据流对象的开发还是数据建模,均需要考虑以下问题。

1. 源系统

(1) 源系统是否有数据质量的规范要求。

(2) 源系统是否已进行了历史数据归档。

(3) 源系统是否支持增量数据。

(4) 现有数据需要经历几次转换才能满足数据报告要求。

2. 数据粒度

(1) 需要汇总数据还是明细数据。

(2) 是否需要保留数据快照。

(3) 对历史数据进行更改后是否需要更新数据。

3. 数据量

(1) 源系统中预计有多少凭证。

（2）应该将数据保留多少年。

（3）在数据仓库中应该保留哪些数据的历史记录。

4．数据分析

（1）如何分析数据。

（2）是否需要进行 OLAP 分析（包括在数据中导航）。

（3）对于数据展示，用户希望数据的响应时间是多少。

4.1.2 数据流对象实施详解

数据流描述了特定方案中的一组 BW 对象的关系和相互依赖性，一般用于在 BW 实际项目中描述特定业务场景，如销售数据流、财务数据流等。此术语并非专用于 SAP BW/4HANA，它可以用于描述任何数据流及其包含的对象，以及这些对象之间的关系。

数据流对象是 SAP BW/4HANA 中的 TLOGO 对象（可传输对象），它基于图形用户界面，允许用户拖、拉、拽 BW 对象，并建立它们之间的关系。便捷的可视化操作模式使其更适合用作数据建模辅助工具。

在 SAP BW/4HANA 中使用数据流对象具有以下优势。

（1）数据流对象是在 BWMT 中对 SAP BW/4HANA 中的数据流进行建模的方法。

（2）开发人员可以通过使用非持久对象将数据流清晰地表达出来，以用于蓝图确认，得到用户认可后，就可以从数据流中创建持久对象。

（3）用户可以为数据流对象及其节点创建文档，如提供有关该数据流和节点的信息或评论。

（4）开发人员只需要右击网格视图，然后插入数据流或将数据流作为模板插入，即可将一个数据流对象插入另一个对象。

（5）数据流对象可以像其他 BW 对象一样，在不同系统之间进行传输。

（6）在 SAP BW/4HANA 中，除非开发人员为对象定义了数据流对象，否则用户将无法在 BWMT 中看到对象的数据流，数据流对象允许在功能区域中查看数据流的完整图片。

数据流对象操作界面如图 4-4 所示。

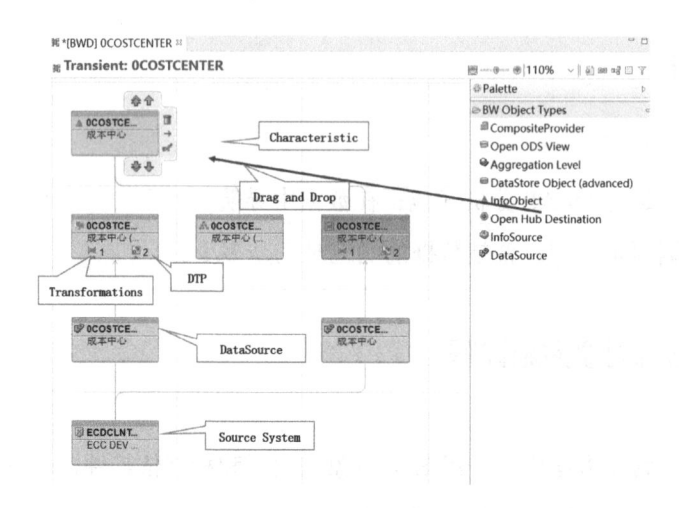

图 4-4　数据流对象操作界面

开发人员在设计数据流时，一般会先指明所需对象的类型和名称（不定义具体结构细节），并确认不同模型之间的逻辑关系、数据流动方向。这时的模型还没有实际创建，仅停留在概念层面，因此这种数据流称作临时数据流，其中涉及的对象称作非持久对象。如果退出的时候，数据流对象编辑器没有保存，非持久对象将会永久丢失。因此可以选择在退出时将临时数据流保存成数据流对象，以方便后续开发时重复使用。

当临时数据流中的各个节点都得到确认后，可以在数据流对象编辑器中将各个模型及对应转换和 DTP 创建成真实的物理模型。临时数据流中的非持久对象因为没有实际创建，相关信息不会保存在元数据中，仅在临时数据流中指定了对象类型和名称之类的属性，因此非持久对象只能在创建它的数据流中显示和使用。

在 BWMT 中，用户可以通过右击具体对象并查看数据流的方式，灵活显示和分析 SAP BW/4HANA 持久对象的数据流。在数据流编辑器中可以显示对象的向上或向下数据流，这种场景下的数据流称为瞬时数据流。瞬时数据流的编辑器称为瞬时编辑器，瞬时数据流可以保存为数据流对象。瞬时数据流有一个很好的应用场景，即将需要补充的对象添加到现有数据流中，但需要注意的是，当用户退出瞬时编辑器时，没有完成创建的对象将会永久

第 4 章 数据流处理

丢失。已创建对象的相关信息会保存在元数据中，并且独立于数据流对象，因此可以在不同的数据流中重复使用。

数据流的操作步骤如下。

（1）创建数据流对象。

在 BW 建模工具的 InfoArea 菜单中，选择 New→Data Flow Object，输入技术名称后进入数据流编辑界面。数据流对象创建界面如图 4-5 所示。

图 4-5　数据流对象创建界面

（2）添加对象。

将所需的对象添加到数据流中有两种方法，一种方法是拖动右侧面板中的对象到数据流工作区完成新建，另一种方法是直接拖动已有的对象到数据流工作区，如图 4-6 所示。

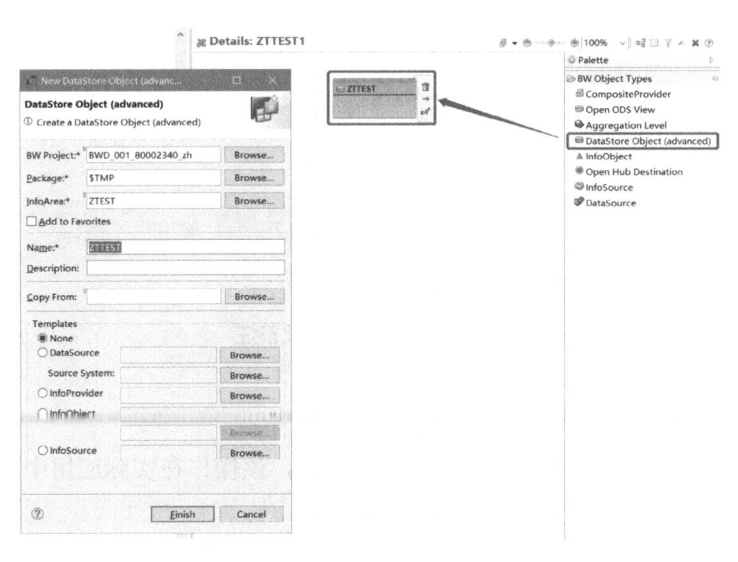

图 4-6　添加对象

(3)连接对象。

连接已创建的数据流对象,如图4-7所示。

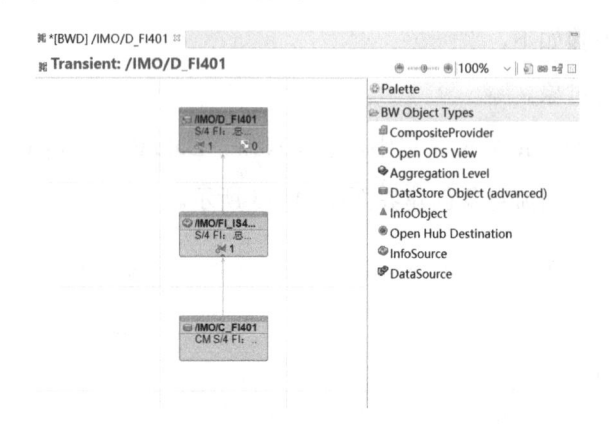

图 4-7　连接数据流对象

(4)添加描述和备注。

可以在数据流中添加描述和备注,以方便项目后续的总结和沟通,如图4-8所示。

图 4-8　添加描述及备注

(5)插入数据流。

可以将其他数据流插入当前数据流以进行引用,该操作在实际应用中可以节省时间,如图4-9所示。

第 4 章 数据流处理

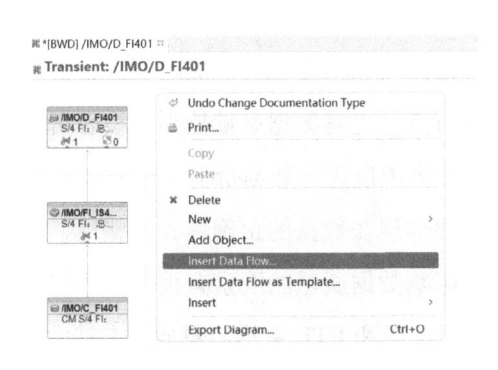

图 4-9 插入数据流

（6）检查数据流的一致性。

如果数据流中包含的所有对象都持续存在且处于活动状态，则可以激活数据流；如果数据流包含非持久对象，则在一致性检查期间会出现警告，但数据流仍然可以保存。

（7）保存并激活数据流。

（8）导出图片。

导出的数据流图片可应用于项目文档撰写、模型设计分析，如图 4-10 所示。

图 4-10 导出图片

4.2 转换的秘密

ETL（抽取、转换、加载）中的"T"表示转换，将数据从源系统中抽取出来后，需要对其进行一系列转换操作，最终将原始数据转换成对业务分析有价值、便于使用的格式。转换是整个数据流中的关键节点，也是数据质量控制的核心所在，高质量的转换要以切实提高数据质量为目的，以便最大限度提升数据价值，进而提升企业综合竞争力。

数据仓库的数据质量主要体现在数据的正确性、完整性、一致性、完备性、有效性、时效性和可获取性等方面。影响数据质量的因素有很多，数据质量问题可以分为源系统的业务数据质量问题、编码映射问题和 ETL 数据质量问题。其中，源系统的业务数据质量问题是最值得关注的问题，因为这类数据质量问题是在数据生成阶段产生的，一旦产生，后续则很难更正。

编码映射是指为了用统一的编码视图对各个业务系统的数据进行分析，把各个业务系统的主数据编码归类映射到标准编码的过程。编码映射错误将导致数据仓库数据关联出错。编码映射问题可分为以下几类：标准编码不完整，不能覆盖所有业务代码；编码映射不准确；各业务系统代码发生变化，映射关系未同步调整。

4.2.1 SAP BW/4HANA 中的转换

SAP BW/4HANA 中的转换（Transformation）指对数据进行处理的规则集，转换过程用于执行数据逻辑处理。用户可以在源和目标之间创建转换，将源字段格式转换为目标对象格式，应用转换也是对数据进行整合、清洗和集成的过程。转换降低了清理和整合数据规则的复杂度。在 SAP BW/4HANA 中，用户可以在直观的图形化界面中编辑转换规则，可以整合和清理来自多个源的数据，还可以将数据源中的字段分配给 InfoObject，以达到语义统一的目的。

每个转换至少包含一个转换规则，允许用户创建各种复杂程度的转换，支持使用各种规则类型、转换类型和例程类型。图 4-11 显示了数据流中的转换。

第 4 章 数据流处理

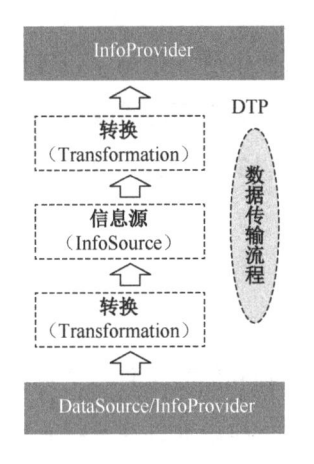

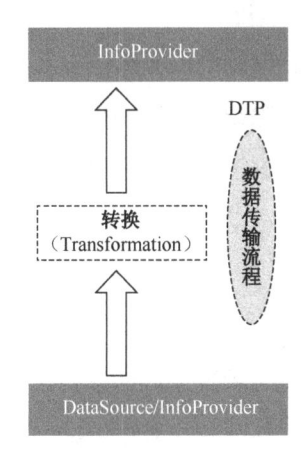

图 4-11 数据流中的转换

合理的业务模型设计对 ETL 至关重要，数据仓库是企业唯一、真实、可靠的综合数据平台。数据仓库中的数据应该最大程度涵盖关键业务数据，把运营环境中杂乱无序的数据结构统一成合理的、关联的、分析型的新结构。而 ETL 则依照模型的定义去抽取数据，通过转换、清洗，最终加载到目标数据仓库中。

在实现数据转换的过程中，主要的数据处理类型如下。

1. 数据分箱

数据分箱是一种数据预处理技术，其原理是为了降低轻微观察错误的影响，将数据序列更改为固定的分类范围。以学生的考试成绩为例，0～59 分是不合格，60～69 分是合格，70～79 分是良好，80～100 分是优秀。

2. 数据聚合

数据聚合是从数据源中收集、汇总和呈现数据的过程，有效的数据聚合有助于最大限度地减少性能问题。

3. 数据清理

数据清理即删除过时、不准确或不完整的信息，以提高数据的准确性。数据清理依赖于对数据集和数据存储标准的分析，以获得尽可能准确的数据。该过程可能包括解析数据以删除语法错误、删除纪录片段和更正拼写错误，它还可能涉及修复因合并多个数据集而导致的重复问题。数据清理的最终目标是确保使用的任何数据尽可能准确并符合最高质量标准。

4. 重复数据删除

重复数据删除是一种数据压缩过程，用于识别和删除重复的信息副本，也称单实例存储、智能压缩、通用性分解或数据缩减。重复数据删除允许在数据仓库或数据库中存储一份唯一的数据副本。重复数据删除过程会分析传入的数据并将其与已存储在系统中的数据进行比较。如果数据已经存在，则重复数据删除算法会在创建对重复信息的引用时删除重复信息。如果用户上传先前文件的更改版本，系统会在将更改添加到数据段的同时备份新的文件。重复数据删除算法还会跟踪传出的数据以删除重复数据，从而加快信息传输过程。

5. 数据派生

数据派生即创建特殊规则以从数据源中派生用户想要的特定信息。例如，用户有一个包含销售总收入数据的数据库，但用户只对减去成本和税金后的利润数据感兴趣。数据派生允许用户创建一组转换规则，从总收入中减去成本和税金。

6. 数据过滤

数据过滤的目标是通过消除重复、不相关或过于敏感的数据，从数据源中提炼出用户需要的数据。在其最实用的形式中，数据过滤只涉及从数据集中选择需要的特定行、列或字段。例如，如果用户不需要在报告中查看每个客户的地址或社会安全号码，则可通过数据过滤删除它们。

7. 数据集成

数据集成是获取不同数据源（如与销售、营销和运营相关的不同数据库和数据集）并将它们合并到相同结构或模式中的过程。作为 ETL 用于数据仓库的主要目标，数据集成通过将多个数据源合并为一个易于分析的整体来支持对海量数据集的分析。

8．数据连接

数据连接是数据转换最重要的功能之一。"连接"是数据库语言 SQL 中的一种操作，允许用户通过匹配的列连接多个数据库表。这允许用户在多个表之间建立关系，将表数据合并在一起，以便用户查询表中的相关数据。

9．数据拆分

数据拆分是指将单列拆分为多列。这对于数据分析至关重要。例如，将单列拆分为多列对于开发训练集和测试集很有用。训练集用于实验分析和制作模型，而测试集包含未触及的"控制"元素。数据拆分对于在短时间内收集大量数据很有帮助。

10．数据汇总

它是指通过计算明细指标的汇总值来创建不同的业务指标。例如，用户可以汇总员工中各个销售人员的销售总收入，然后创建显示各个时间段总销售额的销售指标。

11．数据验证

数据验证是创建自动规则或算法的过程，当系统遇到不同的数据问题时，这些规则或算法就会参与进来。数据验证有助于确保转换数据的准确性和质量。例如，当系统发现一行中的前三个字段为空值时，规则可能会生效。该规则可能会标记该行以供用户稍后进行调查或完全停止系统处理该行。

12．主键重组

当数据仓库中的表具有内置业务含义的键时，就会出现严重的问题。例如，如果将客户电话号码用作主键，则更改原始数据源中的电话号码意味着该号码在数据系统中出现的任何地方都必须更改。这将导致一连串更新，使系统负担过重或降低运行速度。

4.2.2 转换的创建和常用功能

在 BWMT 中的数据流编辑界面中创建源与目标之间的连接，可以在数据流对象的上下文菜单 Transformations 中选择 Create Transformation，如图 4-12 所示。

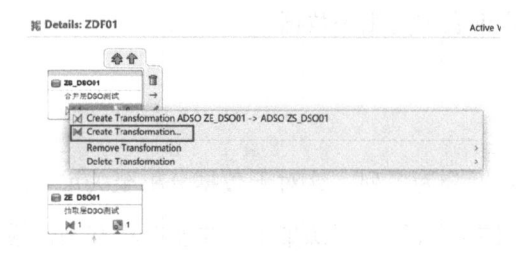

图 4-12 转换的创建

在创建的转换中有三个功能页签：常规选项、标准规则组、技术规则组。转换的常规选项如图 4-13 所示。

图 4-13 转换的常规选项

1. General（常规）

（1）Allow Currency and Unit Conversion：可以为信息源和数据存储对象启用货币单位转换和计量单位转换。其先决条件是所有货币单位和计量单位都必须包含在目标中，对于数据存储对象，货币单位和计量单位必须是信息对象。

（2）Check Units for Consistency：激活单位的一致性检查。例如，当单位异常时，系统将阻止记录使用初始测量单位进行更新。

（3）Allow Error Handling for HANA Routines：将使用 DTP 错误处理程序的机制。不正确的记录被写入错误堆栈，之后可以手动更正。

（4）Create Inverse Routines for ABAP Routines：为 ABAP 类型的例程创建反转例程。

（5）Initialization of Fields that Contain NULL Values for SAP HANA Routines：如果在执行 SAP HANA 例程后使用空值传播字段，则在应用所有转换规则后，使用相应数据类型的初始默认条目更新数据目标中的字段。

2．Runtime Properties（运行时属性）

执行转换时有两种模式：在 ABAP 服务器上执行（ABAP Runtime）和在 SAP HANA 上执行（SAP HANA Runtime）。选择 ABAP Runtime，后续所有开始例程、转换例程、结束例程和专家例程都需要基于 ABAP 语言进行逻辑处理；选择 SAP HANA Runtime，后续所有开始例程、转换例程、结束例程和专家例程都需要基于 AMDP 模式进行逻辑处理。如果其中一个转换例程包含 ABAP 例程，而另一个转换例程包含 AMDP 例程，则无法为此转换定义数据传输流程。在这种情况下应更改转换，可以使用 ABAP 例程或 AMDP 例程，但不能同时使用两者。

3．Global Routines（全局例程）

Global Routines 是创建开始例程、结束例程和专家例程的入口。

4．Extraction Grouped By（分组提取）

可以从源中选择需要分组的源字段，在选定字段中具有相同值的数据记录形成一个逻辑键，并在同一个数据包中处理。

5．Additional Rule Groups（规则组）

规则组是一组转换规则。在创建源和目标之间的转换时，系统会生成一个默认规则组，这个默认规则组称作标准规则组，标准规则组不允许删除。除标准规则组外，用户还可以创建额外的规则组，可以为不同关键值创建不同的规则，规则组允许自定义各种规则。如果用户在规则详细信息中定义了新规则，则可以指定是否将该规则用作其他规则组的参考规则。如果将其用作参考规则，则该规则也将在现有规则组中用作未定义其他规则的参考规则。

下面通过一个案例来了解规则组的应用场景。假设在源系统中有一张销售收入计划表，表结构及内容如表 4-1 所示。现在为了方便与其他业务数据进行对比分析，需要将该表转换为表 4-2 所示的格式，并且将不同的关键数据存储在单个销售额指标中。

要实现该需求，总共需要四个规则组，除标准规则组外，再新建三个规则组。在规则组一中，将公司、年度、Q1 收入分别映射到公司、年度、年季度（常量"20221"）、销售额；在规则组二中，将公司、年度、Q2 收入分别映射到公司、年度、年季度（常量"20222"）、销售额；规则组三及规则组四同理类推。在设置完四个规则组的对应关系后，只需要完成数据加载就能实现数据由列转行，有效避免了在此类业务场景下需要编写大量代码的问题。

表 4-1 销售收入计划表（转换前）

公司	年度	Q1 收入	Q2 收入	Q3 收入	Q4 收入
1000	2022	1250	1500	1400	1100
2000	2022	1300	1400	1700	1800
3000	2022	2200	2350	2140	2620

表 4-2 销售收入计划表（转换后）

公司	年度	年季度	销售额
1000	2022	20221	1250
1000	2022	20222	1500
1000	2022	20223	1400
1000	2022	20224	1100
2000	2022	20221	1300
2000	2022	20222	1400
2000	2022	20223	1700
2000	2022	20224	1800
3000	2022	20221	2200
3000	2022	20222	2350
3000	2022	20223	2140
3000	2022	20224	2620

在创建源和目标之间的转换时,系统会根据上下文关系,自动生成源字段和目标字段的映射关系,即转换规则,在实际应用中可以按项目需求更改默认的转换规则或创建新的转换规则。转换规则定义了如何对源结构中的一个或多个字段进行逻辑计算,并将计算结果赋给目标结构中指定的字段。应用转换规则意味着不允许从源结构中一次使用多条记录,或者在目标结构中一次创建多条记录。利用转换规则将一条源记录处理成一条目标记录,如图 4-14 所示。

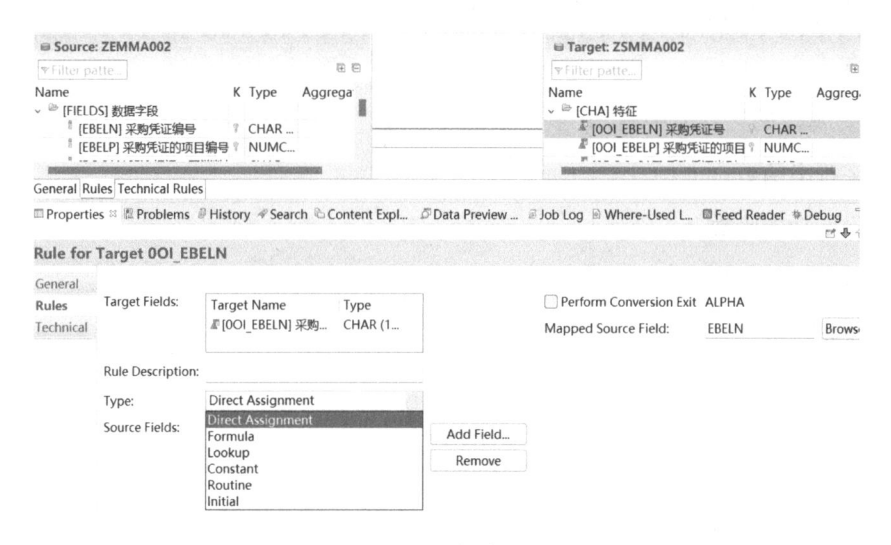

图 4-14 转换规则

图 4-14 中的 Type(规则类型)定义了如何将源字段更新到目标结构中。常见的规则类型有以下几种。

1. Direct Assignment(直接分配)

此转换规则直接将所选源结构中的字段或 InfoObject 的值赋给目标结构中的字段或 InfoObject。如果源字段与目标字段数据类型不同,则不建议使用直接分配类型,需要通过例程来处理。如果将源 InfoObject 分配给具有相同类型但单位不同(货币单位或计量单位)的目标 InfoObject,则必须通过单位转换(货币单位转换或计量单位转换)将源单位转换为目标单位。

2. Formula（公式）

使用此类型规则，可以对源字段进行逻辑操作。公式生成器中预置了函数、参数和值，为计算逻辑的实现提供了便利，无须了解编程语言就能对数据进行逻辑加工。公式生成器的转换库还提供了自定义函数功能，可将自定义的功能模块集成到此功能中供重复调用。公式生成器有标准模式和专家模式，在标准模式下，只能使用按钮并通过双击函数和字段来输入公式；在专家模式下，可以直接输入公式，输入公式时还可以在两种模式之间切换。

公式生成器的转换库中有70多个预定义函数，分为以下几类：

（1）字符串函数；

（2）日期功能函数；

（3）基本功能函数；

（4）数学函数；

（5）适用功能函数；

（6）其他功能函数。

3. Lookup（读取主数据）

以高级数据存储对象（ADSO）为基础，以源字段值作为主键，读取该主键特征中的属性值（目标字段）。例如，源字段是客户编号，通过检索客户主数据中的账户组属性来写入目标账户组。再如，源字段是销售订单编号，通过读取销售订单的 ADSO，将销售订单类型写入目标字段。

4. Constant（常数）

无须源字段提供数据，直接赋予固定值。

5. Routine（转换例程）

当需要使用复杂的逻辑将源字段数据映射到目标字段时，可以使用 ABAP 例程或

AMDP 例程来实现。例程类型规则与其他 Transformation 例程的限制不同，这里操作的结果必须是单个值。

6. Initial（初始值）

将目标字段设置为 Null 或未分配规则类型的初始值。

4.2.3 转换例程详解

转换规则中包含四种不同类型的例程：开始例程、转换例程、结束例程和专家例程。这些例程是 SAP BW/4HANA 中的一个 ABAP 类，可以用 ABAP 对象语句来编码，它由定义区域和实现区域组成，在定义区域中定义了输入和输出参数的类型及例程方法，在实现区域中可以实现具体的业务逻辑。在创建例程时，系统会把此方法嵌入转换程序中。

例程具有全局部分和局部部分，在全局部分声明全局变量（单值、结构、内表等），这些全局变量在所有例程中都可以直接使用。如果想在例程中管理和调用通用的逻辑代码，可以使用 ABAP 工作台中的功能模块、方法或外部子程序完成定义，然后在例程的本地部分调用即可。当要传输调用了自定义程序的例程时，例程和调用的对象应包含在同一传输请求中。

开发人员可以使用例程定义关键值或特性的复杂转换规则，因为业务是错综复杂的，如果想让分析报告跟上业务的脚步，指引业务的改善，就需要有非常灵活的功能来补充，所以这里的例程使用最灵活的代码来进行补充，以满足客户不同的业务分析需求。

下面详细介绍开始例程、转换例程、结束例程和专家例程。

1. 开始例程

开始例程在转换开始时为每个数据包启动例程，基于数据包进行转换前的数据准备。开始例程没有返回值，主要用于执行初步计算。开始例程有一个与源结构相同格式的内表作为输入和输出参数，数据存储在内表中，其他例程也可以访问此结构及内表，并实现修改或删除数据的目的。

开始例程默认参数示例：

```
methods GLOBAL_START
  importing
    !REQUEST type RSREQUEST
    !DATAPACKID type RSDATAPID
    !SEGID type RSBK_SEGID
  exporting
    !MONITOR type RSTR_TY_T_MONITORS
  changing
    !SOURCE_PACKAGE type _ty_t_SC_1
  raising
    CX_RSROUT_ABORT
    CX_RSBK_ERRORCOUNT.
```

对开始例程中涉及的各个参数的说明如下。

（1）!REQUEST：请求 ID。

（2）!DATAPACKID：当前数据包的编号。

（3）!SEGID：段号。

（4）!MONITOR：用户定义的监控表。该表通过行结构 MONITOR_REC 填充（已处理记录的记录号从框架中自动插入）。

（5）!SOURCE_PACKAGE：包含例程入站字段的结构。

（6）CX_RSROUT_ABORT：如果在例程中触发了引发异常类型 CX_RSROUT_ABORT，则系统终止整个加载过程。

（7）CX_RSBK_ERRORCOUNT：如果在例程中触发了引发异常类型 CX_RSBK_ERRORCOUNT，则终止对整个数据包的处理。

开始例程全局定义区域示例：

```
**** begin of global area - insert your code only below this line    ****
    " The global area coding is only taken over (saved) if the runtime is
set to ABAP
```

```
... "insert your code here
*用于还原AB凭证
 DATA:begin of ls_bseg,
       BUKRS   TYPE   /BIC/AZEFIA0032-BUKRS,  "公司代码
       BELNR   TYPE   /BIC/AZEFIA0032-BELNR,  "凭证号
       BUZEI   TYPE   /BIC/AZEFIA0032-BUZEI,  "凭证行项目
       GJAHR   TYPE   /BIC/AZEFIA0032-GJAHR,  "凭证年度
       BUDAT   TYPE   /BIC/AZEFIA0032-BUDAT,  "原始凭证过账日期
       BLART   TYPE   /BIC/AZEFIA0032-BLART,  "凭证类型
       REBZG   TYPE   /BIC/AZEFIA0032-REBZG,  "原始凭证号
       REBZZ   TYPE   /BIC/AZEFIA0032-REBZZ,  "原始凭证行项目
       REBZJ   TYPE   /BIC/AZEFIA0032-REBZJ,  "原始凭证年度
       end of ls_bseg .
DATA: begin of ls_zshy,  "追溯还原
       NETDT   TYPE   /BIC/AZEFIA0022-NETDT,  "到期日
       BLART   TYPE   /BIC/AZEFIA0022-BLART,  "凭证类型
       VBELN   TYPE   /BIC/AZEFIA0022-VBELN,  "凭证类型
       end of ls_zshy .
   DATA ls_bseg2 like ls_bseg.
   DATA lt_bseg LIKE STANDARD TABLE OF ls_bseg.
****end of global area - insert your code only before this line ****
```

开始例程逻辑处理区域示例：

```
*$*$begin of routine-insert your code only below this line*-*
..."insert your code here
*--fill table "MONITOR"with values of structure "MONITOR_REC"
*-to make monitor entries
..."to cancel the update process
*raiseexceptiontypeCX_RSROUT_ABORT.
DATA:LT_SOURCE LIKE SOURCE_PACKAGE,
LS_SOURCE LIKE LINE OF LT_SOURCE.


LT_SOURCE[] = SOURCE_PACKAGE[].
*内表SOURCE_PACKAGE用于存放DTP抽取出来的数据，开始例程一般会处理该内表中的数据，
```

或者根据内表中的数据为转换例程准备某些数据，这里属于后者

```
BREAK-POINT."BREAK-POINT主要用于调试例程
*得到物料凭证编码，并填入内表GT_DOC_NUM
LOOP AT LT_SOURCE INTO LS_SOURCE.
IF LS_SOURCE-DOC_NUM IS NOT INITIAL.
GS_DOC_NUM = LS_SOURCE-DOC_NUM.
APPEND GS_DOC_NUM TO GT_DOC_NUM.
ENDIF.
ENDLOOP.
*排序
SORT GT_DOC_NUM BY DOC_NUM ASCENDING.
*去重
DELETE ADJACENT DUPLICATES FROM GT_DOC_NUM.
BREAK-POINT.
*根据物料移动凭证（内表GT_DOC_NUM）读取DSO ZCMMO007的数据，该处读取的是DSO有效
表（激活表）的数据，并将读取到的数据放入全局内表GT_/BIC/AZCMMO00700供转换例程使用
SELECT * INTO CORRESPONDING FIELDS OF TABLE GT_/BIC/AZCMMO00700
FROM /BIC/AZCMMO00700    "DSO ZCMMO007的表名
FOR ALL ENTRIES IN GT_DOC_NUM
WHERE DOC_NUM = GT_DOC_NUM-DOC_NUM.
SORT GT_/BIC/AZCMMO00700 BY DOC_NUM ASCENDING
DOC_YEAR ASCENDING
DOC_ITEM ASCENDING.
*$*$end of routine-insert your code only before this line *
```

2. 转换例程

转换过程允许用户整合、清理和集成数据。可以在语义上同步来自异构源的数据，当用户将数据从一个 BW 对象加载到另一个 BW 对象时，数据将通过转换传递。在源和目标之间创建转换，将源字段转换为目标格式。

转换例程示例：

```
methods S0001_G01_R39
    importing
      !REQUEST type RSREQUEST
      !DATAPACKID type RSDATAPID
      !SEGID type RSBK_SEGID
      !SOURCE_FIELDS type TN_S_IN_S0001_G01_R39
    exporting
      !MONITOR type RSTR_TY_T_MONITORS
      !RESULT type TN_S_OUT_S0001_G01_R39-/BIC/ZKS
    raising
      CX_RSROUT_ABORT
      CX_RSROUT_SKIP_RECORD
      CX_RSROUT_SKIP_VAL
      CX_RSBK_ERRORCOUNT.
```

对转换例程中涉及的各个参数的说明如下。

（1）!REQUEST：请求 ID。

（2）!DATAPACKID：当前数据包的编号。

（3）!SEGID：段号。

（4）!MONITOR：用户定义的监控表。该表通过行结构 MONITOR_REC 填充（已处理记录的记录号从框架中自动插入）。

（5）!SOURCE_FIELDS：包含例程的输入字段的结构。

（6）CX_RSROUT_ABORT：如果在例程中触发了引发异常类型 CX_RSROUT_ABORT，则系统终止整个加载过程。

（7）CX_RSBK_ERRORCOUNT：如果在例程中触发了引发异常类型 CX_RSBK_ERRORCOUNT，则终止对整个数据包的处理。

转换例程是 BW 建模过程中常用的功能，以图 4-15 中的客户编号为例，右击查看明细，单击 Edit 按钮查看例程。

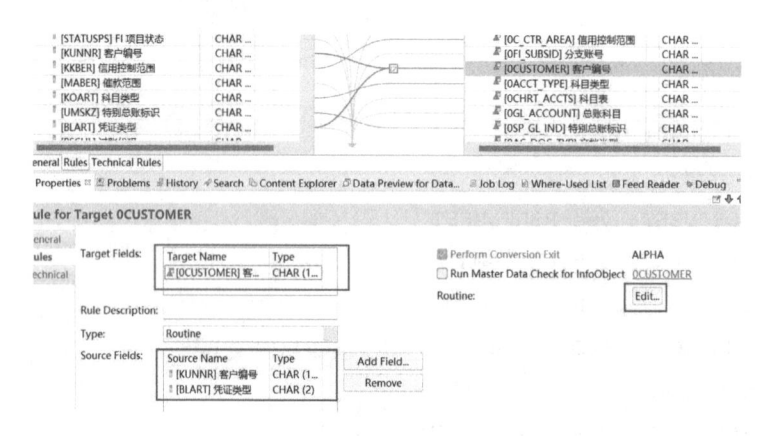

图 4-15　转换例程示例

转换例程逻辑处理区域示例：

```
*$*$begin of routine-insert your code only below this line*-*
*看到上面的内容就可以编写转换例程
..."insert your code here
*--fill table "MONITOR" with values of structure "MONITOR_REC"
*-to make monitor entries
..."to cancel the update process
*raise exception type CX_RSROUT_ABORT.
..."to skip record"
*raise exception type CX_RSROUT_SKIP_RECORD.
..."to clear target fields
*raise exception type CX_RSROUT_SKIP_VAL.
DATA LS_/BIC/AZCMMO00700 LIKE LINE OF GT_/BIC/AZCMMO00700.
BREAK-POINT.
*这里有一个结构：SOURCE_FIELDS，它由三个字段组成
*根据这三个字段从全局内表GT_/BIC/AZCMMO00700中读取数据放入该结构
LS_/BIC/AZCMM O00700
READ TABLE GT_/BIC/AZCMMO00700 INTO LS_/BIC/AZCMMO00700
with key DOC_NUM = SOURCE_FIELDS-DOC_NUM
DOC_YEAR = SOURCE_FIELDS-DOC_YEAR
DOC_ITEM = SOURCE_FIELDS-DOC_ITEM
BINARY SEARCH.
```

```
*读到之后向RESULT写入数据
*这里的RESULT就是转换的目标字段
IF SY-SUBRC EQ 0.
RESULT = LS_/BIC/AZCMMO00700-KUNNR.
ENDIF.
*转换例程结束
*$*$end of routine-insert your code only before this line*-*
```

3. 结束例程

结束例程是以具有目标结构格式的表作为输出参数的例程，在转换规则执行后对数据进行再处理，如删除不更新的记录、执行数据检查等。结束例程与开始例程类似，不同的是前者处理内表的 RESULT_PACKAGE，而后者处理内表的 SOURCE_PACKAGE。

结束例程示例：

```
methods GLOBAL_END
   importing
     !REQUEST type RSREQUEST
     !DATAPACKID type RSDATAPID
     !SEGID type RSBK_SEGID
   exporting
     !MONITOR type RSTR_TY_T_MONITORS
   changing
     !RESULT_PACKAGE type _ty_t_TG_1
   raising
     CX_RSROUT_ABORT
     CX_RSBK_ERRORCOUNT .
```

结束例程中的参数!REQUEST、!DATAPACKID、!SEGID、!MONITOR、CX_RSROUT_ABORT、CX_RSBK_ERRORCOUNT 的含义和开始例程中的一样，在此不再赘述。和开始例程中的参数唯一不同的是!RESULT_PACKAGE，其含义是包含已由转换处理的所有数据。

结束例程逻辑处理区域示例：

```
*-------------------------------------------------------------------*
  METHOD end_routine.
*=== Segments ===
    FIELD-SYMBOLS:
      <RESULT_FIELDS>    TYPE _ty_s_TG_1.
*$*$ begin of routine - insert your code only below this line      *-
*通过内表循环判断是计划值还是实际值
    loop at RESULT_PACKAGE assigning <RESULT_FIELDS>
      where vtype eq '010' or vtype eq '020'.
      case <RESULT_FIELDS>-vtype.
        when '010'.
          <RESULT_FIELDS>-/bic/zplactual = 'A'. "Actual
        when '020'.
          <RESULT_FIELDS>-/bic/zplactual = 'P'. "Plan
      endcase.
    endloop.
*$*$ end of routine - insert your code only before this line       *-*
  ENDMETHOD.                    "end_routine
*-------------------------------------------------------------------*
```

4. 专家例程

在没有其他更好的标准功能，或者其他转换功能不能满足需要时，可以考虑使用专家例程对转换进行编程，而无须使用现有的规则类型。此时，需要单独对监控器实施消息转换。如果已经创建了转换规则，系统会在创建专家例程后将其删除，转换源中的导航属性在专家例程中不可用。

如果遇到以下情况，可以考虑使用专家例程。

（1）需要同时访问源结构和目标结构（如从特征更改为关键指标视图时）。

（2）开始例程或结束例程中有复杂的 ABAP 逻辑且数据加载性能差。

（3）转换规则中有 10 个或更多特征的复杂 ABAP 逻辑且数据加载性能差。

性能优化小技巧：

（1）优化现有数据模型时，可以先备份当前模型，以便比较优化前后的转换结果和抽取效率。

（2）将标准程序更改为专家程序时，可以尝试调整现有逻辑来提高性能，在数据加载过程中有一些众所周知的"错误"会降低运行速度并增加内存消耗。

使用专家例程也有一些缺点，例如，不能维护关键指标的聚合方式（总和、最大值、最小值），不能对特征和关键指标使用初始值，所涉及的信息对象始终为覆盖模式等。

专家例程示例：

```
methods GLOBAL_EXPERT
    importing
      !REQUEST type RSREQUEST
      !DATAPACKID type RSDATAPID
      !LOG type ref to CL_RSBM_LOG_CURSOR_STEP
    exporting
      !RESULT_PACKAGE type _ty_t_TG_1
    changing
      !SOURCE_PACKAGE type _ty_t_SC_1 .
```

专家例程中涉及的各个参数说明如下。

（1）!REQUEST：请求 ID。

（2）!DATAPACKID：当前数据包的编号。

（3）!LOG：日志。

（4）!RESULT_PACKAGE：包含已由转换处理的所有数据。

（5）!SOURCE_PACKAGE：包含例程的输入字段的结构。

专家例程逻辑处理区域示例：

```
METHOD GLOBAL_EXPERT.
    FIELD-SYMBOLS:
      <SOURCE_FIELDS>    TYPE _ty_s_SC_1.
    DATA:
```

```abap
                RESULT_FIELDS       TYPE _ty_s_TG_1.
*** begin of routine - insert your code only below this line      ***
data RECORD type RSARECORD.
clear record.
*准备工作中心主数据
    SELECT PLANT WORKCENTER WRKCT_RESP FROM
    /BI0/PWORKCENTER
    INTO CORRESPONDING FIELDS OF TABLE lt_wctr
FOR ALL ENTRIES IN SOURCE_PACKAGE
    WHERE PLANT = SOURCE_PACKAGE-PLANT.

loop at SOURCE_PACKAGE ASSIGNING <source_fields>.
  MOVE-CORRESPONDING <source_fields> to RESULT_FIELDS.
*从物料主数据读取数据并填充
       CLEAR wa_wctr.
       READ TABLE lt_wctr INTO wa_wctr
           WITH KEY PLANT = <result_fields>-PLANT .
       IF sy-subrc = 0.
       <result_fields>-WORKCENTER = wa_wctr-WORKCENTER.
       <result_fields>-WRKCT_RESP = wa_wctr-WRKCT_RESP.
  append RESULT_FIELDS to RESULT_PACKAGE.
       ENDIF.
endloop.
*** end of routine - insert your code only before this line     ****
ENDMETHOD.
```

4.2.4 ABAP 转换和 AMDP 转换

AMDP 的全称是 ABAP-Managed Database Procedure（ABAP 托管数据库过程），它是 SAP 官方为了充分利用 HANA 的高性能，同时使传统 ABAP 应用开发人员能够快速上手，无须付出过多的学习成本而推出的全新业务逻辑开发模式。AMDP 允许开发者直接在

ABAP 中编写 SQL 脚本，因为 AMDP 属于在 ABAP 类的方法内声明的特定接口的 ABAP 类，由 AMDP 特定的 ABAP 关键字修饰，沿用 ABAP 类方法来开发 AMDP，跟开发 ABAP 实现方法一样，在 AMDP 中直接写脚本过程。

AMDP 相对于 ABAP 的优势在于将逻辑下推到数据库层执行，而不是在应用层执行。基于 ABAP 的 BW 转换将数据包从源对象逐个加载到应用层（ABAP），ABAP 转换逻辑在应用层内部执行。在处理基于 ABAP 的 BW 转换过程中，循环、IF 语句等不是并行执行的，而是顺序执行的。转换后的数据包被传回数据库服务器，数据库服务器将结果包写入目标对象，因此，数据在应用层和数据库层之间传输了两次。

但是，在基于 HANA 的 ADMP 转换中，HANA SQLScript 的执行可以在 HANA 中进行优化，表中的记录不是逐行处理的，而是批处理的。数据不会被传输到应用程序服务器进行计算，数据可以在单个处理步骤中直接从源对象传输到目标对象，这消除了数据库层和应用层之间的数据传输，避免了在数据库和应用程序服务器之间传输大量数据。

如果 SQLScript 过程采用声明式编程，那么它可以很容易地被 HANA 数据库并行化和优化。而无论之前的 ABAP 代码是否使用数据库访问，这都会显著加快数据传输流程（DTP）。逻辑下推执行意味着一种编程理念的转变，将密集的数据计算从 ABAP 应用层下推到 HANA 数据库层，从而充分发挥 HANA 数据库强大的数据处理能力，如图 4-16 所示。

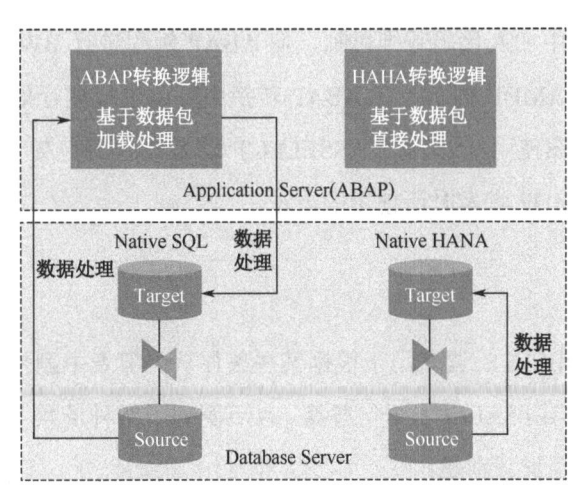

图 4-16　ABAP 和 AMDP 执行过程

ABAP 作为一种应用语言，可以和 SAP BW/4HANA 无缝衔接，但无法将所有 BW 转换需求下推到 HANA 数据库层执行。例如，AMDP 不支持将规则组、公式编辑器中的用户自定义函数等转换逻辑下推到 HANA 数据库层执行。

SAP 建议在可以使用 Open SQL 实现需要的功能或优化目标的时候不要使用 AMDP，而在需要使用 Open SQL 不支持的特性，或者数据处理和分析导致数据库和应用程序服务器之间有大量重复数据传输的情况下，则应当使用 AMDP。

表 4-3 展示了 ABAP 转换与 AMDP 转换的主要区别。

表 4-3 ABAP 转换与 AMDP 转换的主要区别

主要区别	ABAP 转换	AMDP 转换
将逻辑下推到 HANA 数据库层执行	No	Yes
支持 SAP HANA SQL 脚本	No	Yes
基于包的数据批处理	No	Yes
在转换中启用专家脚本的错误处理	No	Yes
支持 AMDP 对象（AMDP 类和 AMDP 方法）	No	Yes
可以利用计算引擎功能	No	Yes
逐行处理数据	Yes	No
支持 Function Modules	Yes	No
支持规则组	Yes	No

为了在 BW 转换中加入代码下推机制，使 ABAP 例程进行 BW 转换时在 HANA 上运行，需要将其转换为 AMDP 脚本。在 ABAP 转换中可以进行逐行处理，而在 AMDP 转换中，对生成的计算方案使用 INSERT ASSELECT 将数据作为包处理。下面将重点介绍将 ABAP 代码转换为 AMDP 脚本时所使用的方法。

1. 删除记录

在 ABAP 中，DELETE 语句用于根据某些条件从内部表中删除某些记录。在 AMDP 脚本中，DELETE 语句由 SELECT 语句替换。以下罗列了四种场景下 ABAP 语句与 AMDP 脚本的对比。这四种场景分别是：

（1）删除指定某个值的条目；

（2）删除某个字段为初始状态的条目；

（3）删除符合某组合条件的条目；

（4）删除不符合某范围的条目。

ABAP 语句示例：

```
DELETE SOURCE_PACKAGE WHERE VAR1 = '1000'.
DELETE SOURCE_PACKAGE WHERE VAR1 IS INITIAL.
DELETE SOURCE_PACKAGE WHERE (VAR1 = '1000' AND VAR2 = '10' ) OR (VAR1 = '2000' AND VAR2 = '20' ) .
DELETE SOURCE_PACKAGE WHERE VAR1 NOT IN R_RANGE.
```

AMDP 脚本示例：

```
TABLE1 = SELECT * FROM :INTAB WHERE MATERIAL <> '1000'.
TABLE2 = SELECT * FROM :INTAB WHERE MATERIAL IS NOT NULL.
TABLE3 = SELECT * FROM :INTAB WHERE MATERIAL NOT ((VAR1 = '1000' AND VAR2 = '10') OR (VAR1 = '2000' AND VAR2 = '20')).
TABLE4 = SELECT * FROM :INTAB WHERE MATERIAL IN ('1000','2000','3000').
```

在 ABAP 中，执行 DELETE 语句后，数据可在 SOURCE_PACKAGE 中使用。而在 AMDP 中，它将在临时表中使用，并且将其用于进一步处理。

2．IF-ELSE 语句

在 ABAP 中，IF-ELSE-ENDIF 语句用于根据不同的条件处理不同的逻辑代码块。在 AMDP 脚本中，IF-ELSE 语句可以替换为 CASE-END 语句。

ABAP 语句示例：

```
LOOP AT RESULT_PACKAGE ASSIGNING <RESULT_FIELDS>.
*通过IF-ELSE进行数据分类
IF <RESULT_FIELDS>- VAR1 EQ 10.
        <RESULT_FIELDS>-VAR2 = 'LOW'.
    ELSE.
            <RESULT_FIELDS>-VAR2 = 'MID'.
    ENDIF.
```

```
ENDLOOP.
```

AMDP 脚本示例：

```
OUTTAB = SELECT
CALDADY,
RECORNODE,
CASE WHEN VAR1 > 0 THEN 'LOW'
ELSE 'HIGH' END AS "VAR2",
UNIT,
RECORD,
SQL__PROCEDURE__SOURCE__RECORD
FROM:INTAB;
```

嵌套 IF-ELSE 语句通常也可以看作 ABAP 代码的一部分，CASE 语句也可以用来替换嵌套 IF-ELSE 语句。

ABAP 语句示例：

```
LOOP AT RESULT_PACKAGE ASSIGNING <RESULT_FIELDS>.
READ TABLE LI_TAB INTO LS_TAB
            WITH KEY VAR1 = <RESULT_FIELDS>-VAR1
            BINARY SEARCH.
IF SY-SUBRC = 0 AND <RESULT_FIELDS>-VAR1 = 'Y'.
    IF <RESULT_FIELDS>- VAR2 = 'Y'.
        <RESULT_FIELDS>-VAR3 = 'LOW'.
    ELSEIF
            <RESULT_FIELDS>-VAR3 = 'MID'.
    ENDIF.
ELSE.
        <RESULT_FIELDS>-VAR3 = 'HIGH'.
    ENDIF.
ENDLOOP.
```

AMDP 脚本示例：

```
OUTTAB = SELECT
CALDADY,
```

```
    RECORNODE,
    CASE WHEN VAR1 > 0
    THEN CASE WHEN VAR2 = 'LOW'
              THEN 'X'
                  WHEN VAR2 = 'HIGH'
                  THEN 'Y'
              END
    ELSE 'Z' END AS "VAR3",
    UNIT,
    RECORD,
    SQL__PROCEDURE__SOURCE__RECORD
    FROM :INTAB;
```

3. 排序

对于所有条目来说,排序和删除 ABAP 代码中使用的相邻重复项与 AMDP 脚本不兼容。排序语句可以由 AMDP 中的 ORDER BY 子句代替。就像 SORT 语句一样,ORDER BY 子句也可以使用多个字段。默认的排序顺序是升序,如果必须采用降序,则需要在 ORDER BY 子句中加上 DESC。

ABAP 语句示例:

```
    SORT RESULT_PACKAGE BY VAR1 VAR2.
    DELETE ADJACENT DUPLICATES FROM RESULT_PACKAGE COMPARING VAR1 VAR2.
```

AMDP 脚本示例:

```
    TABLE1 = SELECT * FROM (SELECT ROW_NUMBER() OVER( PARTITION BY VAR1 ORDER BY VAR1,VAR2) AS NUM1, * FROM :INTAB) WHERE NUM1 = 1;
```

在 AMDP 脚本中,可以使用 ROW_NUMBER 和 OVER 函数删除 ABAP 中相邻的重复项。PARTITION BY 子句将数据分为几组,ROW_NUMBER 子句为分组的数据分配行号。如果未使用 PARTITION BY 子句,则将整个集合视为单个数据组。在 ABAP 中,FOR ALL ENTRIES 语句用于获取源或结果包中所有记录的对应数据,使用 AMDP 脚本中的 LEFT OUTER JOIN 可以实现相同的功能。

ABAP 语句示例：

```
IF RESULT_PACKAGE IS NOT INITIAL.
    SELECT VAR1 VAR2 FROM TABLE1
        INTO TABLE LT_TAB
        FOR ALL ENTRIES IN RESULT_PACKAGE
        WHERE VAR1 = RESULT_PACKAGE-VAR1.
ENDIF.
```

AMDP 脚本示例：

```
OUTTAB = SELECT
T1.VAR1,
T2.VAR3,
T1.RECORNODE,
T1.UNIT,
T1.RECORD,
T1.SQL__PROCEDURE__SOURCE__RECORD
FROM :INTAB AS T1 LEFT OUTER JOIN TABLE2 AS T2 ON T1.VAR1 = T2.VAR2 ;
```

注意：如果在 AMDP 连接中使用 INTAB/OUTTAB 以外的任何表，则必须在 METHOD-PROCEDURE 语句中通过 USING 子句指定要引用的表名，如下所示：

```
METHOD GLOBAL_START BY DATABASE PROCEDURE FOR HDB LANGUAGE SQLSCRIPT
OPTIONS READ-ONLY USING /BIC/PZPALNT.
```

4. 循环和读取语句

在 ABAP 中，借助 LOOP-ENDLOOP 和 READ TABLE 语句可对源数据包和结果数据包中的数据进行单记录处理。由于 LOOP-ENDLOOP 及 READ TABLE 语句与 AMDP 脚本不兼容，因此使用子查询来替换它们（可以在主选择中使用子查询填充字段）。

需要注意的是，计算字段不能用于同一 SELECT 语句中另一个字段的计算，计算将在子查询中执行，计算出的字段可用于主选择中的另一次计算。

ABAP 语句示例：

```
SORT LI_TAB BY VAR1 .
```

```
  LOOP AT RESULT_PACKAGE ASSIGNING  <RESULT_FIELDS>.
*通过二分查找算法读取内表，效率很高，要按照VAR1对LI_TAB排序

    READ TABLE LI_TAB INTO LS_TAB
           WITH KEY VAR1 = <RESULT_FIELDS>-VAR1
           BINARY SEARCH.
    IF SY-SUBRC = 0.
       <RESULT_FIELDS>-VAR2 = LS_TAB-VAR2.
    ENDIF.
    CLEAR: LS_TAB .
  ENDLOOP.
```

AMDP 脚本示例：

```
OUTTAB = SELECT
RECORNODE,
VAR1,
VAR3,
UNIT,
RECORD,
SQL__PROCEDURE__SOURCE__RECORD
FROM
( SELECT
T1.VAR1,
T2.VAR3,
T1.RECORNODE,
T1.UNIT,
T1.RECORD,
T1.SQL__PROCEDURE__SOURCE__RECORD
FROM :INTAB AS T1 LEFT OUTER JOIN TABLE2 AS T2 ON T1.VAR1 = T2.VAR2 )
```

5. 截取字符串

在 ABAP 中，可以借助 OFFSET 函数轻松截取字符串的任何部分。类似的字符串操作在 AMDP 中可使用 SUBSTRING 函数实现，它允许用户指定要截取部分的开始和结束位置。

在下面的示例中,将字符串的一部分分成两个不同的输出列。

ABAP 语句示例:

```
LOOP AT RESULT_PACKAGE ASSIGNING <RESULT_FIELDS>.
*通过偏移函数截取字符串前10位字符
<RESULT_FIELDS>-var1 = <RESULT_FIELDS>-var1+0(10).
*通过偏移函数从字符串第5位截取6个字符
<RESULT_FIELDS>-var1 = <RESULT_FIELDS>-var1+4(6).
ENDLOOP.
```

AMDP 脚本示例:

```
OUTTAB = SELECT
RECORNODE,
*使用SUBSTRING函数截取字符串前10位字符
SUBSTRING("VAR1",1,10) AS "",
*使用SUBSTRING函数从第5位截取6个字符
SUBSTRING("VAR1",5,10) AS "",
UNIT,
RECORD,
SQL__PROCEDURE__SOURCE__RECORD
FROM :INTAB;
```

在许多 BW 转换中,用户遇到过需要根据分隔符(如空格、逗号等)的位置将字符串拆分为两个不同字符串的情况。下面给出了基于空格拆分字符串的示例。在 ABAP 中,使用 SPLIT 函数与 AT 加法能够将任何字符串分成两部分。可以在 AMDP 中使用 SUBSTRING 函数,以及标识分隔符位置的 LOCATE_REGEXPR 函数来实现此功能。在下面示例中\s 表示空格。

ABAP 语句示例:

```
LOOP AT RESULT_PACKAGE ASSIGNING <RESULT_FIELDS>.
*通过分割函数将字符串分成两部分
SPLIT <RESULT_FIELDS>-var1 AT SPACE INTO DATA(STR1) DATA(STR2).
<RESULT_FIELDS>-var2 = STR1.
<RESULT_FIELDS>-var3 = STR2.
```

ENDLOOP.

AMDP 脚本示例：

```
OUTTAB = SELECT
RECORNODE,
SUBSTRING("VAR2",1,LOCATE_REGEXPR('\s' IN "VAR1")) AS "VAR2",
SUBSTRING("VAR3", LOCATE_REGEXPR('\s'IN"VAR1")) AS "VAR3",
UNIT,
RECORD,
SQL__PROCEDURE__SOURCE__RECORD
FROM:INTAB;
```

6. 去除前导零

前导零即附加到数据开头的零，前导零对于处理特定格式的数据很重要。在 ABAP 中，通常使用 ALPHA 功能函数来去除任何列的前导零。在 AMDP 中，使用 LTRIM 函数可以实现相同的功能。

ABAP 语句示例：

```
LOOP AT RESULT_PACKAGE ASSIGNING <RESULT_FIELDS>.
*通过系统标准功能函数ALPHA去除前导零
CALL FUNCTION 'CONVERSION_EXIT_ALPHA_OUTPUT'
    EXPORTING
        INPUT = <RESULT_FIELDS>-var1
    IMPORTING
        OUTPUT = <RESULT_FIELDS>-var1.
ENDLOOP.
```

AMDP 脚本示例：

```
OUTTAB = SELECT
RECORNODE,
*使用LTRIM函数从左边移除为0的字符
LTRIM ("VAR1",'0') AS "VAR1",
*使用RTRIM函数从右边移除为0的字符
```

```
    RTRIM ("VAR2",'0') AS "VAR2",
    UNIT,
    RECORD,
    SQL__PROCEDURE__SOURCE__RECORD
    FROM :INTAB;
```

综上所述，使用 AMDP 可以实现标准功能无法完成的转换，通过常规 SQL 语句来构建转换例程，充分利用 HANA 所提供的功能，会带来更高的执行效率。

4.3 执行开关的设置

前面介绍了 SAP BW/4HANA 中的转换，转换创建完成后，如何将数据从源模型经转换传输到目标模型呢？SAP BW/4HANA 中通过对象数据传输流程（Data Transfer Process，DTP）来管理数据在不同数据源或信息提供者之间的传输。每个转换可以创建对应不同抽取规则的多个 DTP。

DTP 使数据在数据仓库中的流动变得更加透明，可以选择串行处理模式或并行处理模式。并行处理模式可以显著提升数据传输流程的性能，用户可以使用 DTP 向不同的信息提供者目标分别提供增量过程，并且可以在不同级别的信息提供者之间使用过滤器选项，也可以使用 DTP 为高级数据存储对象定义错误处理模式，简化报错的处理过程。

4.3.1 DTP 的创建和基本配置

在建模工具 BWMT 中的数据流编辑界面中，对于创建了源与目标之间的连接且处于活动状态的转换，可以在数据流对象的上下文菜单中选择 Create DTP，如图 4-17 所示。通过创建 DTP 的向导可以在目标模型与源模型之间创建 DTP。DTP 是一个对象，用于确定如何在 SAP BW 中的源模型和目标模型之间传输数据。

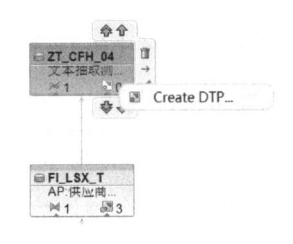

图 4-17 DTP 的创建

创建的 DTP 中有四个功能页签：General（常规选项）、Extraction（提取设置）、Update（更新设置）和 Runtime Properties（运行属性）。创建 DTP 时，系统会自动生成默认设置，通常直接使用默认设置即可。在常规选项中有三部分：常规信息、常规提取设置、执行设置，如图 4-18 所示。下面着重讲解常规提取设置中的提取模式和执行设置。

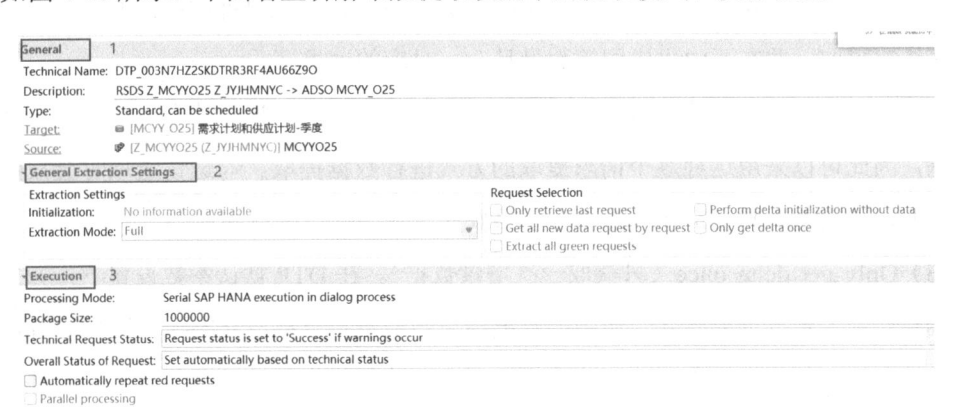

图 4-18 DTP 的常规选项

1. Extraction Mode（提取模式）

（1）如果 DTP 的提取模式选择 Full（全量），则意味着它将一次性提取源模型中所有请求数据并加载到目标模型中。

（2）如果 DTP 的提取模式选择 Delta（增量），那么它会提取源模型中所有未执行过该 DTP 提取行为的请求数据并加载到目标模型中。

（3）两个模型之间的提取模式为 Delta 时，在过滤条件相同的情况下，只允许创建一个增量形式的 DTP；在过滤条件不同的情况下，允许创建多个增量形式的 DTP。两个模型之间的提取模式为 Full 时，允许创建多个增量形式的 DTP。

当提取模式为 Delta 时，有三个选项可选，其作用分别如下。

（1）Perform delta initialization without data（执行增量初始化且不传输数据）。勾选这个选项后，会激活并执行 DTP，将在目标中生成一个增量数据条目为零的请求，并且源中所有请求会被打上已提取标识。即使将目标中的数据请求删除，源中所有请求还是处于已提取状态，这样就导致以后的任意请求都提取不到这部分数据。该选项的作用是在不改变源中数据的情况下，从执行 DTP 时开始，获取源中该时点以后的新增数据请求。

（2）Get all new data request by request（按请求从源中提取所有数据）。如果源中有多个未提取的数据请求，在 DTP 默认参数设置下，会将多个未提取的数据请求在新生成的数据请求中一次性提取。勾选该选项后，会激活并执行 DTP，将在目标中按照源中未提取请求的顺序依次提取，并在源中生成同等数量且一一对应的请求。

当源中数据量较大，请求也比较多时，一次性提取所有数据可能会造成性能异常等不良影响，因此可以采用这种逐个请求提取的方式进行数据提取。勾选该选项时会按照请求逐个提取，不勾选时则会定期从源中把未提取的请求一次性提取完成。

（3）Only get delta once（只获取一次增量数据）。在 DTP 默认参数设置下，如果将已提取到目标中的数据请求删除，源中的数据请求会被取消已提取状态，再次提取时还是能够正常提取这些数据。如果勾选了该选项，那么删除目标中的请求后，再次提取时将无法提取到曾经提取过的请求，即每个请求只能提取一次。

上述三个选项是在增量提取模式下使用的，以下两个选项则是在全量提取模式下使用的，并且对源有一定要求。

（1）Extract all green requests（提取所有成功的请求）。当源只有一个入站表的信息提供者时，该选项才会处于可选状态。假设源中有很多请求，有成功（绿色）的请求，也有失败（红色）的请求。如果没有勾选该选项，执行 DTP 时会从最初成功的请求开始提取，遇到失败的请求就会终止。如果勾选该选项，执行 DTP 时会提取历史上所有成功的请求。

（2）Only retrieve last request（仅检索最后一个请求）。当源只有一个入站表的信息提供者时，该选项才会处于可选状态。如果勾选了该选项，用户可以规定 DTP 仅检索队列中的最后一个请求。

2．Execution（执行设置）

DTP 的执行设置如图 4-19 所示。

```
▼ Execution
  Processing Mode:           Parallel extraction and processing
  Package Size:              100000
  Technical Request Status:  Request status is set to 'Success' if warnings occur
  Overall Status of Request: Set automatically based on technical status
  ☐ Automatically repeat red requests
  ☑ Parallel processing
```

图 4-19　DTP 的执行设置

（1）Processing Mode（处理模式）。这里的处理模式分为四种：并行提取和处理、在后台按照顺序执行、在 HANA 中并行执行、在 HANA 执行进程中顺序执行。前两种在 ABAP 模式下执行，后两种在 HANA 模式下执行，是否并行通过 Parallel processing 选项来控制。

（2）Package Size（数据包大小）。DTP 按照数据包逐个执行逻辑处理，数据包的数量等于总数据量除以数据包的大小。系统会为此参数设置默认值，可以结合数据量的大小进行调整。主数据提取的数据包大小一般采用默认值即可，业务数据提取的数据包大小则需要根据业务数据量进行灵活调整。执行 DTP 的性能与转换中的逻辑复杂程度有关，复杂场景需要适当考虑减少数据包中的数据量。

（3）Technical Request Status（请求的技术状态）。可以根据数据的敏感程度自行设置，默认是如果日志出现警告，则设置为成功状态。

（4）Overall Status of Request（请求的总体状态）。DTP 执行完成后会有一个结果状态：成功（绿色）或者失败（红色），该状态默认根据请求的技术状态来确定，也可以手动设置。

（5）Automatically repeat red requests（自动重复执行失败的请求）。DTP 一般会被加入流程链中，并按照某种顺序定时执行，如果在执行流程链的过程中失败了，需要人为检查修复并删除上一个错误请求，否则无法启动新的请求。如果勾选了此选项，流程链下次运行时会自动删除上一个错误请求，并启动新的请求。

4.3.2 DTP 数据过滤和语义组的应用

DTP 的提取设置主要分为两部分：Filter（过滤）和 Extraction Grouped By（分组提取），如图 4-20 所示。

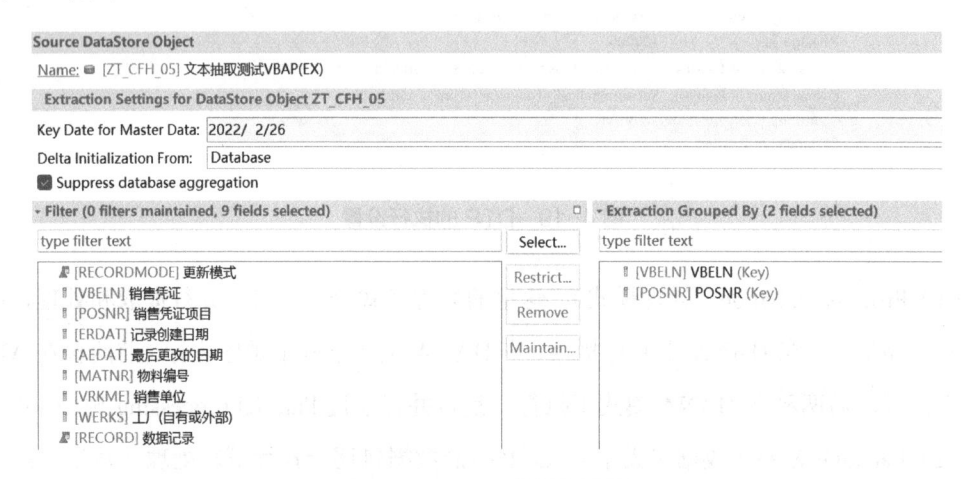

```
Source DataStore Object
Name:    [ZT_CFH_05] 文本抽取测试VBAP(EX)
Extraction Settings for DataStore Object ZT_CFH_05
Key Date for Master Data:  2022/ 2/26
Delta Initialization From: Database
☐ Suppress database aggregation

▼ Filter (0 filters maintained, 9 fields selected)        ☐   ▼ Extraction Grouped By (2 fields selected)
type filter text                              Select...    type filter text
   [RECORDMODE] 更新模式                    Restrict...      [VBELN] VBELN (Key)
   [VBELN] 销售凭证                                          [POSNR] POSNR (Key)
   [POSNR] 销售凭证项目                       Remove
   [ERDAT] 记录创建日期                      Maintain...
   [AEDAT] 最后更改的日期
   [MATNR] 物料编号
   [VRKME] 销售单位
   [WERKS] 工厂(自有或外部)
   [RECORD] 数据记录
```

图 4-20　DTP 的提取设置

1. Filter（过滤）

过滤功能支持用户按需限制要传输的数据集。在数据传输过程中，经常需要进行数据过滤。常用的模式是设置静态过滤值，也就是常量，如过滤某些会计科目。另一种模式是动态获取过滤值。当执行数据传输流程时，先动态获取过滤值，然后进行数据过滤，如根据系统时间获取上月的时间参数过滤数据。

在设置过滤值前，需要先确认筛选器中有哪些字段，以及要按照哪个字段的内容进行过滤。如果所需要的字段不在默认的筛选器清单中，可以单击 Select 按钮进行查找，确认完字段后单击 Restrict 按钮进行限制。在限制界面中可以选择静态过滤值和变量过滤，如果选择通过变量进行过滤，需要提前创建好相应的变量。静态过滤值和变量过滤均支持以下过滤方式：按照单值、多值、间隔，还可以指定操作符和过滤模式，如图 4-21 所示。

图 4-21 DTP 的过滤功能选项

可以通过指定字段选择 Maintain 来创建程序，动态设置过滤值。例如，需要根据过账期间（FISCPER）每天动态更新上月及本月的数据。

```
program conversion_routine.
* Type pools used by conversion program
type-pools: rsarc, rsarr, rssm.
tables: rssdlrange.
* Global code used by conversion rules
*$*$ begin of global - insert your declaration only below this line   *-*
* TABLES: ...
* DATA:   ...
*$*$ end of global - insert your declaration only before this line    *-*
*----------------------------------------------------------------------
*     Fieldname        = FISCPER
*     data type        =
*     length           = 000000
*----------------------------------------------------------------------
form c_FISCPER
  tables l_t_range structure rssdlrange
  using i_r_request type ref to IF_RSBK_REQUEST_ADMINTAB_VIEW
        i_fieldnm type RSFIELDNM
  changing p_subrc like sy-subrc.
*     Insert source code to current selection field
*$*$ begin of routine - insert your code only below this line         *-*
data: l_idx like sy-tabix.
        read table l_t_range with key
            fieldname = 'FISCPER'.
        l_idx = sy-tabix.
*....
```

```
              if l_idx <> 0.
                modify l_t_range index l_idx.
              else.
                append l_t_range.
              endif.
              p_subrc = 0.

*$*$ end of routine - insert your code only before this line     *-*
          endform.
```

逻辑处理如下：根据系统时间动态获取本月及上月的值，并分别赋给 L_T_RANGE-LOW 和 L_T_RANGE-HIGH。

```
          program conversion_routine.
          * Type pools used by conversion program
          type-pools: rsarc, rsarr, rssm.
          tables: rssdlrange.
          * Global code used by conversion rules
          *$*$ begin of global - insert your declaration only below this line *-*
          * TABLES: ...
          * DATA:   ...
          DATA: ZDATE LIKE SY-DATUM,
                ZDATE1(7) type N,
                ZDATE2(7) type N.
          *$*$ end of global - insert your declaration only before this line *-*
          * ----------------------------------------------------------------
          *     Fieldname        = FISCPER
          *     data type        =
          *     length           = 000000
          * ----------------------------------------------------------------
          form c_FISCPER
            tables l_t_range structure rssdlrange
            using i_r_request type ref to IF_RSBK_REQUEST_ADMINTAB_VIEW
                  i_fieldnm type RSFIELDNM
```

```
          changing p_subrc like sy-subrc.
*          Insert source code to current selection field
*$*$ begin of routine - insert your code only below this line          *-*
data: l_idx like sy-tabix.
      l_idx = sy-tabix.
*....逻辑调整部分，获取当月值
      DELETE l_t_range WHERE fieldname = 'FISCPER'.
         ZDATE = SY-DATUM+0(6) && '01' . "当月第一天
         ZDATE1 = ZDATE+0(4) && '0' && ZDATE+4(2)."当月值，7位
         ZDATE = ZDATE - 1. "上月最后一天
         ZDATE2 = ZDATE+0(4) && '0' && ZDATE+4(2)."上月值
         L_T_RANGE-LOW = ZDATE2.
         L_T_RANGE-HIGH = ZDATE1.
         L_T_RANGE-FIELDNAME = 'FISCPER'.
         L_T_RANGE-SIGN = 'I'.
         L_T_RANGE-OPTION = 'BT'.
         if l_idx <> 0.
           modify l_t_range index l_idx.
         else.
           append l_t_range.
         endif.
         p_subrc = 0.
*$*$ end of routine - insert your code only before this line          *-*
      endform.
```

对参数 L_T_RANGE 的详细说明如下。

（1）L_T_RANGE-LOW：低值。

（2）L_T_RANGE-HIGH：高值。

（3）L_T_RANGE-FIELDNAME：过滤字段技术名称。

（4）L_T_RANGE-SIGN：值为 I 和 E，其中 I 表示包含，E 表示排除，一般使用 I。

（5）L_T_RANGE-OPTION：如果 L_T_RANGE-HIGH 为空，则表示单值选择，其值可以选择 EQ（等于）、NE（不等于）、GT（大于）、LT（小于）、GE（大于或等于）、LE（小

于或等于）、NOT（非）；如果 L_T_RANGE-HIGH 不为空，则表示区间选择，其值可以选择 BT（区间内）、NB（区间外）。

2．Extraction Grouped By（分组提取）

分组提取是指选中指定分组字段，将具有相同内容的数据记录组合到一个数据包中，以避免数据被拆分到多个数据包中进行提取。此设置还定义了错误堆栈的关键字段，通过定义错误堆栈的键，可以确保在更正不正确的数据记录后，可以以正确的顺序在目标中更新数据。

例如，DTP 要加载 9000 条数据记录，其中有公司代码这个字段。公司代码字段共有两个公司代码项目：COMP1、COMP2。其中，COMP1 的记录有 5000 条，COMP2 的记录有 4000 条。将 DTP 数据包大小设置为 4000，未设定分组提取时，执行 DTP 会先将 COMP1 的前 4000 条记录写入第一个包 P1 中，将 COMP1 剩余的 1000 条记录写入 P2 中，再将 COMP2 的前 3000 条记录写入 P2 中，最后把 COMP2 剩余的 1000 条记录写入 P3 中，这样就导致同一公司代码（COMP1）的数据被拆分在两个数据包中传输。

设定分组提取后（勾选公司代码），系统检测到同一公司代码的数据可能被拆分到两个数据包中时，会自动扩充数据包，确保同一公司代码的数据不会被拆分，并且放到同一个数据包中进行传输。

4.3.3 DTP 错误处理设置

开发人员可以通过 DTP 设置，从错误预防和错误响应两个方面应对数据抽取过程中可能出现的错误。错误预防指修复或绕过错误条件以阻止进程失败。错误响应指当错误不可避免时，需要正确地响应及记录错误，以便快速有效地解决错误，使数据更新流程更加顺畅、可预测、可维护。错误响应在运维和故障排除中能产生较大价值。

SAP BW/4HANA 中常见的错误类型有：

（1）不允许的特征值；

（2）小写字母；

（3）算术和转换错误；

（4）读取主数据不成功；

（5）货币换算或时间转换错误；

（6）在主数据和文本更新期间进行检查；

（7）导航属性没有 SID；

（8）没有语言用于文本上传；

（9）关于钥匙的双重记录；

（10）无效的时间间隔；

（11）数据与调度程序之间未选择映射；

（12）不存在主数据时不更新；

（13）层次结构中的错误；

（14）重叠的时间间隔；

（15）特征值无 SID。

在 SAP BW/4HANA 的数据抽取中，主要通过 DTIS（数据传输中间存储）、Request Handling（请求处理）来应对错误。

DTIS 是一个中间表，用于临时存储数据，以便 DTP 可以进一步更新数据。系统在默认情况下不启用这一功能，如需启用，必须先激活这一功能，如图 4-22 所示。激活后会新生成一个 DTP，新生成的 DTP 的源就是这个中间表，其目标与原 DTP 的目标相同。

图 4-22 激活 DTIS

可以使用 DTP 这一错误处理机制，将不正确的记录写入 DTIS，之后手动更正它们。更正后可以用新生成的 DTP 将数据从 DTIS 中更新到目标对象中，成功更新数据记录后，将数据从 DTIS 中删除。如果仍有错误的数据记录，它们将在新的错误 DTP 请求中被再次写入 DTIS。如果系统中尚未更新主数据，业务数据更新记录被归类为不正确，因违反了主数据的引用完整性，直接更新业务数据会报错。在主数据更新后再更新业务数据，就不会报错。

Request Handling 包含如下选项。

（1）Request is canceled，records are not tracked and target is not updated（终止数据请求，不跟踪数据记录，不更新目标对象）。这是系统默认选项，当有一条异常的记录时，整个数据包的更新将会被终止，并在 DTP 监控器中将数据请求的状态设置为失败（红色），这时该请求下的所有数据不会被更新到目标对象中。

使用默认选项时，系统不会启用错误处理机制，错误数据不会被写入 DTIS，因此在查询报告时查不到这些错误数据。这时需要人为分析错误并解决错误，解决后再次整体更新。由于错误未被分配给数据记录，系统不会建立交叉引用表来确定数据记录号，这也使得抽取过程处理更快。如果源中的数据质量比较令人满意或这些流程经过了测试验证，可以选择此选项。

（2）Request is canceled，first incorrect record is tracked and target is not updated（终止数据请求，只跟踪第一条错误的数据记录，不更新目标对象）。这一选项会启用数据抽取过程中的错误处理机制，系统会跟踪第一条错误的数据记录，创建交叉引用表，从而可以更好地排除错误。如果发生错误，利用交叉引用表可以追溯到源头，找出导致错误的数据记录，以便发现产生错误的原因。在第一条异常记录出现时，系统就会跟踪，同时终止整个数据包的更新，并在 DTP 监控器中将数据请求的状态设置为失败（红色）。

（3）Request is set to failed，error stack is written and valid records are updated（将数据请求设置为失败状态，把错误的数据记录写入错误堆栈，将有效的数据记录更新到目标对象中）。这一选项会启用数据抽取过程中的错误处理机制，将抽取过程中发现的错误数据记录更新到错误堆栈中，供用户查询的报告中不包含这部分数据。将正确的数据记录更新到目标对象中，在处理完数据包后，将整个数据请求的技术状态设置为失败（红色）。

对于错误数据可以先进行分析，然后手工将它们改成正确的，并用错误传输进程将这些错误数据单独更新到目标对象中。成功更新后，可以手动更改请求，将请求从失败状态更改为成功状态，否则无法进行下一次数据传输。

（4）Request is set to success，error stack is written and valid records are updated（将数据请求设置为成功状态，把错误的数据记录写入错误堆栈，将有效的数据记录更新到目标对象中）。这一选项会启用数据抽取过程中的错误处理机制，在整个数据抽取过程中，会将发现的错误数据记录更新到错误堆栈中，供用户查询的报告中不包含这部分数据。将正确的数据记录更新到目标对象中，在处理完数据包后，将整个数据请求的技术状态设置为成功（绿色）。

对于错误数据可以先进行分析，然后手工将它们改成正确的，并用错误传输进程将这些错误数据单独更新到目标对象中。该选项适用于以下场景：后续还有其他动作，将数据请求设置为成功状态后不影响后续动作的执行。

（5）Number of Errors（错误数据记录最大值）。错误数据记录最大值定义了在激活错误处理机制后能够捕捉的最大错误数据记录条目数。如果将其设置为 0 或空值，那么系统将不会进行错误数据记录捕捉，数据抽取过程中的错误处理机制将不会起作用。一旦出现错误，系统会终止整个数据包的更新，将数据请求状态设置为失败（红色）。

4.3.4 DTP 与转换调试

当开发人员在转换中完成了一段处理逻辑，想确认所开发的内容是否正确时，或者在进行数据校对时发现结果数据与预期不同，开发人员会在例程中调试和检查代码逻辑。在 BW 转换中调试开始例程、转换例程、结束例程和专家例程时，SAP 会在后端生成一个程序，将转换中创建的所有映射、规则等详细信息生成 ABAP 代码，其中包含开始例程、结束例程或专家例程中添加的代码。开发人员可以通过转换生成的程序进行调试，也可以在 DTP 中模拟转换进行调试。

与调试有关的基础概念有以下几个。

（1）断点（Breakpoint）。程序运行至断点时，会暂停下来，供用户调试。

（2）观察点（Watchpoint）。可以设置一个变量，当变量的值符合某个条件时，调试将被触发。

(3) 断定点（Assertions）。可以在程序中定义某些假定情况，并确认这些假定情况是否完成。

通过 TCODE RSTRANGUI 可查看转换的详细信息，输入转换标识即可，如图 4-23 所示。

可以通过转换显示界面菜单栏中的"附加"→"显示生成的程序"查看生成的程序，如图 4-24 所示。

图 4-23　在 GUI 中查看转换

图 4-24　在 GUI 中查看生成的程序

图 4-25 是生成程序的示例。程序名称由系统生成，并且有一个警告：不要更改源代码。在显示的代码中可设置会话断点，执行后即可进入调试界面。

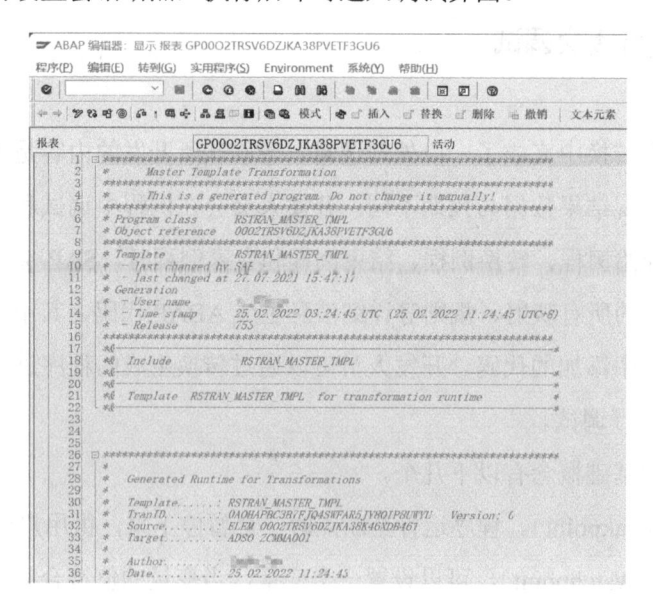

图 4-25　生成程序的示例

第 4 章 数据流处理

也可以在 BWMT 中的 DTP 维护界面中，通过 Simulate in Dialog（以对话的模式模拟）运行 DTP，如图 4-26 所示。

图 4-26 调试路径

在 DTP 执行界面中的"处理模式"下拉菜单中选择"在对话进程中串行执行（用于调试）"，即可通过"模拟"按钮进行调试，并且可以利用"专家模式"选项进行数据过滤，如图 4-27 所示。如果定义了断点，则转到 ABAP 调试器。如果没有定义断点，可以在过滤器标签页上进行断点设置。除源字段外，还可以用技术字段限制数据，如请求 ID（REQUID）、数据包 ID（DATAPKID）和数据记录号（RECORD），这样可以防止模拟长时间运行。

图 4-27 DTP 执行界面

设置好断点后单击"模拟"按钮，系统会跳到调试界面，如图 4-28 所示。

图 4-28 调试界面

图 4-28 所示调试界面功能说明如下。

（1）图中数字 1 表示操作功能按钮。

（2）图中数字 2 表示源代码区，双击变量可在右侧的变量工具栏中显示当前的变量值。

（3）图中数字 3 所示区域用于设置断点。

（4）图中数字 4 表示变量工具栏，可以在这里直接输入想要跟踪的变量名称。

（5）单击图中数字 5 所示图标可修改变量值。

SAP ABAP Debugger 提供了表 4-4 所示六种跟踪源代码的功能。

表 4-4　六种跟踪源代码的功能

项目	功能
恢复	运行到下一个 AMDP 断点或结束程序
终止	取消调试器和被调试的应用程序
断开	在应用程序恢复运行时取消调试器
步入（F5）	执行程序中的下一条语句
跨步（F6）	执行下一条语句，如果下一步是过程调用，则执行整个过程
步进返回 (F7)	运行直到当前过程返回给它的调用者或直到程序结束

4.3.5　执行监控

DTP 每次运行后会在目标模型中生成一个数据加载请求，可通过 DTP 监控器跟踪请求加载的全部步骤。DTP 监控器的作用是管理高级存储对象的数据加载请求，请求标识由系统自动生成的数字、时间、编号组成，而且这个编号是唯一的。

监控器的"标题"页签中显示了 DTP 的概况信息，如整体运行状态、运行消耗时间、DTP 相关的转换及源模型与目标模型、过滤器筛选、数据包大小、提取模式、有关负责人的信息、错误 DTP 和生成的程序及对象的信息、已加载的数据记录条目数、DTP 请求 ID 等，如果有流程链引用该 DTP，还会显示引用该 DTP 的流程链信息，并且可以导航到对应数据流，如图 4-29 所示。

第 4 章　数据流处理

图 4-29　DTP 概况信息

在监控器的"明细"页签中记录了 DTP 运行过程中每一步的详细信息，如图 4-30 所示。在 DTP 开始运行之后，该页签的内容会实时更新，呈现 DTP 最新的运行信息。在处理过程中各个节点的请求状态会逐一呈现，如请求生成时间、处理步骤完成时间、请求的技术状态和完成状态等。

可展开数据包执行过程，显示每个处理步骤及处理过程中数据包的状态和返回的消息。

界面右上角的按钮提供了各种导航功能，可以调用作业概览，进行数据目标的请求管理，打开 DTP 流程监控器，显示错误堆栈（如果存在），通过流程链执行 DTP。

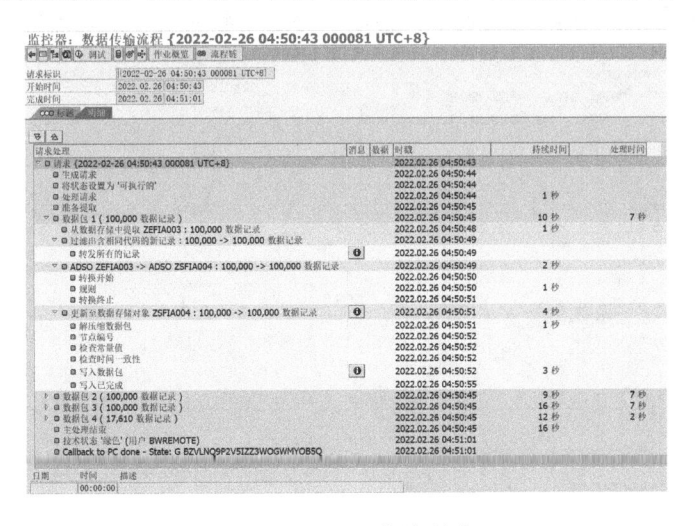

图 4-30　DTP 运行信息

通过 DTP 流程监控器可以查看指定 DTP 所有请求的概况信息，如图 4-31 所示。如果

· 145 ·

流程被取消，并且没有作业或对话流程处于活动状态，则可通过"将状态更改为红色"按钮将状态设置为红色，以便进一步处理。

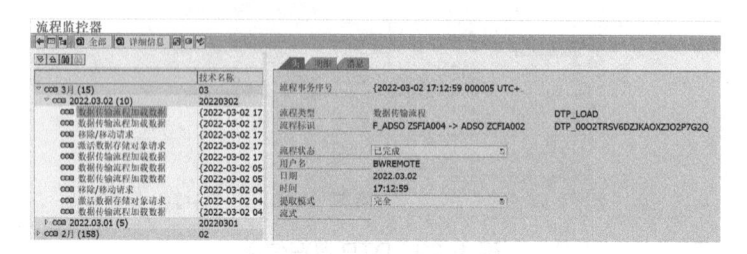

图 4-31 流程监控器

如图 4-32 所示，通过 TCODE RSPM_MONITOR 可快速进入 GUI 中的流程监控器。在这个界面中，用户可以灵活筛选指定的数据加载请求。"数据目标"用于检查受影响对象的技术名称。"日期选择"用于定义日期间隔，包括流程挂起的开始日期。"流程类型"包括 ADSO_ACT（激活数据存储对象请求）、DATA_LOAD（API 加载数据）、DEL_REQ（删除请求）、DTP_LOAD（数据传输流程加载数据）、MOV_REQ（移除/移动请求）、SELDEL（选择性删除）。"流程状态"包括新建、Y（活动）、W（等待）、G（已完成）、R（已完成，有错误）。筛选后执行，在结果列表中就会显示特定对象的所有活动流程。

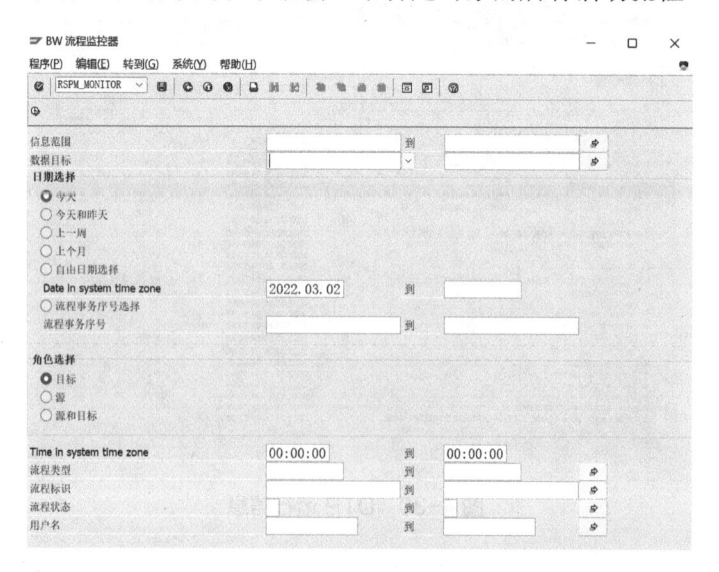

图 4-32 GUI 中的流程监控器

4.4 请求的管理与监控

DTP 每次运行后会在目标模型中生成一个数据加载请求，开发人员需要根据请求的状态来进行请求管理。

4.4.1 请求状态查询

开发人员可以在 MBWT 中，通过信息提供者的对象管理界面查询模型所有 DTP 的请求执行状态。以 ADSO 为例，选中目标 ADSO，然后在右键快捷菜单中选择"Manage the DataStore Object(advanced)"，如图 4-33 所示。

图 4-33　ADSO 对象管理界面打开路径

除了可以在 MBWT 中查看这些信息，还可以通过 TCODE RSDTP 在 GUI 中查看，输入对应 DTP 的技术名称即可查看当前请求状态，如图 4-34 所示。

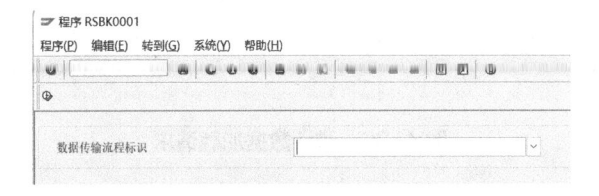

图 4-34　在 GUI 中查看 DTP 请求状态

如果想查看目标模型的所有请求，可通过 TCODE RSMNG，输入对应信息提供者的技术名称即可，如图 4-35 所示。

图 4-35　查看信息提供者的请求状态

4.4.2　请求的激活和删除

DTP 运行后，会在目标模型中生成一个数据加载请求。如果目标模型只有入站表，则数据加载请求不需要激活，主数据（信息对象）中的请求也不需要激活。如果目标模型除了入站表还有激活表，则数据加载请求需要激活，激活时将数据从入站表转入激活表。如果目标模型中用到了信息对象，则在激活数据时会更新特征的 SID。因为系统默认将每个高级数据存储对象设置为"激活时生成 SID"，这是高级数据存储在编辑模式设置中的一个选项。如果选中此选项，系统会检查高级数据存储中所有特征的 SID，如果特定特征的 SID 不存在，则系统将即时生成 SID，此过程会消耗一部分资源。

数据加载请求可以手动激活，也可以在流程链中激活。

手动激活：在 BWMT 中打开 ADSO 的管理界面，选中未激活的数据加载请求，单击"激活"按钮，如图 4-36 所示。

图 4-36　激活数据加载请求

单击"激活"按钮后，弹出的窗口中会列出所有已加载但尚未激活的请求。如果有多个请求，可以通过"逐个激活请求"选项来控制激活后的数据是否合并到一个激活请求中。一般情况下会勾选"逐个激活请求"选项，方便之后对单个请求的管理，如可按需删除单个请求，恢复目标对象的早期状态。

单击弹出窗口底部的"激活"按钮，勾选"在后台执行激活"选项，系统将在后台处理数据激活请求，如图4-37所示。如果不勾选此选项，则会在前台执行。操作完成后可查看激活状态（成功为绿色，失败为红色，警告为黄色）。如显示已激活，则表示数据已从入站表移入激活表，这些数据可用于报告分析，也可被加载到其他数据目标。

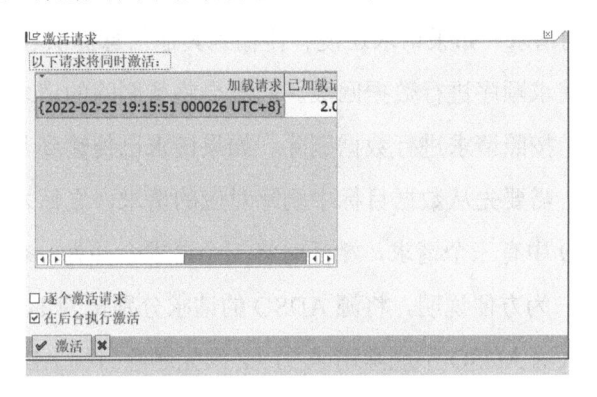

图 4-37　激活请求设置

在流程链中激活：在流程链中创建一个 DSO 数据激活的变体，如图 4-38 所示。在变体中，可通过"并行处理"设置需要激活数据的各个作业。

图 4-38　在流程链中激活对象数据

SAP BW/4HANA 中通过管理数据加载请求来管理目标模型中的数据。在实际应用中，经常需要对模型数据进行删除操作，如清空目标对象中的数据、删除未激活的请求、删除已激活的请求、删除一直处于加载状态的请求、在不删除请求的情况下按需删除目标模型中的数据及删除日志数据。

（1）清空目标对象中的数据。可以通过删除所有请求来达到目的，但删除请求时会进行回滚检查，所以经常无法直接删除。可以通过系统提供的实用程序，选择"删除内容"来进行目标对象数据删除，效率会比删除所有请求高很多。

（2）删除未激活的请求。如果请求尚未激活，那么请求只是在激活队列中，对激活表还没有产生影响，这种情况下直接删除请求即可。

（3）删除已激活的请求。如果请求还没有传输到其他信息提供者，直接删除请求即可，系统会按照数据加载请求顺序进行数据回滚。回滚会将待删除的请求恢复到之前的状态，即从激活表或日志表中按照请求进行数据删除。如果请求已传输到其他信息提供者，则这些请求不能直接删除，需要先从数据目标中删除对应的请求，之后才能删除本模型中的请求。例如，在源 ADSO 中有三个请求，激活时将三个请求合并为一个，并将合并后的请求加载至目标 ADSO 中。为方便说明，将源 ADSO 的请求分别记为 1、2、3，目标 ADSO 的请求记为 A。如果要从源 ADSO 中删除请求 3，必须先删除目标 ADSO 中的请求 A。而源 ADSO 中的请求 1、2、3 激活时被合并了，因此必须将请求 1、2、3 同时删除，才能删除请求 3。

（4）删除一直处于加载状态的请求。因 DTP 运行时间过长或超过其到期时间，导致数据请求长时间处于黄色状态。如果此时希望将数据请求删掉，对流程调优后再重新提取，需要先将请求的状态从黄色更改为红色或绿色。停止请求的加载后，才能正常执行删除操作，处于黄色状态时删除操作是不生效的。

（5）在不删除请求的情况下按需删除目标模型中的数据。如果用户只想删除单行数据而不是整个请求，可以使用选择性删除功能，如删除某个时期不再需要的数据。此功能仅删除激活表中的数据，不会更改日志表中的数据。

（6）删除日志数据。如果只想从更改日志中删除数据，则可选择"从更改日志中删除"，这样能有效减少更改日志表的数据量。

4.5 如何避免性能问题

在整个建模过程中，如何避免性能问题是一个重要的问题。

首先，应避免不必要的数据加载过程。对于确实需要加载的数据，应尽可能选择 SAP HANA 提取模式进行数据抽取。如果源系统类型不支持这种模式，可以将原始数据保存在 Staging 类型的高级存储类型中，以确保在后续数据传输流程中可以根据场景需要，选择使用 ABAP 提取模式或 HANA 提取模式。这两种提取模式均可以使用公式、读取（从 ADSO 或主数据）或 AMDP，尽早过滤数据并仅加载用户需要的列、选择合适的数据包大小等细节也对性能提升有帮助。

其次，在设计数据流时，要考虑最佳的数据流程组合。例如，要进行滞销产品分析，有多种方案可供选择。

方案 1：将所有产品加载到目标 ADSO 中，并在转换中为未售出的产品添加标识。

方案 2：使用复合信息提供者来组合主数据和交易数据。有两种方法：外部连接和聚合。聚合比在连接中识别对应值更快。

方案 3：在 BW 查询中使用带有读取选项"主数据"的导航属性，然后仅针对查询中所需的指标进行组合。

以上三种方案中，方案 3 是最简单的。

在数据流开发过程中，应该从转换逻辑和 DTP 的参数设置角度考虑如何提升数据加载性能。在 SAP BW/4HAVA 中，开发人员会在许多地方使用代码，常用的有开始例程、转换例程、结束例程和专家例程。在讲代码优化之前，先介绍一下数据抽取过程中完整的数据流动路径，如图 4-39 所示。

（1）数据被分为 n 个包，每个包中有 m 条数据。

（2）如果转换中使用了专家例程，则按包（执行 n 次）执行专家例程中的逻辑，将数据更新到目标中。

（3）如果转换中没有使用专家例程，则按包（执行 n 次）执行开始例程中的逻辑，对数据包进行计算、修改或删除等操作，将操作结果放入 Source_package 中进行后续的转换步骤。开始例程中的结果按数据条目逐行执行（执行 n×m 次）转换例程中的逻辑（公式计算、赋值、字符处理等），再进入结束例程的逻辑处理。结束例程（执行 n 次）对完成了转换规则的数据进行再处理，最终将结果包中的数据更新到目标中。使用 ADSO 时，可以将 InfoObject 替换为 Field，避免检查 InfoObject 的主数据，从而加快加载过程。

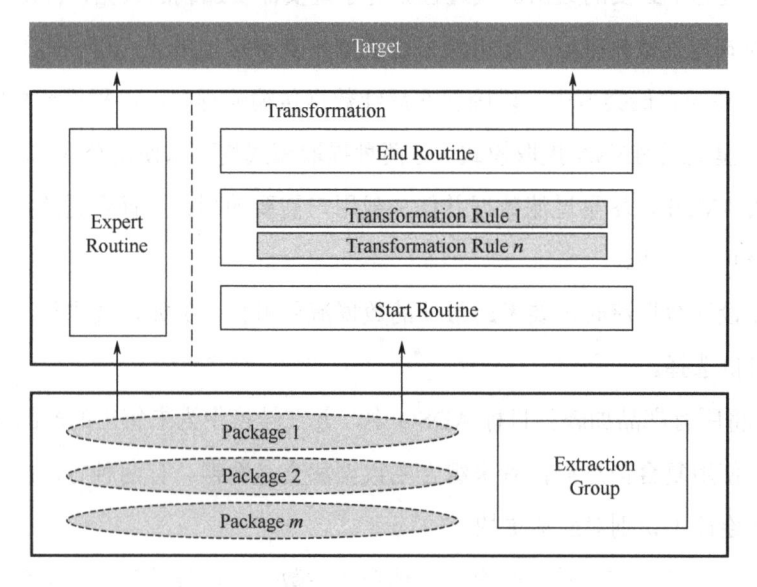

图 4-39 数据流动路径

从上述数据流动的过程中可以得知：开始例程和结束例程都是按包进行处理的，转换例程是按照数据条目执行的。所以在转换例程中尽量不要使用直接从后台表取数的语句，这样会消耗过多资源，导致效率低下，可以把这部分逻辑放在开始例程或结束例程中去处理。

4.5.1 转换中性能问题的高发区和解决方法

SAP 提供了 ABAP、AMDP 两种模式用于处理逻辑，要结合性能综合考虑逻辑的处理顺序，尽量将逻辑处理下沉，以便为多个目标重用数据。如果必须将数据转换为多个 DADA TARGETS，最好使用传输规则（一个转换），尽量保证数据共用，不要反复提取。如果需要对海量数据记录进行复杂的逻辑转换，使用 ABAP 例程来处理会更为合适。

在处理具体的逻辑时，要重点注意代码的优化。原则上，优化可以在编译的各个阶段进行，但最主要的一类是对中间代码进行优化，这类优化不依赖于具体的计算机。根据以往实施经验，本书总结了 12 个具有代表性的优化措施。

（1）在例程读取表数据时，避免使用 SELECT*语句。虽然使用 SELECT*语句比较方便，但在对大量数据进行处理时，一定要使用 SELECT FIELD1 FIELD2 INTO TABLE ITAB 句式，避免抓取无用数据，过多占用缓存空间，导致查询性能变差。

（2）尽量避免使用 SELECT…END SELECT 语句。这个语句会先在 SELECT 中将取得的每一行数据放入对应行结构中，之后再做处理。从表面上看，这样的处理似乎没有问题，因为结构本身就是为了方便处理数据的。但如果滥用此语句，会严重影响程序性能。在处理大量数据时，SELECT 和 END SELECT 之间会耗时很长，容易导致数据库端因为连接超时而断开。因为 SELECT…END SELECT 语句在整个过程中是保持数据库连接的，对数据库会造成很大的负担，所以在大数据量处理逻辑中，不能使用 SELECT…END SELECT 语句。

（3）避免在 LOOP 循环中嵌套 SELECT、LOOP、SORT、DELETE、APPEND 等语句。在 LOOP 循环中嵌套 SELECT 会多次访问数据库，造成性能问题，可以改为在 LOOP 循环外面使用 SELECT，里面使用 READ TABLE。同理，应尽量将 SORT、DELETE、APPEND 等放到 LOOP 循环外面处理。

（4）用 SORT 代替 ORDER BY。ORDER BY 命令是在数据库服务器上执行的，而 SORT 命令是在应用服务器上执行的。因此，与其在 SELECT 语句中使用 ORDER BY 命令，不如先将数据读取到内表中，然后使用 SORT 命令对结果排序，因为应用服务器的执行速度比数据库服务器快。

（5）避免使用 JOIN/INNER JOIN 进行超过 3 个表的多表连接。如果必须连接 3 个以上的表，正确的方法不是使用视图（View），而是使用 SELECT…INTO TABLE…FOR ALL ENTRIES IN 及 READ TABLE WITH KEY BINARY SEARCH。例如，要想提高读取 BSEG

表的性能，首先要根据 GJAHR 主键从 BKPF 表中抽取部分数据到内表 ITAB 中，然后使用 FOR ALL ENTRIES IN ITAB WHERE BSEG~BELNR = ITAB~BELNR 取得符合 ITAB 所有条件的 BSEG 数据。

（6）使用二分查找法（BINARY SEARCH）。二分查找法比线性查找法高效，首先对内表用 SORT TABLE BY XXX（检索关键字段）进行排序，然后使用 READ TABLE WITH KEY XXX='XXX' BINARY SEARCH。

（7）避免使用 SELECT DISTINCT 语句。在抽取数据到内表并排序后用 DELETE ADJACENT DUPLICATES 语句来消除重复行。如果对非索引字段使用 DISTINCT，效率会很低下。可以先导入内表，排序后再使用 DELETE ADJACENT DUPLICATES 去除重复行。

示例如下：

```
SORT <TABLE> BY <FIELD>  （按照给定字段对内表排序）
DELETE ADJACENT DUPLICATES FROM <TABLE> COMPARING < FIELD >（删除相邻行的重复数据，只保留相邻重复行的第一行数据）
```

（8）使用 FOR ALL ENTRIES 时要确保后面的内表不为空。在 ABAP 开发中，对于不能使用 JOIN 的聚集表或者需要使用 SELECT 的内表，用户通常使用 FOR ALL ENTRIES IN 语句将其与内表串联，以查询需要的数据。但在使用 FOR ALL ENTRIES 语句时，须先判断 FOR ALL ENTRIES IN 后面的内表是否为空。如果此内表为空，WHERE 条件中与内表中的字段进行比较的结果将全部为真，数据表记录将被全部写入内存，会极大地影响系统性能。使用 FOR ALL ENTRIES 时，除了要先检查作为条件的内表 ITAB 是否为空，还要检查 WHERE 条件在这个内表中是否有空值存在。

（9）尽量在 WHERE 语句后面多加筛选条件抽取数据，尽可能使用表的主键作为 WHERE 语句的条件选择字段。

示例如下：

```
SELECT * FROM BSEG
WHERE BUKRS = '1000'
AND BELNR = '0100000007'
AND GJAHR = '2006'
```

第 4 章 数据流处理

```
AND BUZEI = '003'.
```

示例中用于 WHERE 语句的条件选择字段 BUKRS、BELNR、GJAHR、BUZEI 都是 BSEG 表的 KEY 字段。

（10）读取哈希表比读取排序表和标准表更快。排序表可以使用二分查找法取得节点，其时间复杂度是 $O(logN)$，但是插入节点很慢，因为要移动很多节点。而哈希表基于哈希算法，其高效主要体现在可以大幅减少数据的存储和查找时间，时间复杂度几乎可以看成 $O(1)$。但其缺点是消耗的内存比较多。当前硬件技术越来越发达，用空间换时间的做法在某种程度上是可行的。使用哈希表必须注意键值的唯一性，如果键值出现重复，则不能使用哈希表，只能用排序表和标准表。

（11）确保在循环使用之前清除静态定义的变量、内表和对象。虽然 ABAP 具备垃圾处理机制，但它是在程序运行完成后实现的，所以在运行过程中需要手动清除无用的变量和内表和对象。

（12）避免在转换例程中使用硬断点。有些开发人员习惯在转换例程中使用硬断点来调试代码，但调试完毕后又经常忘记删除或添加注释。这会导致代码在执行时不断地往系统日志表中写入消息，特别是在 LOOP 循环中，会极大地影响系统性能。

4.5.2 DTP 性能优化

DTP 是一种数据批处理模式，改进批处理方法、减少整体运行时间是很有挑战性的一项工作。在创建 DTP 时，开发人员往往较少从性能优化方面去考虑相关影响因素。其实，减少运行时间并不复杂，把一些简单的方法结合使用，就可以有效减少运行时间。本书将相关方法总结如下。

1. 尽量在 DTP 中添加过滤，限制有效数据范围

BW 中限制有效数据范围有两种方法：一种是在开始例程中进行删除；另一种是在 DTP 中添加过滤，如图 4-40 所示。在 DTP 中添加过滤是在数据分包加载之前，在开始例程中进行删除是在数据分包之后。当所加载数据量不大时，两者在时效上没有太大的区别。而

随着数据量的增大，数据包数量相应增加，在开始例程中进行删除的劣势也逐渐凸显。

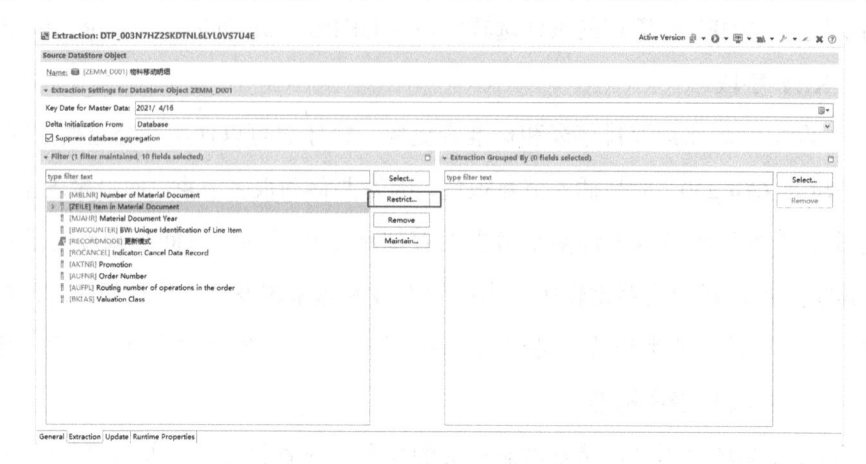

图 4-40　在 DTP 中添加过滤

当然，有些复杂的组合过滤在 DTP 中很难实现，这时就需要在开始例程中编写代码进行删除。在实际操作中，可根据具体业务场景灵活搭配这两种方法。

2．活用数据包大小

DTP 中的数据包大小指每次从源中获取的数据记录数。通常在一次提取中会形成 N 个设定大小的数据包，最后一个数据包的大小根据剩余数据量而定（小于或等于设定的大小）。各数据包中具体包含多少数据取决于以下几个因素。

（1）如果以增量模式逐个请求检索数据，则针对每个单独的请求重复此过程。这意味着对于每个请求，都有一个不是完整包大小的数据包。

（2）如果设置了语义分区，则将尽可能多的分区插入每个数据包中，直到超过数据包大小。如果分区标准选择不当，可能会导致数据包非常大或数据包非常小。

（3）实际的数据包大小也受转换例程的影响。例如，在数据提取过程中使用数据过滤器，那么数据包中的数据记录数会相应减少。由于数据包构建发生在处理单个数据包之前，因此使用数据过滤器能有效减少数据包中的数据，也可能发生实际数据包大小因例程中的逻辑而增大的情况。

不合适的数据包大小会增加运行时间，使用 HANA 提取模式时，数据包可能比使用 ABAP 提取模式时大得多。如果没有系统层面的具体建议，包含 1000000 条数据记录的数据包是一个不错的选择，这是数据记录的实际数量。如果在例程中会过滤掉 90%的数据记录，那么在设置数据包大小时应考虑这一点，适当增大数据包大小，如图 4-41 所示。

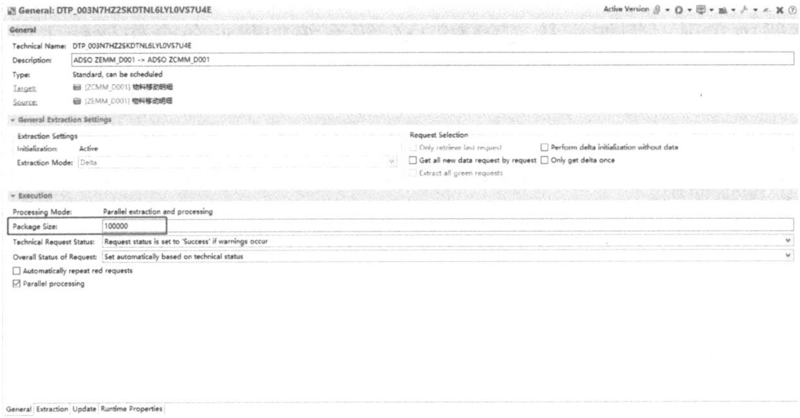

图 4-41　设置 DTP 数据包大小

3．DTP 分组提取

在 4.3.2 节已详细阐述过 DTP 分组提取，操作界面如图 4-42 所示。

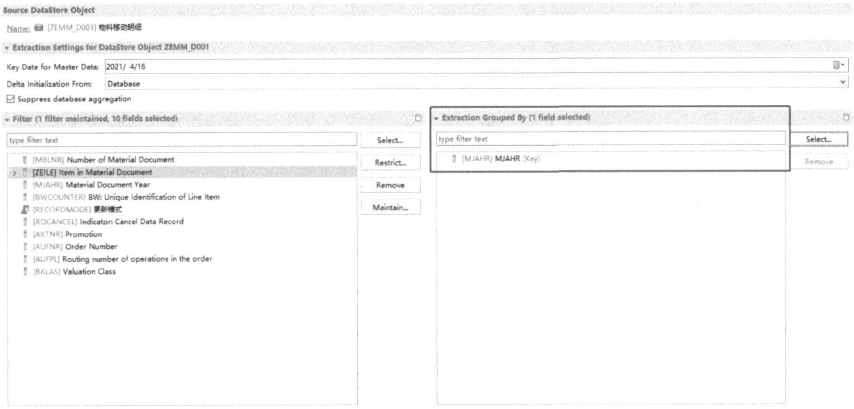

图 4-42　DTP 分组提取

4．增加并行作业的数量

DTP 中可以定义并行作业的数量及优先级，默认数量为 3，优先级为 C。如果系统的工作进程数有富余，可以增加作业数量及提高作业优先级。

并行处理的另一种方法是将来自源的数据拆分为更小的块，以避免数据全部加载，这可以在过滤器中实现。例如，从 CRM/SRM 等系统加载业务合作伙伴主数据，可根据 Source/Territory/Type 值的范围将全量数据拆分为块，然后并行提取。

虽然增加并行作业的数量、提高作业优先级可以提高运行速度，但需要注意系统资源的使用情况，谨慎使用。

第5章

数据抽取

项目组已完成各业务模块的需求调研及探源工作，确认了本项目数据来源业务系统的情况，主要涉及 S4 系统、CRM 系统、HR 系统、生产管理系统、手工数据等。由于本项目数据来源较多，并且包含实时报表展现需求，要用到的数据抽取方式几乎涵盖 SAP BW/4HANA 支持的所有类型。为了完成技术验证并输出项目详细设计文档，项目经理 Jackie 安排 BW 顾问 Ellen 在 BW Leader Joe 的指导下对项目可能用到的数据抽取方式进行研究和对比。

ETL（Extract-Transform-Load）开发是数据仓库建设中非常重要的组成部分，是指将数据从源系统抽取、转换、加载至目标系统的过程。数据抽取作为 ETL 流程的开端，往往也是商务智能项目数据仓库建设的第一步。本章着重为读者介绍 SAP BW/4HANA 中数据抽取的技术特点及实现方式。

5.1 进化中的 SAP ERP 抽取机制

在老版本的 BW 数据仓库中，由于 SAP ERP 源系统中的对象相对简单，开发人员通常使用 SAP 类型的源系统进行抽取。而在 SAP NetWeaver 7.3 SPS08 及更高版本中，由于 ERP 系统中的对象不再仅是传统的数据库表或视图，SAP 类型的源系统连接框架无法满足新的技术场景需求，开发人员改为使用 ODP 框架在 BW 数据仓库中创建 SAP ERP 相关的源系统。

ODP 的全称是 Operational Data Provisioning，即操作型数据供应，它是 SAP 的一种数据抽取和复制的框架，在 BW 数据仓库中主要用于 SAP 和 WebService 两种类型源系统的数据抽取。其中，SAP 类型源系统又包括 SAP Landscape Transformation Replication Server（SLT）、各类 SAP ERP 业务系统（SAP ERP Extractors）、其他 SAP BW 系统、SAP HANA View。为了适应 SAP 相关源系统中数据来源对象的升级和改变，在 SAP NetWeaver 7.4 SPS08、SAP NetWeaver 7.5 SPS02 及以上版本中，ODP 新增了 SAP ABAP CDS View 类型。在 SAP NetWeaver 7.5 SPS05 版本中，又新增了对 SAP ABAP CDS View 的增量抽取的支持。

总而言之，在 SAP BW/4HANA 数据仓库系统中，ODP 充当着使数据从各类 SAP ERP 系统流入数据仓库的数据中心角色。并且，ODP 框架中使用了被称为"订阅"的新连接概念，这使得 ODP 框架可以接收并向多个目标提供增量数据。在业务系统中，开发人员可以使用事务码 ODQMON 来监控系统中所有可用的队列、每个队列的状态、相关订阅的数量、相关请求的数量、订阅级别的详细信息、请求级别的详细信息及传输请求数据的单位。

SAP ERP 系统是本项目主要的数据来源，如何从 SAP ERP 系统中抽取数据呢？Ellen 对此尤为关心。在查阅 SAP 官方资料并向 Joe 等老顾问请教后，他总结出了 SAP BW/4HANA 从 SAP ERP 系统中抽取数据的主要方式，如图 5-1 所示。

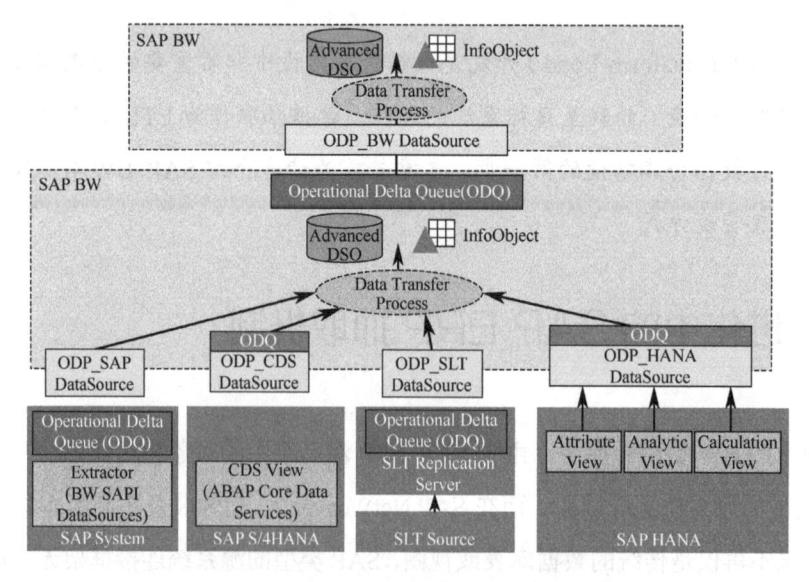

图 5-1 SAP ERP 系统数据抽取方式概览

5.1.1 ODP-SAP 提取器使用说明

ODP-SAP 提取器主要用来连接各类 SAP 业务系统,如 S4、CRM、SRM、HR 等。通过 ODP-SAP 提取器创建源系统,可以使用 SAP ERP 系统中预置的业务内容,获取各个业务主题的标准数据源,以实现数据的增量、全量抽取。也可以根据实际需求,创建自定义数据源,满足客户定制化的要求。

使用 ODP-SAP 提取器,首先需要基于 SAP ERP 系统创建一个源系统,可使用 SAP GUI 登录 BW 系统,使用事务码 RSA1 进入源系统管理界面,如图 5-2 所示。

图 5-2 使用事务码 RSA1 进入源系统管理界面

创建源系统的主要步骤如下。

(1) 填写需要连接的源系统的逻辑系统名称和源系统名称。这里以 "SAPERP" 为例,实际项目中为了区分多个源系统,通常会采用源系统的 "SID+CLIENT" 号,如 "DEVCLNT300"。

(2) 选择通信通道。一般选择 RFC 通信通道。

(3) 填写 RFC 描述、目标主机 IP 地址、实例号等信息,如图 5-3 所示。

(4) 在 "登录&安全" 页签中,填写源系统连接登录语言、集团、连接账号及密码等信息,填写完成后保存,如图 5-4 所示。

图 5-3 填写 RFC 相关信息

图 5-4 填写登录信息

(5) 进行连接测试, 检查 SAP BW/4HANA 系统与目标系统之间的网络连通性, 如图 5-5 所示。注意：此测试连接成功仅代表网络连通性正常, 与登录信息的配置无关。

图 5-5 进行连接测试

(6) RFC 连接配置完成后, 返回原来的界面, 配置用于 RFC 连接的 BW 后台用户信息并保存, 如图 5-6 所示。

图 5-6　配置 BW 后台用户信息

（7）更新已生成内容版本，单击"现在"按钮，系统将同步该源系统中的相关信息，如图 5-7 所示。至此，一个 ODP-SAP 源系统就创建完成了。

图 5-7　更新已生成内容版本

在创建及维护源系统时，通常会遇到以下问题。

（1）SAP BW/4HANA 系统与各类 SAP ERP 系统之间的网络不通。如果没有开通网络权限，将导致 BW 与 SAP ERP 系统之间的连接测试不通过。此时，应该向网络管理员寻求帮助。

（2）SAP 在 ERP 及 BW 系统中会预留后台连接账号，一般 ERP 系统中的连接账号是 ALEREMOTE，BW 系统中的连接账号是 BWREMOTE。配置源系统前，应向 BASIS 或其他系统管理员申请连接账号，确保得到的连接账号密码正确。若系统管理员无法提供 ALEREMOTE 及 BWREMOTE 账号，也可以新建一个"通信数据"类型的账号，但要保证账号具备 RFC 通信相关的权限。

（3）在第一次配置某个 SAP ERP 业务系统作为源系统并选用 RFC 通信通道时，会自动跳转到 RFC 配置界面，ERP 系统中也会根据填写的 BW 后台用户信息及密码自动生成一个目标为 SAP BW/4HANA 系统的 RFC 连接。但必须确保双向的 RFC 状态均是可用的。

（4）若后续 RFC 的配置信息，如 IP 地址、账号、密码发生变化，可分别在 SAP BW/4HANA 及 SAP ERP 业务系统中使用事务码 SM59，找到对应的 RFC 连接进行调整。

配置好 SAP ERP 源系统后，就可以创建数据源，抽取 SAP ERP 源系统中的数据了。SAP 针对企业常用的业务模块，预置了一套 BI Content，又称业务内容。这些业务内容涉及财务会计、管理会计、人事管理、后勤等核心业务模块，这些模块统称标准模块。人事管理模块又包含组织管理、人事发展、人事管理、薪酬管理、招聘等子主题，后勤模块又包含采购、销售、库存、发票校验、质量管理等子主题。

如果 BI 项目需要获取这些标准模块的数据，使用业务内容中的标准数据源将会十分简便。因为这些标准数据源通常包含需要得到的大多数字段，又具备完善的增量机制，可以节省大量的开发工作。

1. 非后勤数据源

对于非后勤数据源，此处以财务模块为例进行数据抽取过程说明。假设在项目中需要开发一套利润表，开发人员可以直接启用 SAP 业务内容中的标准数据源"0FI_GL_14"。从数据源启用到数据抽取的整个过程如下。

（1）在 SAP ERP 系统中，使用事务码 RSA5 进入"从业务目录中安装数据源"界面，在 SAP-R/3 目录中的 FI 子目录下找到"0FI_GL_14"数据源，选中并激活数据源，如图 5-8 所示。

图 5-8　激活业务目录中的数据源

（2）使用事务码 RSA6 检查数据源是否成功激活，成功激活的标准数据源可以在事务

第 5 章 数据抽取

码 RSA6 界面相应的子目录中找到，如图 5-9 所示。

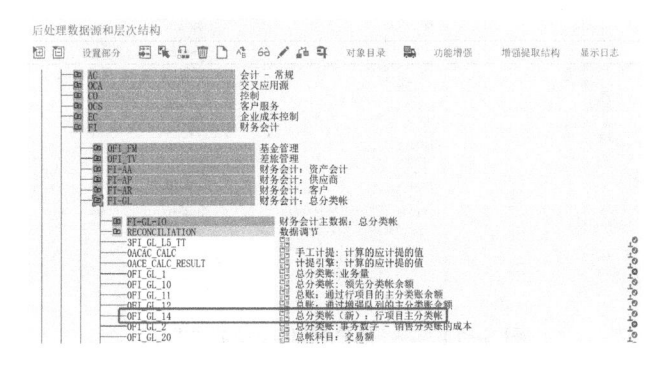

图 5-9 成功激活的数据源

（3）使用事务码 RSA3 对数据提取进行测试，如图 5-10 所示。

图 5-10 数据提取测试

（4）预览提取到的数据，单击界面下方的"ALV Grid"或"清单"按钮，即可预览从数据源提取到的数据。至此，数据源在 SAP ERP 系统中就安装成功了。

（5）通过 SAP GUI 登录 SAP BW/4HANA 系统，使用事务码 RSA1，打开"源系统"页签，选择创建好的 ODP-SAP 源系统，在右键快捷菜单中选择"复制数据源"，如图 5-11 所示。也可以使用 HANA Studio 登录 SAP BW/4HANA 系统，在数据源目录下找到该源系统，在右键快捷菜单中选择"Replicate"来复制数据源，如图 5-12 所示。

（6）在 SAP GUI 或 HANA Studio 中，选择需要的数据源进行复制，如图 5-13、图 5-14 所示。

图 5-11　在 SAP GUI 中复制数据源

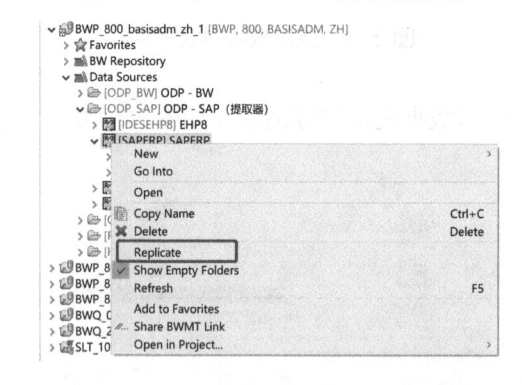

图 5-12　在 HANA Studio 中复制数据源

图 5-13　在 SAP GUI 中选择需要复制的数据源

第 5 章 数据抽取

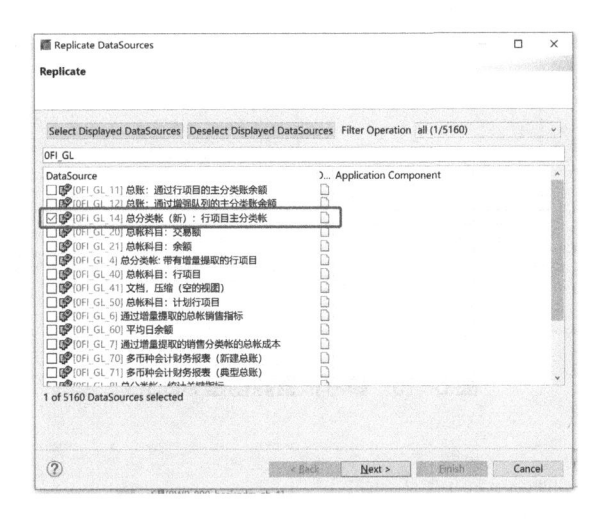

图 5-14　在 HANA Studio 中选择需要复制的数据源

（7）刷新相应的业务目录，找到上一步复制到 SAP BW/4HANA 中的数据源，单击左上方工作栏中的激活按钮，如图 5-15 所示。

图 5-15　激活复制到 SAP BW/4HANA 中的数据源

（8）在项目规范规定的信息范围内，参考数据源创建 ADSO 作为抽取层模型使用，如图 5-16 所示。根据实际情况设置模型主键，激活 ADSO，如图 5-17 所示。

图 5-16 参考数据源创建 ADSO

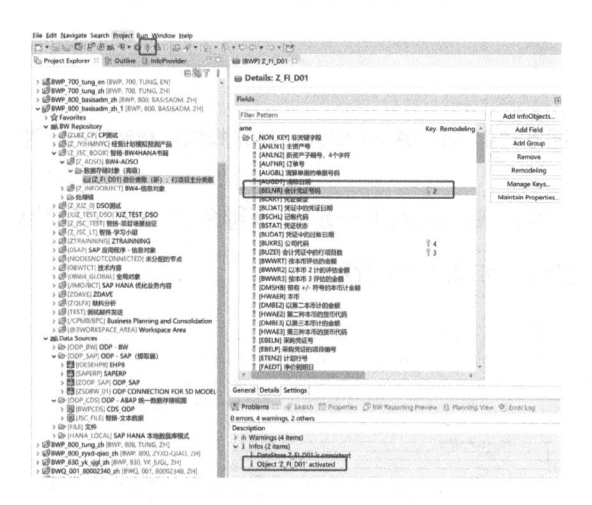

图 5-17 设置 ADSO 主键并激活

(9)创建标准数据源"0FI_GL_14"到抽取层 ADSO 的转换,如图 5-18 所示。分配转换规则并激活转换,如图 5-19 所示。

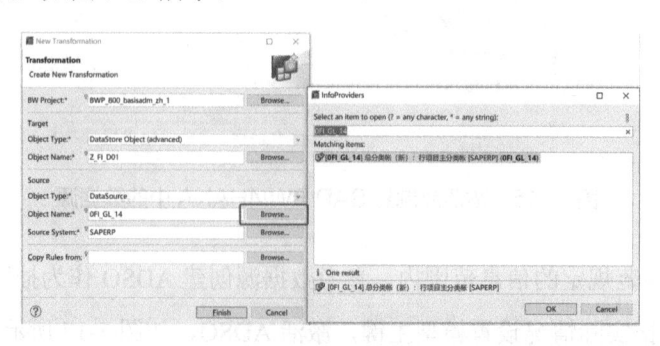

图 5-18 创建数据源到 ADSO 的转换

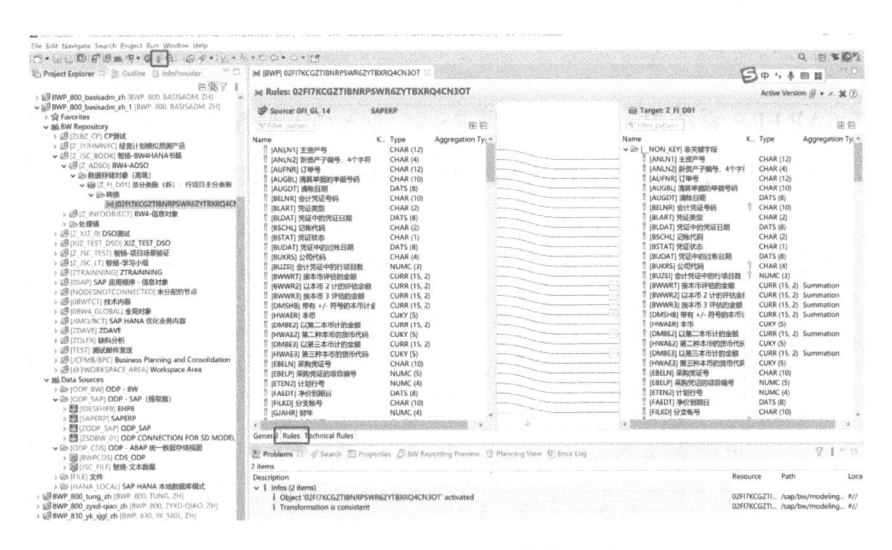

图 5-19　分配转换规则并激活转换

（10）创建 DTP，对 SAP ERP 系统中的数据进行抽取。

对于非后勤模块的数据初始化，需要创建两个 DTP，一个设置为全量，另一个设置为增量，按以下步骤进行。

（1）对增量 DTP 进行设置，勾选"无数据的增量初始化"选项。执行此 DTP 无法抽取到任何数据，但会在 SAP ERP 系统中订阅从这个 DTP 执行时间开始的增量。

（2）使用全量 DTP 对历史数据进行抽取，若该数据源在 SAP ERP 系统中数据量较大，考虑到 SAP BW/4HANA 及 SAP ERP 系统性能等因素，建议在 DTP 中增加过滤条件，常用的有凭证日期等，分多次将历史数据抽取到 SAP BW/4HANA 数据仓库中。

（3）修改增量 DTP，取消选中"无数据的增量初始化"选项，执行 DTP，即可抽取到从初始化到本次增量 DTP 执行时间范围内新增的数据。

2．后勤数据源

对于后勤数据源，此处以销售模块为例进行说明。假设项目中需要用到销售订单行项目级别的数据，那么可以安装 SAP ERP 系统中预置的数据源"2LIS_11_VAITM"，此数据源包含销售订单相关的主要表（如 VBAP、VBAK、VBKD、VBUK、VBUP 等表），可用于数据分析的绝大多数标准字段。启用后勤模块销售订单行标准数据源"2LIS_11_VAITM"

的主要步骤如下。

（1）在 SAP ERP 系统中，使用事务码 RSA5 进入"从业务目录中安装数据源"界面，在 SAP-R/3 目录的 SD 子目录下找到数据源"2LIS_11_VAITM"，选中并激活数据源，如图 5-20 所示。

图 5-20　激活后勤模块标准数据源

（2）使用事务码 LBWE 进入"LO 数据提取：定制主控室"界面，在"11：SD 销售 BW"目录下展开"提取结构"，找到"2LIS_11_VAITM"对应的提取结构，单击"维护"按钮来维护提取结构，如图 5-21 所示。除系统默认选择的字段之外，还可从"池"中选择需要的字段添加到提取结构中，如图 5-22 所示。

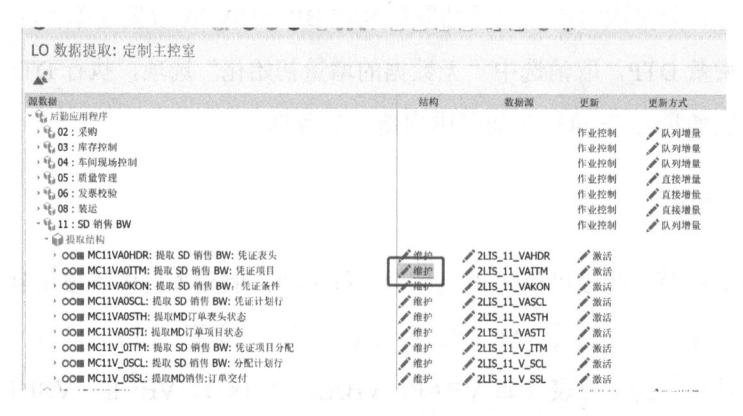

图 5-21　维护后勤数据源提取结构

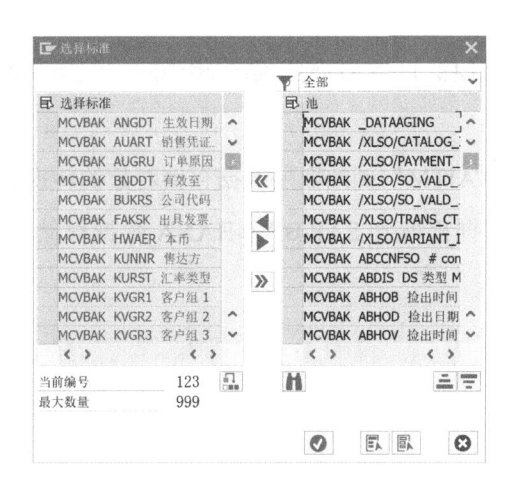

图 5-22　选择提取结构中的字段

（3）单击"数据源生成"，如图 5-23 所示，进入数据源维护界面。可以将维度字段设置为"选择"或"隐藏字段"，指标字段还可设置为"反冲"，根据需要勾选后保存，即可根据新的提取结构重新生成数据源，如图 5-24 所示。

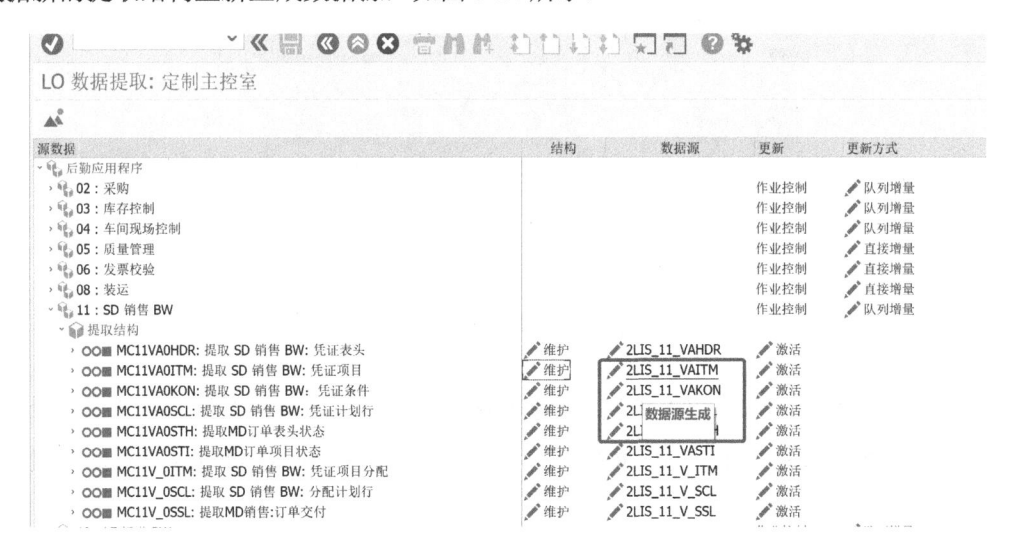

图 5-23　单击"数据源生成"

（4）进入 SAP BW/4HANA 系统，从 SAP ERP 源系统中复制并激活数据源"2LIS_11_VAITM"。

（5）创建与数据源"2LIS_11_VAITM"结构相当的抽取层数据存储对象，一般使用标准 ADSO。

（6）创建"2LIS_11_VAITM"到抽取层数据存储对象的转换并维护转换规则。

（7）创建 DTP，将数据提取到 SAP BW/4HANA 数据存储对象中，完成数据抽取的过程。

图 5-24 数据源维护界面

后勤模块数据源的数据初始化与非后勤模块有所不同，需要从 Setup 表（设置表）中提取数据。因此，使用全量 DTP 抽取后勤模块数据之前，需要对 Setup 表进行数据填充。填充 Setup 表的主要步骤如下。

（1）在 SAP ERP 系统中，使用事务码 LBWE 进入"LO 数据提取：定制主控室"界面，激活提取结构，如图 5-25 所示。只有激活提取结构，数据才能被写入 Setup 表和增量队列。

图 5-25　激活提取结构

（2）使用事务码 SBIW 进入删除填充管理界面，展开以下目录："数据传输到 SAP 业务信息仓库"→"用于特定应用程序数据源的设置（PI）"→"后勤"→"管理提取结构"→"初始化"，如图 5-26 所示。

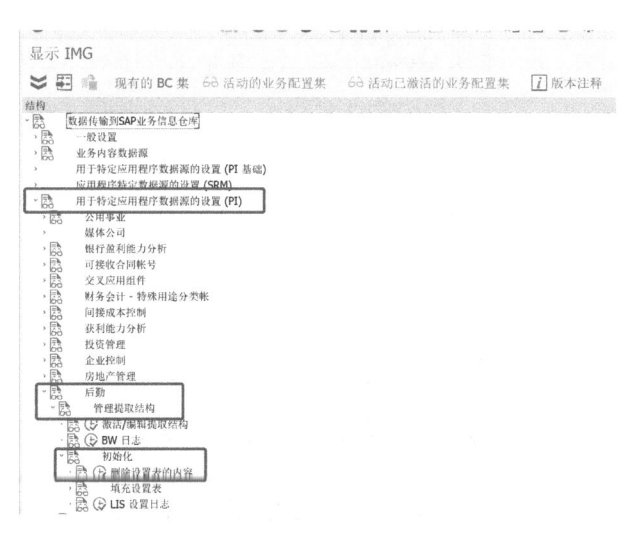

图 5-26　删除 Setup 表目录结构

（3）单击"删除设置表的内容"旁边的执行按钮，进入"设置数据删除"界面。选择需要删除 Setup 表数据的模块，如销售模块"11"，单击上方的执行按钮，即可删除销售模块所有标准数据源的 Setup 表数据，如图 5-27 所示。

图 5-27　选择需要删除 Setup 表数据的模块

（4）回到删除填充管理界面，在"初始化"目录下找到"填充设置表"，展开"统计数据的指定应用设置"，找到"SD 销售订单-重新构建"，单击其左侧的执行按钮，进入 Setup 表填充界面，如图 5-28 所示。

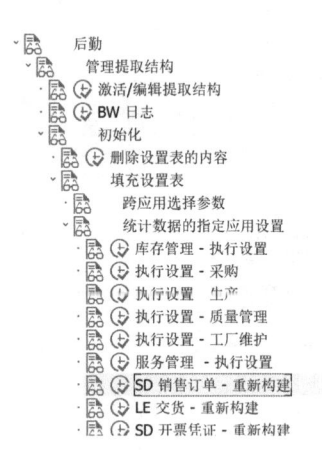

图 5-28　填充 Setup 表目录结构

（5）可根据需要，增加凭证数据限制，指定运行名称，设置一个晚于当前时间的终止日期及终止时间（建议预留足够长的终止时间，以防 Setup 表没有填充完整就被结束填充动作）。

（6）可单击左上角的执行按钮直接在前端执行。注意：执行过程中不要关闭 SAP GUI，以防数据未填充完成。如果数据量较大，执行时间较长，可选择菜单命令"程序"→"后台执行"，如图 5-29 所示。

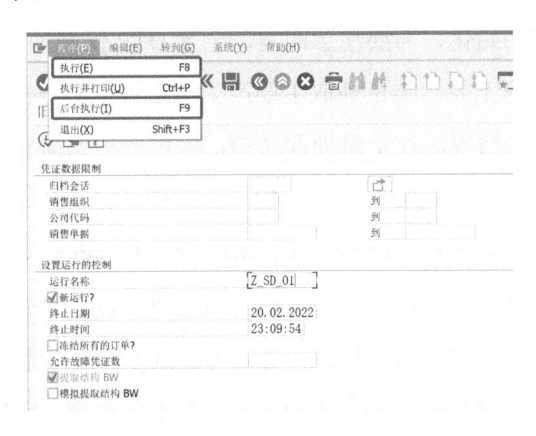

图 5-29　后台执行 Setup 表填充作业

（7）Setup 表填充完成后，可使用事务码 RSA3 对"2LIS_11_VAITM"进行提取测试。选择更新方式"F"（传输所有被请求的数据），若能提取到数据，则表示 Setup 表中已经被填充了数据；反之，若 Setup 表未被填充数据，则无法以该方式提取到任何数据，如图 5-30 所示。

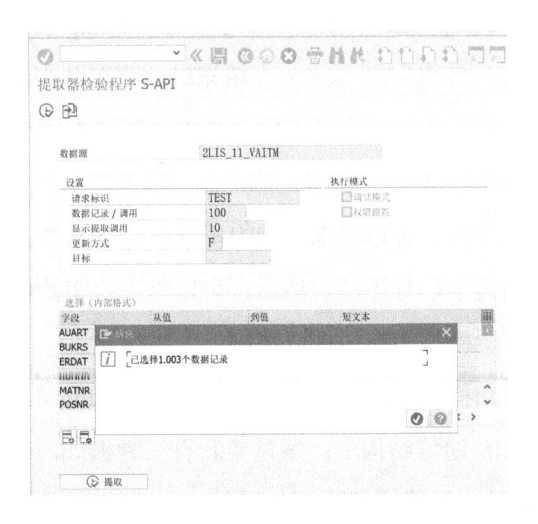

图 5-30　后勤模块数据源全量数据提取测试

（8）在 SAP BW/4HANA 系统中参考数据源"2LIS_11_VAITM"创建抽取层模型，然后创建数据源到抽取层模型的转换，再创建被设置为全量的 DTP，使用该 DTP 即可将 Setup 表中填充的数据抽取到 SAP BW/4HANA 模型中。

关于后勤模块数据初始化，需要注意的是，全量 DTP 仅能抽取到 Setup 表中填充的数据，与业务底表中的数据无关。全量抽取主要用于模型数据第一次进行初始化或后续出于某些原因需要补充数据的情况。在全量抽取之前，一定要根据需要填充 Setup 表。

填充 Setup 表是数据初始化的一项关键操作，应该谨慎进行。对于数据量非常大的情况，可能需要几个小时甚至更长的时间完成。考虑到填充 Setup 表可能对 SAP ERP 业务系统产生的各种影响，这个操作一般应在周末或者晚上业务发生量较小的时间段完成。

使用事务码 NPRT 可以打开填充日志，查看与 Setup 表填充相关的详细信息。

由于做完数据初始化抽取后，不再需要 Setup 表中的内容，所以做完数据初始化后可以删除它们。为了保证在下次填充 Setup 表之前表中的数据是可用的，也可以在每次填充之前进行删除 Setup 表的操作。值得一提的是，出于性能原因，删除 Setup 表的操作是跨客户端（Client）的，因此每次执行删除 Setup 表的操作，会将所有客户端的 Setup 表内容删除。

为了确保每次执行 Setup 表后，可以重置过滤条件等设置，需要为每个后台运行进程指定一个名称。如果填充 Setup 表的操作被中断了，这个 Setup 表在此时的状态会被存储在这个名称下。下次使用这个名称重启 Setup 表填充时，可以从中断处继续处理而无须从头完成整个填充过程。一旦运行成功，存储在内存中的中间状态将会被删除。

在执行某个主题的 Setup 表填充操作之前，需要确保该主题下至少有一个提取结构是被激活的，如果只是检查更新，可以勾选"模拟提取结构 BW"选项，在这种情况下，系统仅填充激活的提取结构而不运行更新。然后，可以单击"初始化"目录上方的"BW 日志"左侧的执行按钮，分析模拟填充的提取结构。

后勤模块数据源提取结构使用后勤信息系统（Logistics Information System，LIS）中的通信结构完成通信。在 LIS 通信结构中，增量更新有三种模式，分别是直接增量、队列增量、不连续的 V3 更新。这三种模式的原理如下。

（1）直接增量。使用这种模式时，用户在 SAP ERP 系统中进行操作后单击保存按钮，数据将被直接更新到 ODQ 中，传输顺序与创建数据的顺序一致。使用这种模式时，SAP ERP 系统负荷较大，特别是在业务量很大的情况下。如果数据没有成功同步到 ODQ 中，用户将无法保存当前编辑的单据。

（2）队列增量。使用这种模式时，用户单击保存按钮后，数据会先被更新到一个临时的额外提取结构中，然后通过定期作业将数据传输到 ODQ 中。使用这种模式，不需要在每个业务操作产生时检查 ODQ 与业务表的一致性，所以不影响业务用户的操作，SAP ERP 系统负荷较小，且传输顺序与创建数据的顺序也是一致的。

（3）不连续的 V3 更新。使用这种模式，数据将会按批次异步更新到 ODQ 中，即通过定期作业更新。这种模式不是通过用户的保存动作触发的，所以也不影响业务用户的操作，但传输顺序与数据创建的顺序是不一致的。这种模式对于 SAP BW/4HANA 系统中使用覆盖模式更新的模型是致命的，因此如果在 SAP BW/4HANA 系统中使用标准 ADSO 进行建模，则不建议使用这种模式获取增量数据。

对比上述三种增量更新模式，考虑到对业务系统及 BW 模型数据更新的影响，如果没有特殊要求，一般选用队列增量模式来更新 ODQ。选定队列增量模式后，在 SAP ERP 系统中使用事务码 LBWE 进入"LO 数据提取：定制主控室"界面，选择需要更新 ODQ 的模块，单击"作业控制"，即可按需求设置将新增的业务数据更新到 ODQ 中的作业开始条件，可以选择立刻开始，也可以选择按周期自动执行或由其他作业/事件触发。选定开始条件及打印参数后，单击"调度工作"即可开始，也可以在"工作概览"中查看各模块增量队列更新作业的执行情况，如图 5-31 所示。

设置完增量队列的更新作业，就可以在 SAP BW/4HANA 系统中订阅并抽取增量数据了，主要步骤如下。

（1）创建一个 DTP，勾选"无数据的增量初始化"选项，执行成功后激活请求，即可订阅增量。

（2）取消勾选"无数据的增量初始化"选项，再次执行此 DTP，即可提取到从订阅增量开始到本次增量提取时间范围内新增的数据。

（3）根据业务模型要求的更新频率，将增量 DTP 添加到处理链中按周期执行，即可实现后勤模块模型的增量更新。

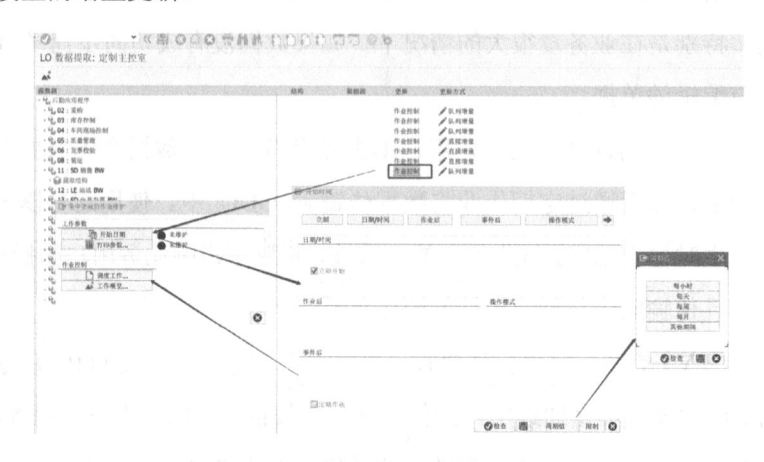

图 5-31　增量队列作业调度设置

需要注意的是，选用队列增量模式更新增量数据，SAP BW/4HANA 数据仓库中是否能够获取到要求时间段内的增量数据，与 SAP ERP 业务系统中将数据更新到 ODQ 中的作业相关。需要合理安排 SAP ERP 业务系统中的作业与 SAP BW/4HANA 中处理链调度的时间。

对于 SAP S4 源系统，使用事务码 RSA5 激活数据源时，会出现某些数据源存在问题无法激活，且无法使用 ODP 提取器将其复制到 SAP BW/4HANA 中的情况。对于此类问题，可以在 SAP S4 源系统中使用事务码 SE38，执行程序"BS_ANLY_DS_RELEASE_ODP"解决。如果数据源不在此程序范围内，也可以复制程序代码，创建自定义程序，将需要修复的数据源技术名称添加到程序中来解决此问题。

3．一般数据源

了解了标准数据源，相信大家已经能够通过 SAP 预置的标准数据源将 SAP ERP 系统中大部分标准表的数据抽取到 SAP BW/4HANA 中。那么，针对那些 SAP ERP 中自定义的表或者标准数据源没有覆盖到的标准表，要如何抽取数据呢？

针对这种数据抽取场景，一般使用自定义数据源。在 SAP ERP 中创建自定义数据源的主要步骤如下。

第 5 章　数据抽取

（1）使用事务码 RSO2 进入"维护一般数据源"界面，可以看到数据源分为三种，分别是事务数据、主数据属性、文本。根据数据源选择将要提取的数据类型，按照项目中的数据仓库开发规范填写技术名称，如图 5-32 所示。

图 5-32　"维护一般数据源"界面

（2）单击"创建"按钮后进入数据源创建界面，在"应用组件"输入框内选择自定义数据源存放的目录，如果开发人员需要基于一张销售模块的业务数据表创建数据源，那么此处就可以选择 SAP→SAP-R/3→SD 目录，以便统一管理相同业务模块的数据源。

（3）根据将要抽取的业务数据表的业务含义，填写数据源文本（描述）。

（4）在"视图/表"输入框中选择或直接填写需要抽取的视图/表的技术名称，如图 5-33 所示。

图 5-33　一般数据源基本配置信息

（5）保存设置后进入数据源维护界面，在这里可以对表中的字段进行选择、隐藏等设置。

（6）设置完成后再次保存，一个自定义数据源就创建完成了。

（7）使用事务码 RSA3 同样可以对自定义数据源进行提取测试、数据预览。

以上是基于 SAP ERP 中的数据库表或视图创建一般数据源的步骤，如果表或视图无法满足需求，还可以选择 Function Module 来创建一般数据源。

创建好自定义数据源，就能在 SAP BW/4HANA 中复制并使用了。自定义数据源的数据初始化与前面提到的非后勤数据源的数据初始化方法相同，此处不再赘述。

一般数据源创建及修改的注意事项有以下几点。

（1）自定义数据源一般可以基于表或视图创建，如果有一些简单的表关联需求，或者对于字段非常多的表只需要抽取部分字段数据，可以先使用 SE11 创建一个视图，再基于自定义视图创建数据源。需要注意的是，创建视图时必须选择数据库视图类型，并且表中的所有主键字段都需要被设为视图字段，否则一些字段将会发生重叠，部分数据将不会被抽取到 SAP BW/4HANA 中。

（2）维护数据源时，勾选了"选择"的字段将在 SAP BW/4HANA 抽取时进行过滤，勾选了"隐藏字段"的字段将不会被抽取到 SAP BW/4HANA 中，如图 5-34 所示。

图 5-34　数据源维护界面

（3）对于已经存在的数据源，如果底层表或视图中增加了新的字段，在 SAP ERP 系统中会为新的字段自动勾选"隐藏字段"。在这种情况下，需要进入数据源维护界面手动取消勾选"隐藏字段"，否则新增的字段无法在 SAP BW/4HANA 中被抽取。修改相关配置后，需要在 SAP BW/4HANA 中重新复制发生变化的数据源。

完成了一般数据源的数据初始化，用户会发现：基于自己创建的自定义数据源无法创建增量模式的 DTP。这也就意味着每次抽取数据仅能抽取 SAP ERP 系统对应业务表中所有的数据或对某些维度进行过滤抽取，而无法像 SAP ERP 业务内容中预置的大多数据源一样实现增量抽取。

想要实现一般数据源的增量数据抽取，可以使用事务码 ROS2 修改此数据源，启用"一般增量"。但在此之前，需要确认一个特定的增量字段。这个特定的增量字段的类型可以是时间戳、日历天和数字指针，它必须是随时间单调增加的。每次进行增量数据抽取时，可以将后续累积的数据中该字段的值与上次加载期间传输的最大值进行比较，以确定增量数据且仅传输这些新增的数据。在"一般增量"中指定了这样一个特定的增量字段，就可以在 SAP BW/4HANA 中基于这个一般数据源进行增量数据抽取。

为了确定增量数据范围，"一般增量"的管理模式将数据更新转化为"选择标准"的形式。所谓"选择标准"，就是基于选定的增量字段进行数据筛选，仅将满足这个"选择标准"的数据作为增量数据传输到 SAP BW/4HANA 中。这个"选择标准"由下限和上限组成，下限由上次数据抽取确认，上限由当前的数据抽取确认。以时间戳为例，下限就是上次进行增量抽取（或增量初始化）的时间，上限就是当前执行数据抽取的时间。仅在这个由下限和上限确定的时间段内的新增数据才会被抽取到 SAP BW/4HANA 中，如图 5-35 所示。

4．安全间隔

假如选择数据库表中的一个凭证修改时间的时间戳字段作为增量字段，上次抽取数据时读取的时间戳是 15:00:00，下次增量抽取在 16:00:00 开始，那么"选择标准"抽取的数据是凭证创建时间在这一天的 15:00:00 与 16:00:00 之间新增或变更的记录，并在抽取结束时将下次增量抽取的下限设置为 16:00:00。如果有一条凭证在当天 15:55:00 被创建，并在

16:10:00 保存，那么它不会被包含在本次抽取的数据范围内，由于其时间戳早于 16:00:00，因此也不会在下次增量中被抽取。

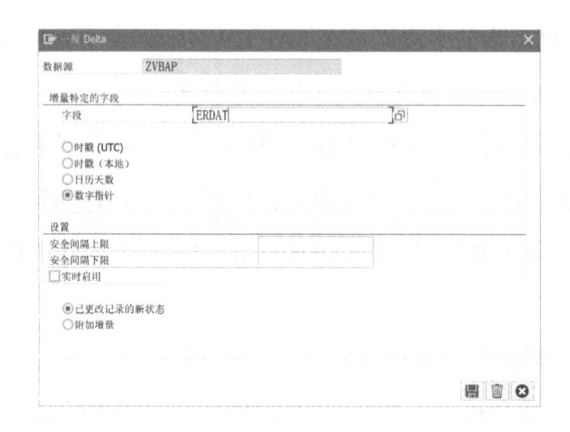

图 5-35　一般增量维护界面

出于上述原因，需要设置数据抽取的安全间隔上限，对于时间戳类型的增量字段，需要保证读取和传输数据之间的安全间隔大于此数据源底层业务表创建记录所需的最大时间范围，而针对如序列号之类的数字指针类型的增量字段，则应预留足够大的数据间隔。

与安全间隔上限出于 SAP ERP 系统操作的实际情况考虑不同，安全间隔下限更多的是基于业务和技术的考虑，以确保所有的业务变化都能被考虑到。安全间隔下限字段中填写的值，将会被上次增量提取的最大值减去，以得到本次数据抽取的下限。

以凭证创建时间作为增量字段为例，假如业务用户对近一天创建的凭证信息进行修改，而数据仓库只根据创建时间抽取增量数据，那么 SAP ERP 系统中发生变化的凭证信息将无法被抽取到 SAP BW/4HANA 中。如果设置安全间隔下限，如 86400 秒，那么每次进行增量抽取时，将会重复抽取间隔下限之前 86400 秒（也就是一天）内的所有凭证信息，所有的变化都能被抽取到 SAP BW/4HANA 中。

使用安全间隔上下限需要谨慎，注意事项如下。

（1）安全间隔上下限中填写的值，其单位与增量字段一致。例如，时间戳以秒为单位，日历以天为单位。

（2）安全间隔上下限中填写的值可以是负数。可以这样理解，实际抽取的间隔范围是原本的上下限减去这个值，所以填写正数时间隔往前扩充，填写负数时间隔往后扩充。也可以将这个值理解为对实际抽取数据范围的偏移。

（3）安全间隔下限的值一般用来对某个范围内的数据进行重复提取以获取变化，因此需要确保 SAP BW/4HANA 模型中的指标采用覆盖模式，这样多次传输的记录才不会对数据产生影响。

（4）安全间隔上下限一定要设置得足够大，以确保不会有数据被遗漏或变化没有被抽取。在保证数据抽取完整性的前提下，又要合理控制增量抽取的数据量，以减小 SAP ERP 系统及 SAP BW/4HANA 的压力和资源消耗。

5．数据源增强

前面详细介绍了使用 SAP 预置的标准数据源及自定义数据源抽取数据的步骤。如果在标准数据源中预留的字段无法满足所有的分析需求，那么如何在部分数据源中额外增加一些字段呢？此时就需要用到数据源增强的功能，下面将详细介绍在 SAP BW/4HANA 中如何实现数据源增强。

实现数据源增强一般有如下几个步骤。

（1）增强提取结构。在 SAP ERP 系统中使用事务码 RSA6 进入"后处理数据源和层次结构"界面，在对应目录下找到需要增强的数据源，选中并单击"增强提取结构"。

（2）为增强的提取结构命名，创建一个追加的提取结构，并在追加的提取结构中定义数据源所需的字段。

（3）编写增强出口函数以调用数据源所需的相关源数据。

（4）在 SAP BW/4HANA 中复制数据源。

（5）重新对增强后的数据源进行数据初始化及增量抽取。

为了能抽取到这些额外字段的数据，必须为提取结构中新增的字段定义函数增强，在较早版本的 SAP ERP 系统中，一般使用客户出口来定义。

CMOD 是 SAP 提供的第二代增强方式。使用 CMOD 来定义增强，必须创建一个项目，将一个或多个增强功能集成到此项目中。需要注意的是，一个增强功能不能同时用于两个项目。SAP 提供了标准的增强函数 RSAP0001，增强函数 RSAP0001 包含四种不同的增强组件，这些组件中包含用于填充提取结构的代码，这些组件如下所示。

（1）EXIT_SAPLRSAP_001：增强业务数据源。

（2）EXIT_SAPLRSAP_002：增强主数据属性数据源。

（3）EXIT_SAPLRSAP_003：增强主数据文本数据源。

（4）EXIT_SAPLRSAP_004：增强层次结构数据源。

从 SAP ECC 系统 6.0 版本以后，使用 BADI 代替客户出口 CMOD 来实现增强。在 SAP ERP 中创建 BADI 的步骤如下。

（1）在 SAP ERP 中使用事务码 SE19，进入业务加载项构建器实施的初始界面，选择典型业务加载项，输入 BADI 名称"RSU5_SAPI_BADI"，确认创建。

（2）根据项目实施规范，指定一个以 Z 开头的实施名称。

（3）在实施短文本输入框内，输入实施的描述。

（4）转到"接口"页签，可以看到有两种方法，分别是 DATA_TRANSFORM（数据转换）和 HIER_TRANSFORM（层次转换）。

（5）双击"DATA_TRANSFORM"，选择"是"并保存 BADI。此时会进入类编辑器界面。

（6）在"Method"下插入行，输入代码后激活，然后选择所有对象。

（7）返回并激活 BADI 实施，此时运行时行为将会显示"将调用实施"。

无论是 CMOD 还是 BADI，增强代码的本质都是通过标准变量 I_datasource 判断数据源名称，再对内表 C_T_DATA 的内容进行处理，如图 5-36 所示。

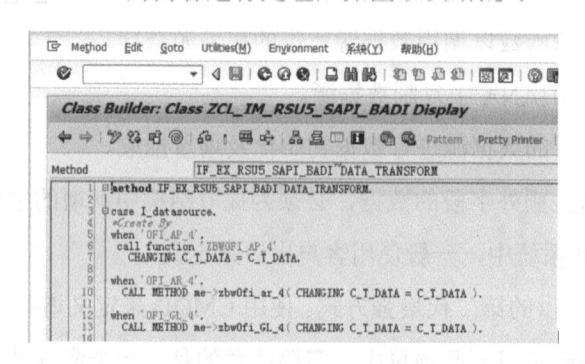

图 5-36 增强代码示例

处理内表 C_T_DATA 内容的源代码如图 5-37 所示。

```
METHOD M_OFI_AR_4.

  TYPES: BEGIN OF IT_VBRK,
           V_VBELN TYPE VBELN_VF,
           V_VKORG TYPE VKORG,
           V_VTWEG TYPE VTWEG,
           V_SPART TYPE SPART,
         END OF IT_VBRK.

  DATA: ZBW_VBRK TYPE STANDARD TABLE OF IT_VBRK,
        L_T_DATA TYPE STANDARD TABLE OF DTFIAR_3,
        WA_VBRK  TYPE IT_VBRK.

  IF NOT L_T_DATA IS INITIAL.

    SELECT VBELN VKORG VTWEG SPART
      FROM VBRK INTO TABLE ZBW_VBRK
      FOR ALL ENTRIES IN L_T_DATA   WHERE VBELN = L_T_DATA-BELNR.

    SORT ZBW_VBRK BY V_VBELN.
    CLEAR WA_VBRK.

    LOOP AT L_T_DATA ASSIGNING <L_S_DATA>.

      READ TABLE ZBW_VBRK INTO WA_VBRK WITH KEY V_VBELN = <L_S_DATA>-BELNR BINARY SEARCH.

      IF SY-SUBRC = 0.

        <L_S_DATA>-ZZVKORG = WA_VBRK-V_VKORG.
        <L_S_DATA>-ZZVTWEG = WA_VBRK-V_VTWEG.        <L_S_DATA>-ZZSPART = WA_VBRK-V_SPART .
      ENDIF.

    ENDLOOP.     ENDIF.
    C_T_DATA[] = L_T_DATA[].

    REFRESH: L_T_DATA,        ZBW_VBRK.

ENDMETHOD.
```

图 5-37　处理内表 C_T_DATA 内容的源代码

6．分析 ODP-SAP 提取器的增量队列（ODQ）

ODQ 即可操作的增量队列，是一种能让多个订阅者从提供者的一组队列中复制数据的框架。增量队列可以充当数据更改或数据快照的数据存储。

基于 ODQ 有两种不同的数据请求方式。订阅者可以请求数据快照的数据，即全量请求或一次性请求。几乎所有 BW 数据源都支持这种方式，不需要订阅。除此之外，订阅者还可以请求更改的数据，即增量请求。这种数据请求需要先创建订阅（增量初始化），且通常需要传输初始数据。这种方式只有部分 BW 数据源支持，它们可以通过应用程序将数据推送到 ODQ 中，也可以由 ODQ 通过提取器将数据拉入其中。

在 SAP ERP 源系统中，可以使用事务码 ODQMON 来监控 ODQ。在"提供者"下拉列表框中选择"BW DataSource"，在"请求选择"下拉列表框中设置请求类型，如图 5-38、图 5-39 所示。双击"订阅"列，即可显示 ODQ 订阅者信息，如图 5-40 所示。双击"请求"列，可显示 ODQ 订阅者请求信息，如图 5-41 所示。再双击某个具体请求的"单元"列，可向下搜索到数据单元，查看请求的行数、大小、压缩率等信息。单击"行"，还可看到每一行的明细数据，如图 5-42 所示。

图 5-38　增量队列监控器界面

图 5-39　设置请求类型

图 5-40　ODQ 订阅者信息

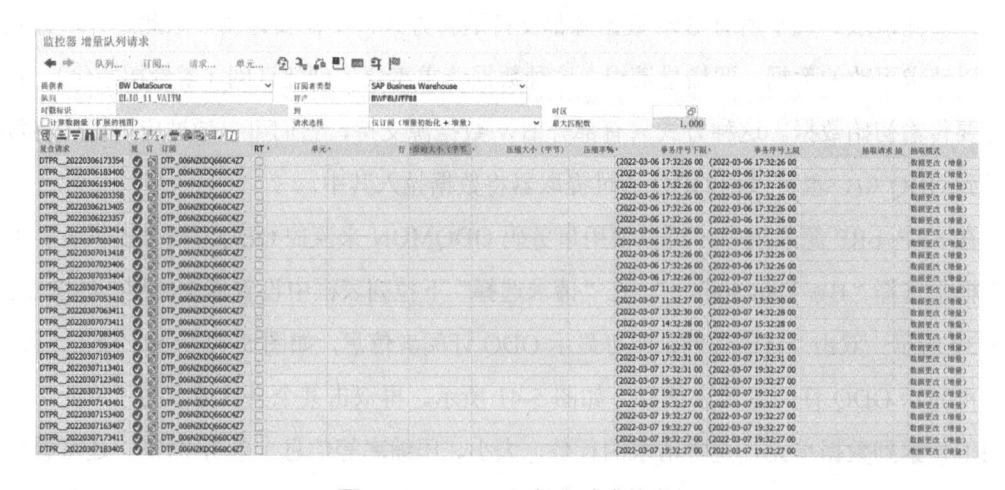

图 5-41　ODQ 订阅者请求信息

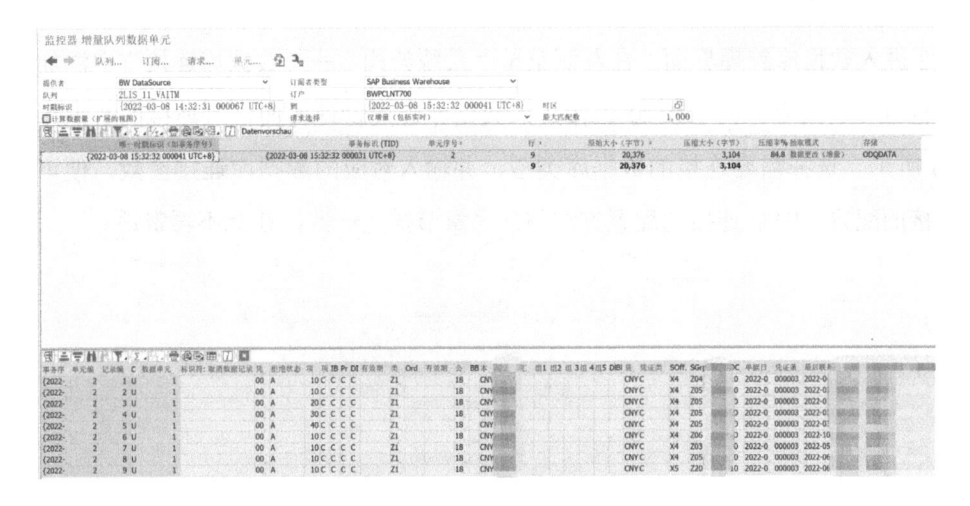

图 5-42　ODQ 订阅请求详细信息

5.1.2　ODP-SLT 队列使用说明

前面介绍了基于各类 SAP ERP 业务系统的数据抽取方式，本节将介绍另一种基于 ODP 框架的数据抽取方式——ODP-SLT。SAP SLT 服务器可以为 ODP 框架提供 SAP 源系统和非 SAP 源系统的表作为增量队列（ODQ）。来自 ODQ 的数据可以被 SAP BW/4HANA 订阅并抽取，一个用户可以有多个订阅，一个队列也可以位于同一订阅服务器的多个订阅中。

在 SLT 服务器中，使用基于触发器的方式将数据从源系统传递到目标系统中，一旦数据库表发生变化，变化的内容就会被记录到 ODQ 中。因此，无须像前面提到的那样给每个需要抽取的表确定增量字段。

总而言之，ODP-SLT 主要用于解决无增量字段的增量数据抽取及实时数据同步的问题。在 SAP BW/4HANA 中，ODP-SLT 有两种使用方式。

（1）将 DTP 加入处理链中，按计划调度处理链，周期性地将增量数据抽取到 ADSO 中。

（2）使用流式处理链将数据实时抽取到 SAP BW/4HANA 的 ADSO 中。

在使用 SLT 进行数据同步之前，首先需要建立源系统和目标系统的连接，SAP 系统一般使用 RFC 连接，其他系统一般使用 DB 连接。需要注意的是，如果使用 DB 连接的方式连接源系统或目标系统，一般需要 BASIS 安装相应的驱动。安装好驱动后，可以使用事务码 DB02 进入数据库管理界面，在左侧菜单"系统架构"→"数据库连接"中添加数据库连接；也可以使用事务码 DBCO 直接进入数据库连接管理界面，可连接的数据库类型如图 5-43 所示。选择需要连接的数据库类型，并输入对应的数据库连接参数，便可完成数据库连接的配置。RFC 连接的配置方法与前面章节描述一致，在此不再赘述。

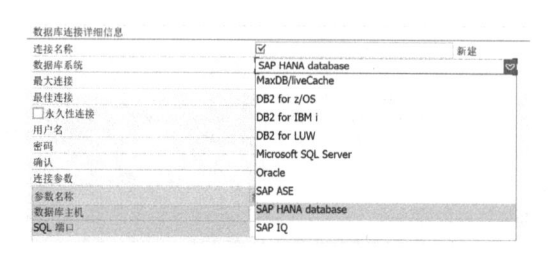

图 5-43 可连接的数据库类型

完成源系统与目标系统的连接配置后，就可以在 SLT 服务器上进行数据同步配置了。此处以同步一个 Oracle 数据库的数据到 SAP BW/4HANA 的配置为例，其主要步骤如下。

（1）新建配置。通过 LTRC 进入配置界面，单击新建按钮。

（2）命名配置。填写描述，完成后进入下一步。

（3）配置源系统。选择"DB Connection"并选择前面配置好的 DB 连接，如图 5-44 所示。完成后进入下一步。

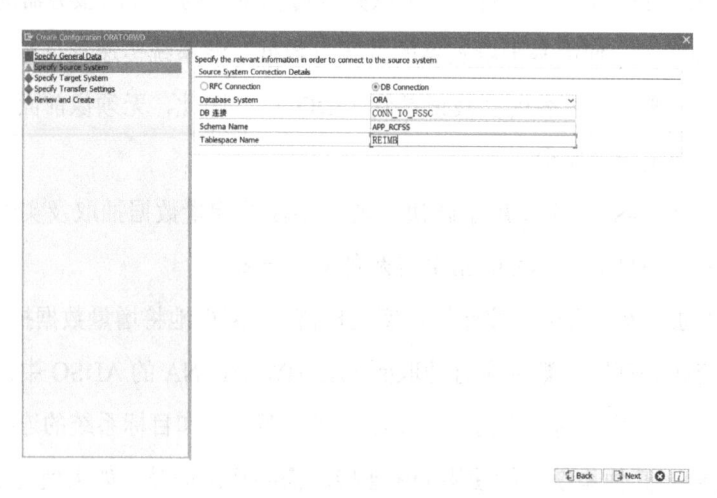

图 5-44 源系统配置界面

（4）配置目标系统。选择"RFC Connection"，选择"ODQ"，配置六位序列号，如图 5-45 所示。完成后进入下一步。

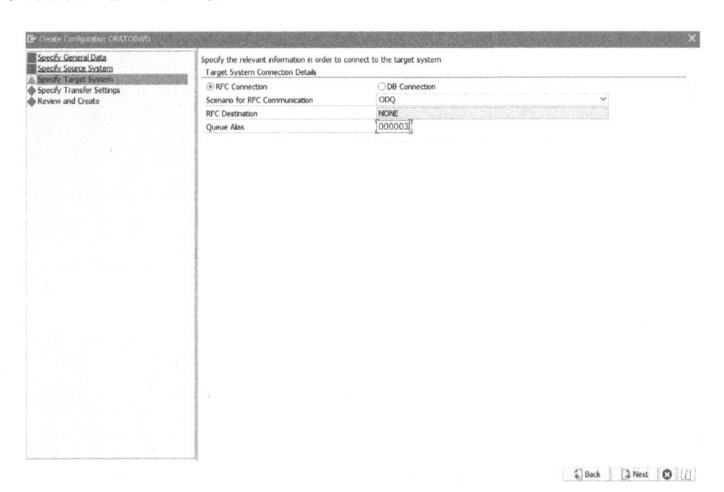

图 5-45　目标系统配置界面

（5）配置连接参数。配置 Job 数量，如图 5-46 所示。完成后进入下一步。

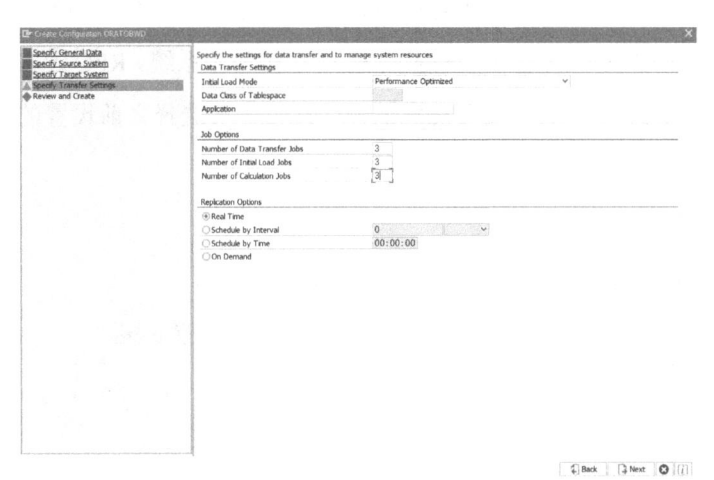

图 5-46　连接参数配置界面

（6）检查配置，确认无误后单击创建按钮，如图 5-47 所示。配置完成后，可在主控室界面中查看状态。

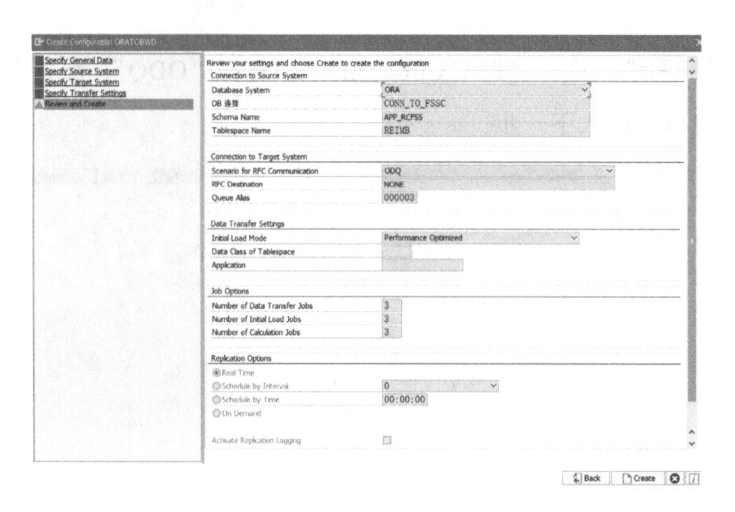

图 5-47 配置检查及创建界面

在 SLT 环境中配置好同步作业后,就可以在 SAP BW/4HANA 中基于 SLT 同步作业创建源系统和数据源进行数据抽取了。主要配置步骤如下。

(1)在 SAP BW/4HANA 中创建 SLT 的 RFC 连接,基于 ODP-SLT 创建的源系统与 SLT 中的数据同步队列是一一对应的,所以每在 SLT 中新建一个不同的数据同步队列,都需要在 SAP BW/4HANA 中新建一个相应的 RFC 连接和源系统。RFC 连接和源系统的创建步骤与前面章节所述基本一致,需要注意的是,此处需要选择之前设置的六位序列号,如图 5-48 所示。

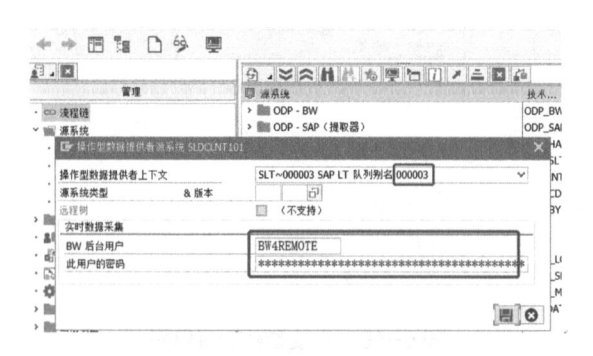

图 5-48 创建基于 SLT 队列的源系统

(2)创建好源系统后,就可以在 HANA Studio 中创建数据源了,如图 5-49 所示。

图 5-49 创建数据源

（3）选择默认选项"Proposal from Operational Data Provider"，进入下一步。

（4）输入或选择需要同步的表名，进入下一步。

（5）输入数据源相关信息，完成数据源创建。

（6）接下来就可以像普通的数据源一样进行数据抽取了。

5.1.3 ABAP CDS View 使用说明

CDS 即核心数据服务，是一套属于 SAP HANA 的架构，它增强了 SQL 的功能，允许在 SAP HANA 应用程序中本地定义和使用语义丰富的数据模型（Semantically Rich Data Models），从而提高生产效率、可消费性、性能和互操作性。

ABAP CDS View 支持 90%以上的 SQL 功能，并且将计算逻辑下沉到底层 HANA 数据库中，是 SAP S/4HANA 嵌入式分析的核心。因此，在 SAP ERP 发展到 SAP S/4HANA 版本后，为了尽可能获取数据库操作的最优性能，越来越多的项目开始使用 ABAP CDS View 进行开发。

假如在 SAP BW/4HANA 项目中，需要用到的数据源是 SAP ERP 中的 ABAP CDS View，那么在这种情况下不必去分析 ABAP CDS View 中的底层表与逻辑，而是可以直接基于 ABAP CDS View 创建 ODP 数据源进行数据抽取。

基于 ABAP CDS View 抽取数据到 SAP BW/4HANA 中的主要步骤如下。

（1）首先需要创建一个 SAP BW/4HANA 到源系统的 RFC 连接，然后基于 RFC 连接创建 ABAP_CDS 类型的 ODP 源系统，如图 5-50 所示。

图 5-50　创建 ABAP_CDS 类型的 ODP 源系统

（2）在源系统中创建数据源，如图 5-51 所示。

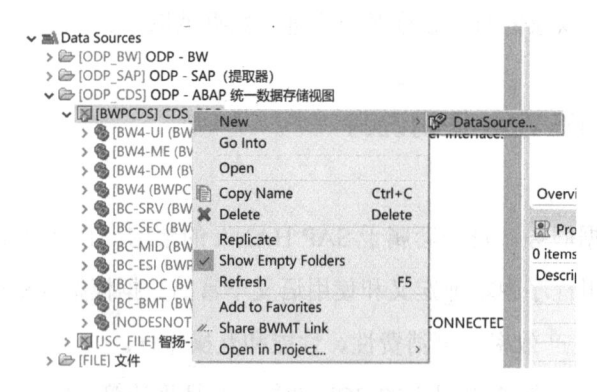

图 5-51　创建数据源

（3）选择源系统，进入下一步。

（4）选择"Proposal from Operational Data Provider"，进入下一步。

（5）输入或选择需要抽取数据的 ABAP CDS View 对应的 SQL View 名称，进入下一步，如图 5-52 所示。

（6）输入数据源技术名称、描述，选择数据源类型，单击完成按钮，即可完成数据源的创建。

（7）创建与数据源结构相同的抽取层 ADSO，并创建相应的转换、DTP，即可把数据抽取到 SAP BW/4HANA 中。

基于 ABAP CDS View 创建数据源进行数据抽取的步骤十分简单，但为了支持 SAP

BW/4HANA 数据抽取，需要对 ABAP CDS View 增加以下内容，如图 5-53 所示。

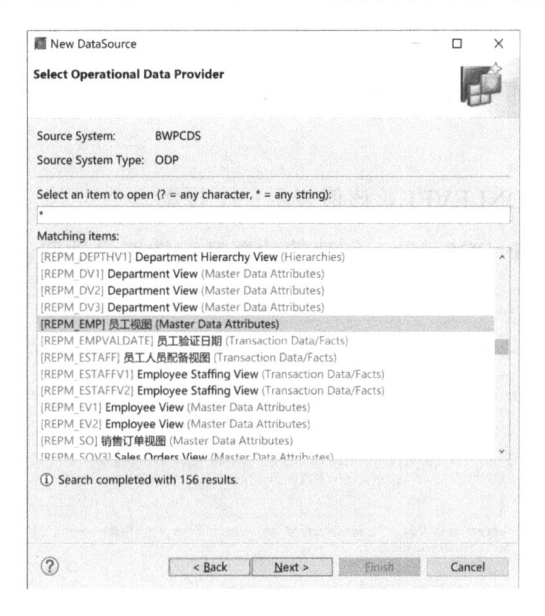

图 5-52 输入或选择 SQL View 名称

图 5-53 ABAP CDS View 中的代码示例

其中，Analytics.dataCategory 包含以下值。

（1）#DIMENSION。此值表明实体表示主数据。

（2）#FACT。此值表明实体表示事务数据。

（3）#CUBE。类似事务数据（#FACT），但#CUBE 不必没有冗余，这意味着可以与主数据连接。

（4）#AGGREGATIONLEVEL。该值表示一个投影。

如果希望基于 ABAP CDS View 创建的数据源支持增量抽取，还需要增加以下内容，如图 5-54 所示。

```
1 @AbapCatalog.sqlViewName: 'ZDS_ISALESDOC'
2 @AbapCatalog.compiler.compareFilter: true
3 @AccessControl.authorizationCheck: #CHECK
4 @EndUserText.label: 'CDS for Extraction I_SalesDocument'
5 @Analytics:{dataCategory:#DIMENSION ,
6                dataExtraction.enabled:true}
7 @Analytics.dataExtraction.delta.byElement.name:'LastChangeDateTime'
8 @Analytics.dataExtraction.delta.byElement.maxDelayInSeconds: 1800
9
10
11 define view Zds_I_Salesdocument as select from I_SalesDocument {
12 key SalesDocument,
13
14     //Category
15     SDDocumentCategory,
16     SalesDocumentType,
17     SalesDocumentProcessingType,
18
19     CreationDate,
20     CreationTime,
21     LastChangeDate,
22     @Semantics.systemDate.lastChangedAt: true
23     LastChangeDateTime,
24
```

图 5-54 增量抽取所需注释示例

@Analytics.dataExtraction.delta.byElement.name 是增量抽取用于过滤的元素，该元素可以是日期（DATS）或 UTC 时间戳。

在获取 UTC 时间戳和提交数据库之间始终存在延迟，@Analytics.dataExtraction.delta.byElement.maxDelayInSeconds 指定了最大延迟（以秒为单位），默认值为 1800 秒。

5.1.4 SAP HANA Information View 使用说明

如果已经把数据抽取到 SAP HANA 数据库中，并使用属性视图、分析视图或计算视图对数据进行了加工，那么可以直接基于这些视图来进行数据抽取，而不需要在 BW 中再次进行逻辑开发。这允许开发人员在将数据加载到 SAP BW/4HANA 之前就在 SAP HANA 中进行一些计算。不过需要注意的是，SAP 不再推荐使用属性视图和分析视图，所以最好基于计算视图来进行这些操作。

这样做的好处主要有以下两点。

（1）可以作为 SAP HANA 源系统的补充，SAP HANA 源系统仅能加载纯数据库表或数据库视图，而使用 ODP-HANA 视图加载数据时，可以使用 HANA 视图的逻辑。

（2）支持海量数据采集（全量加载）。

使用计算视图进行数据抽取时，通常只支持全量抽取，但如果视图中有字段满足一般增量的条件，如日期、时间戳或数据指针类型的增量字段，那么也可以在 SAP BW/4HANA 中设置一般增量以实现数据的增量抽取。

基于 SAP HANA Information View 抽取数据到 SAP BW/4HANA 中的主要步骤如下。

（1）创建 SAP HANA Information View 源系统，如图 5-55 所示。

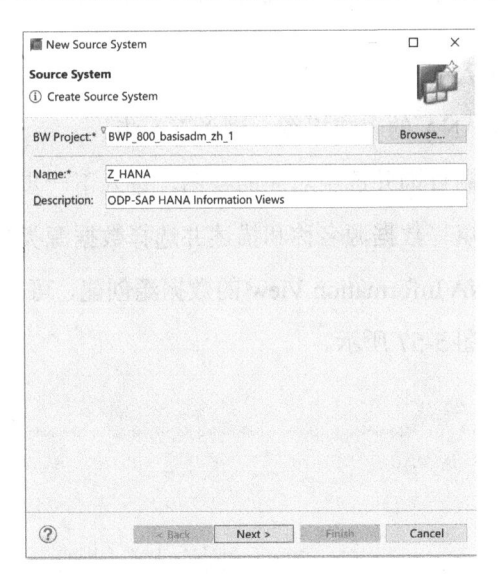

图 5-55　创建 SAP HANA Information View 源系统

（2）选择 SAP HANA 本地数据库 Schema，进入下一步。

（3）选择 SAP HANA 信息视图所在的 Schema，单击完成按钮。

（4）激活源系统。

（5）SAP HANA 系统中待抽取数据的计算视图如图 5-56 所示。

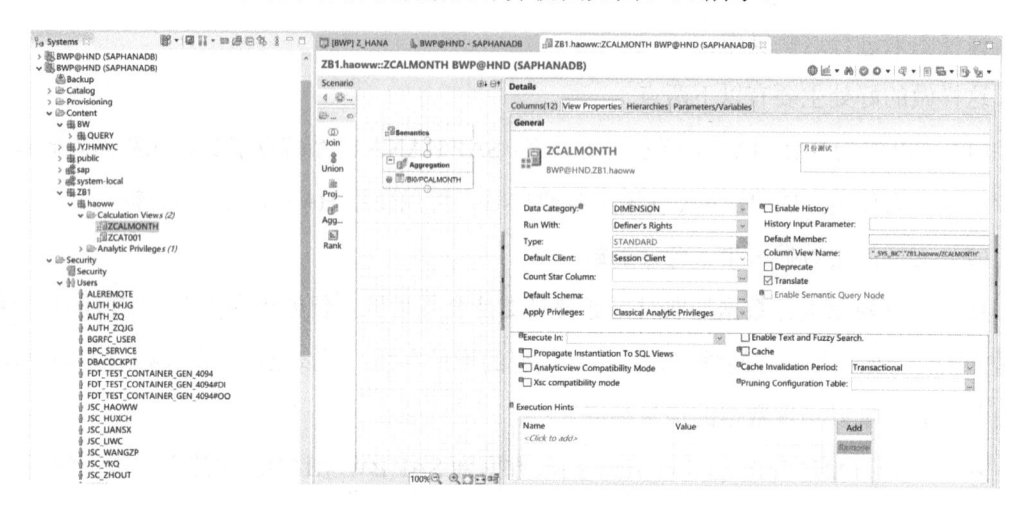

图 5-56　SAP HANA 系统中待抽取数据的计算视图

（6）创建数据源，进入下一步。

（7）选择来自 SAP HANA 的表或视图，进入下一步。

（8）根据技术名称模糊查询并选中对应的视图，进入下一步。

（9）选择应用组件，填写数据源名称和描述并选择数据源类型，单击完成按钮。

完成了基于 SAP HANA Information View 的数据源创建，可以看到视图中的字段信息，激活数据源即可使用，如图 5-57 所示。

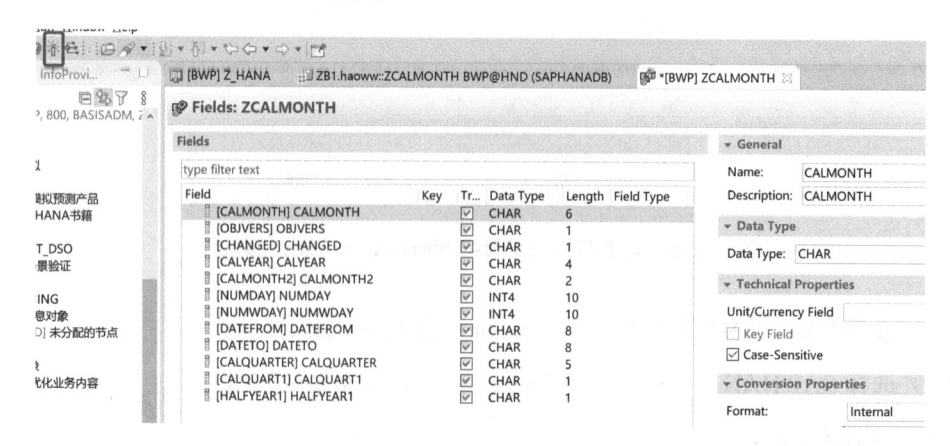

图 5-57　激活数据源

创建与数据源结构相同的抽取层 ADSO，并创建相应的转换、DTP，即可把数据抽取到 SAP BW/4HANA 中，如需实现增量，可参考一般数据源的增量实现方式。

5.2 实时数据同步

BI 的数据展现需求可分为三类，即事前预测、事中监控及事后分析。传统 BI 项目大多完成的是事后分析的工作，所以对数据更新频率要求不是很高，一般 T+1（昨天的数据今天看）就能满足客户的要求。但随着企业管理精细化程度的日益提升和 BI 技术的发展，事后分析已经无法满足很多客户的需求。为了实现在业务开展过程中及时将实际数据与计划数据比对，并发出预警，实时数据同步必不可少。SAP 为 HANA 数据库提供了 SLT 和 SDI 两个工具，以满足数据实时同步的需求。本项目也有部分实时数据展现的需求，项目经理 Jackie 安排 Ellen 对两款实时数据同步工具进行了深入研究。

5.2.1 SLT 实时数据同步详解

SLT 的全称是 SAP Landscape Transformation，它是 SAP 的第一个实时数据抽取工具。它允许实时加载和复制数据，将数据从 SAP 源系统或非 SAP 源系统抽取到 SAP HANA 数据库中。

SLT 基于触发器的方式实现数据从源系统到目标系统的实时复制，它可以采用单独的服务器，也可以搭载在其他 SAP ERP 系统中。SLT 既可以实时同步数据，也可以按照计划时间进行数据同步，在实时同步数据的过程中，可以按照 SAP HANA 的格式进行数据迁移。除普通的数据库表外，SLT 还可以处理簇表和池表，并且支持非 Unicode 和 Unicode 编码数据的自动转换。最重要的是，SLT 与 HANA Studio 有着非常好的集成，并且可以通过 SAP HANA Solution Manager 进行数据调度监控。

登录 SAP SLT 应用，使用事务码 LTRC 进入图 5-58 所示的界面。此界面中列出了 SLT

服务器中已经配置好的连接，可以通过单击新建按钮，创建一个新的从源系统到目标系统的完整连接。新建同步配置的主要步骤如下。

图 5-58　创建连接

（1）单击新建按钮后，进入系统配置的创建界面，首先定义配置名称。配置一般以源系统的名称进行命名，填写完成后进入下一步。

（2）配置源系统信息。对于 SAP ERP 系统，选择已经创建好的 RFC 连接；对于其他系统，则选择 DB 连接，如图 5-59 所示。选择完成后进入下一步。

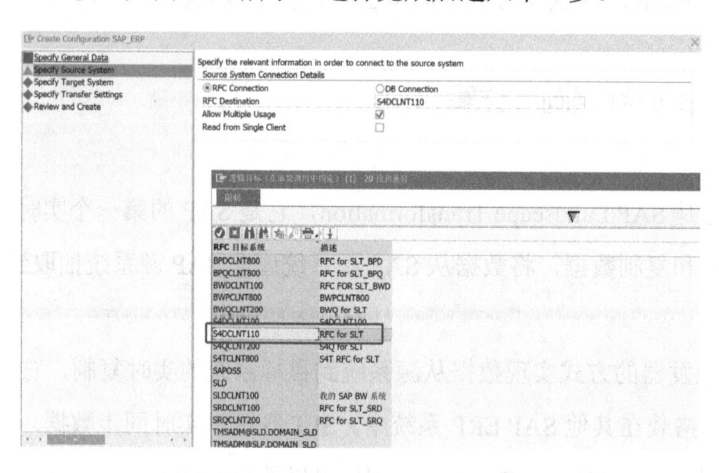

图 5-59　配置源系统信息

（3）进行目标系统的连接配置。由于目标系统是 SAP HANA，所以连接方式用的是 DB 连接。数据库系统选择 SAP HANA，输入用户名、密码、SAP HANA 服务器的主机名和端口号等信息，如图 5-60 所示。完成后进入下一步。

第 5 章 数据抽取

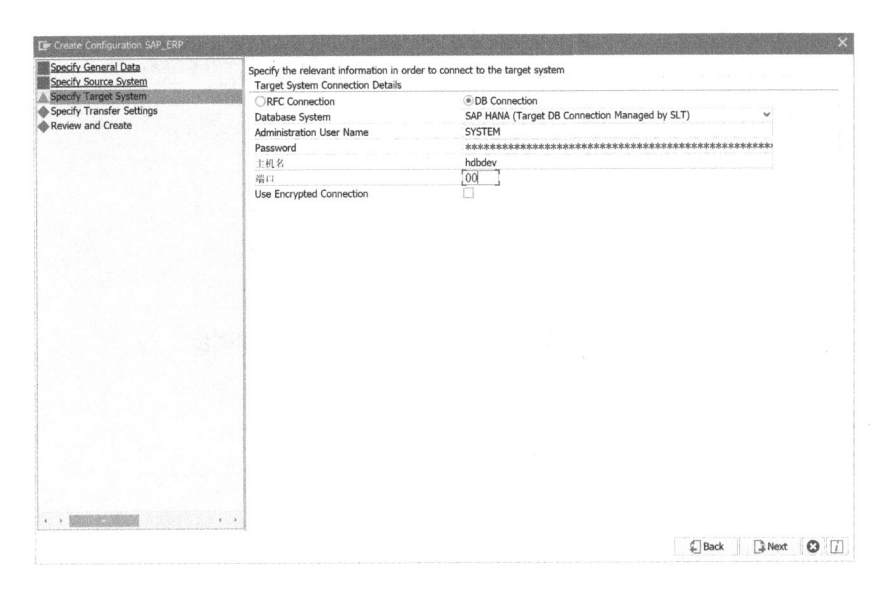

图 5-60 配置目标系统信息

（4）配置连接参数，配置 Job 数量。完成后进入下一步。

（5）检查配置，确认无误后单击创建按钮，配置完成后可在主控室界面中查看状态。

（6）配置好连接信息，就可以在主控室界面中单击创建好的配置名称，进行数据同步的配置。选择"表概览"页签，单击界面上方的"数据提供"，如图 5-61 所示。

图 5-61 进行数据提供配置

（7）输入需要同步的数据库表名称，选择"开始加载"或"开始复制"选项，就可以进行数据的初始化及实时同步，如图 5-62 所示。

图 5-62 选择需要同步的数据库表开始数据同步

5.2.2 SDI 实时数据同步详解

SDI（Smart Data Integration）是 SAP HANA 平台的一个组件，有助于在 HANA 数据库中接收、转换和加载数据。其功能包括大量数据加载、实时和批量数据移动、高速数据供应和数据转换。

使用 SDI 进行数据同步有四种模式。

（1）仅初始化：将截至目前的数据同步到对应的 HANA 表中。

（2）无数据传输：仅创建相关表结构，不同步数据。

（3）仅实时：仅同步任务开始后日志记录的发生变化的数据。

（4）初始化+实时：完成数据初始化后，马上进入实时同步状态。

在初始加载或批复制中，大量数据被一次性或定期复制。在加载期间，数据供应代理读取数据并将其转发到数据供应服务器。在此过程中，影响性能的主要可配置参数是数据供应代理进程的 Java 堆大小和获取数据量。

在实时复制中，将捕获更改并将其分发到目标系统。在事务日志捕获更改时，将执行优化以并行扫描日志，并调整扫描参数以减少复制延迟。

复制代理有以下三个关键性能指标。

（1）延迟：对基本数据库执行操作与数据设置代理复制操作之间所花费的时间。

（2）吞吐量：在给定时间段内通过数据供应代理的数据量。

（3）资源使用率：数据供应代理在复制期间消耗的资源（CPU、RAM 等）。

创建同步任务的步骤如下。

（1）通过链接 http://<hana_hostname>:80<实例>/sap/hana/ide/，使用有权限的 HANA 账号访问 Editor 界面。

（2）选中本项目的 Schema，通过右键快捷菜单创建同步任务。

（3）在同步任务编辑界面中进行如图 5-63 所示的相关配置。

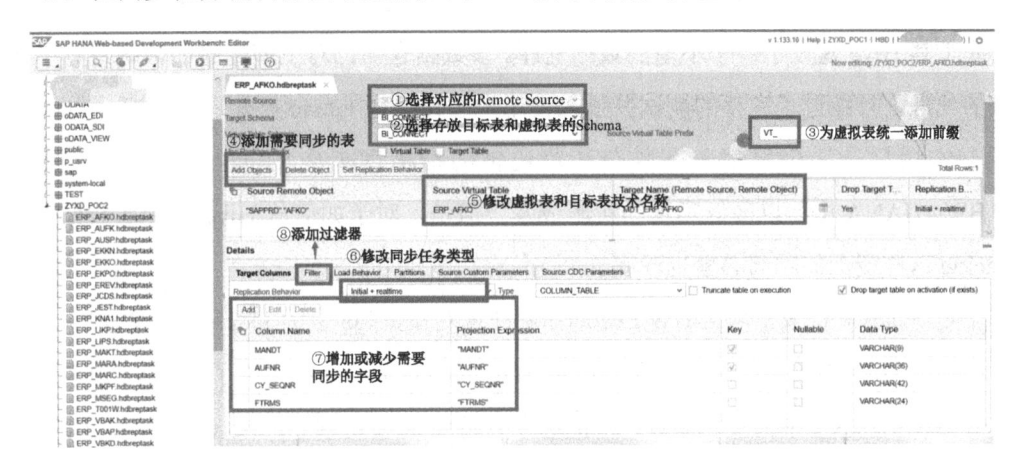

图 5-63 同步任务配置信息

同步任务配置的相关操作步骤如下。

① 选择需要同步的表对应的 Remote Source。

② 选择存放同步任务目标表和虚拟表的 Schema。

③ 为来源虚拟表统一添加前缀"VT_"。

④ 添加需要同步的表。

⑤ 修改虚拟表和目标表技术名称（虚拟表格式为"ERP"+"表技术名称"，目标表格式为"MDT_"+"源系统代码_"+"表技术名称"）。

⑥ 修改同步任务类型（如仅初始化、无数据传输、仅实时、初始化+实时）。

⑦ 根据实际需求增减需要同步的字段。

⑧ 添加过滤器（注意：过滤器格式为"对象名"='值'，如"OBJNR"='VB00XXXXX'）。

完成以上操作后，单击执行按钮即可开始数据同步。

5.3 非 SAP 业务系统的批量数据抽取

项目组在进行数据探源的过程中发现，A 公司已经在一年前使用 Hadoop 框架中的数据仓库工具 Hive 建设了一个小型的数据仓库。该数据仓库已对生产主题的数据进行了较为复杂的处理，且经过了完整的测试并投入使用。项目经理 Jackie 得知这个情况，与 A 公司的领导沟通后，决定将部分有复杂计算逻辑的指标直接从 Hive 数据仓库中抽取到 SAP BW/4HANA 中，以降低项目的实施成本。但是，对于如何从 Hive 中抽取数据，即便是 Jackie 这样资深的顾问心里也没底。

于是，Jackie 找来了项目 BW Leader Joe 商量对策，Joe 告诉 Jackie，SAP BW/4HANA 是可以抽取 Hive 中的数据的，只需要使用 SDI。Jackie 安排 Joe 完成了从 Hive 中抽取数据到 SAP BW/4HANA 中的技术验证，并把这个方案向 A 公司领导汇报，得到了一致的好评。除 Hive 外，其他各类非 SAP 业务系统的数据抽取都可以使用这种方法实现。

5.3.1 SAP HANA 智能数据访问源系统创建和配置

创建 SAP HANA 智能数据访问源系统的主要步骤如下。

（1）在 SDI 服务器上安装 Hive 驱动，如图 5-64 所示。这是一个必要的步骤，如需要使用 SDI 连接其他类型的数据库，也需要安装相应的驱动。

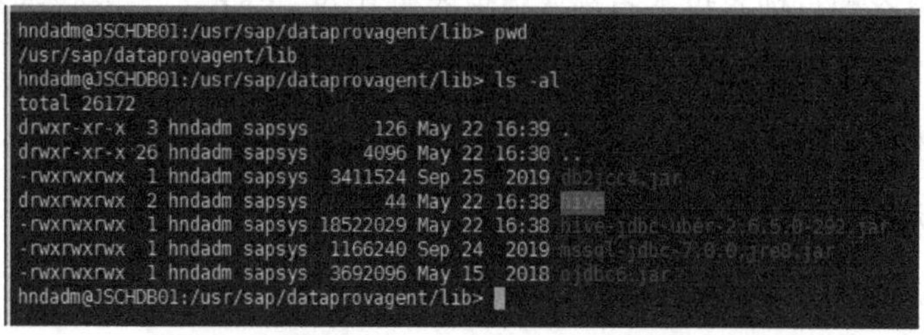

图 5-64 在 SDI 服务器上安装 Hive 驱动

第 5 章 数据抽取

（2）注册 Hive Adapter，如图 5-65 所示。

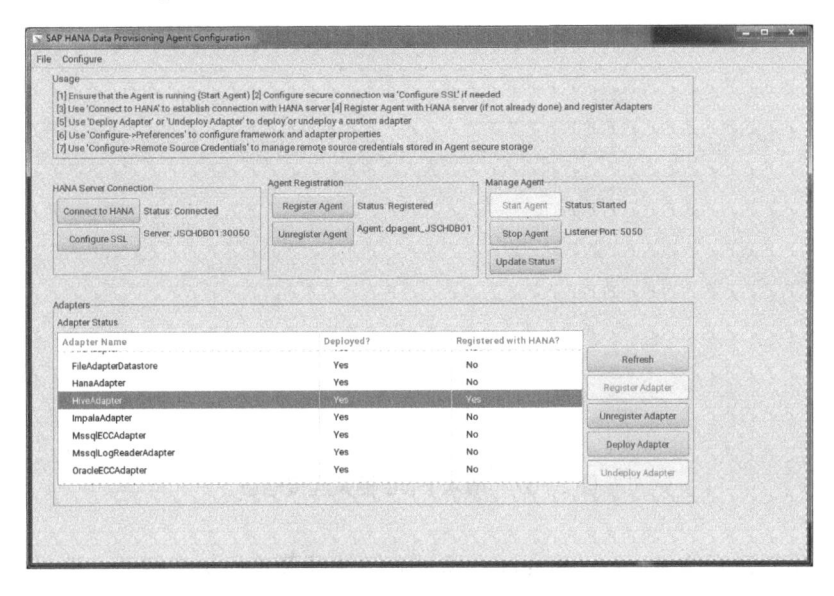

图 5-65　注册 Hive Adapter

（3）在 HANA Studio 中登录 SDI，创建 Remote Source，如图 5-66 所示。

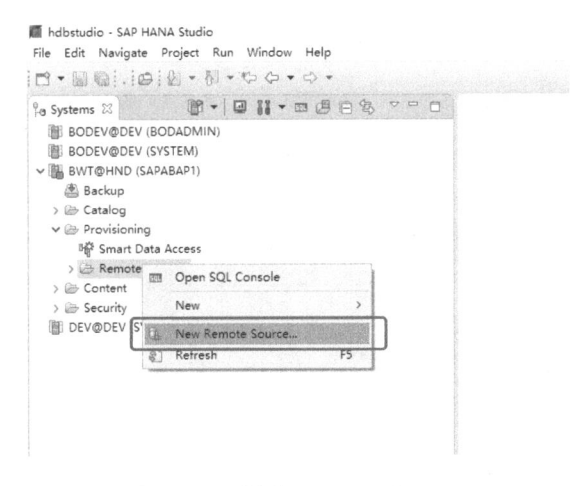

图 5-66　创建 Remote Source

（4）将 Adapter 的类型设置为 Hive Adapter，并填入 Hive 的连接信息，然后保存，如图 5-67 所示。

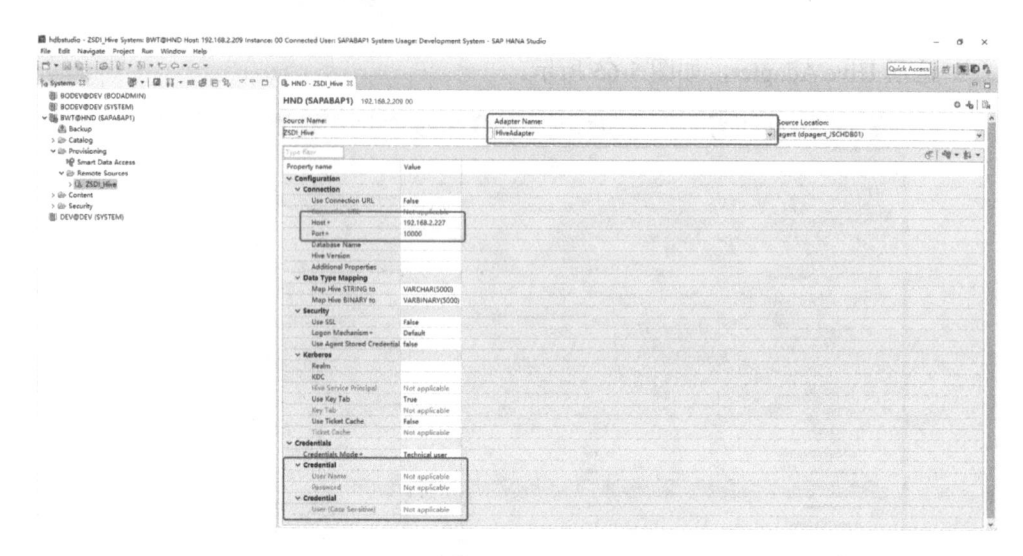

图 5-67　填入 Hive 相关连接信息

（5）展开创建好的 Remote Source，通过右键快捷菜单添加虚拟表，选择相应的 Hive 表进行添加，如图 5-68 所示。

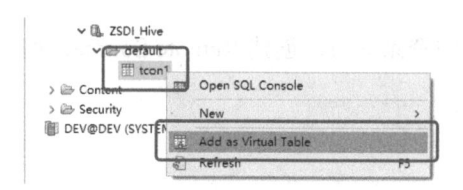

图 5-68　添加虚拟表

（6）输入虚拟表的名称，并选择 Schema 为 SAPABAP1，如图 5-69 所示。

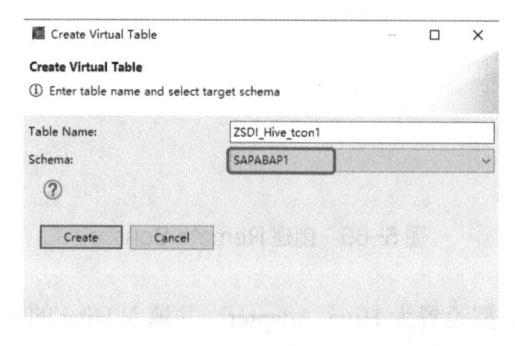

图 5-69　选择 Schema 创建虚拟表

（7）登录 SAP BW/4HANA 应用，创建新的源系统，如图 5-70 所示。

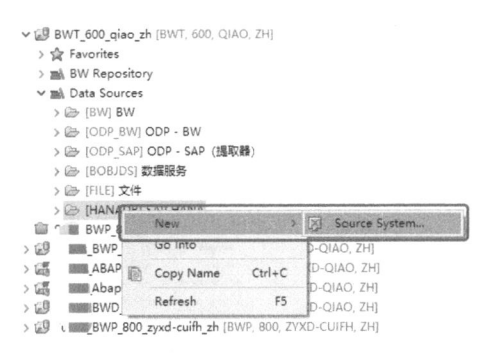

图 5-70　创建源系统

（8）输入源系统名称和描述，进入下一步。

（9）连接类型选择 SAP HANA Smart Data Access，进入下一步。

（10）选择基于 Hive 创建的 Remote Source 并单击完成按钮。

5.3.2　SAP HANA 智能数据访问数据源创建和配置

创建 SAP HANA 智能数据访问数据源的主要步骤如下。

（1）针对上一节创建好的 SAP HANA Smart Data Access 源系统，通过右键快捷菜单创建数据源，进入下一步。

（2）选择从 SAP HANA 表或视图参考，进入下一步。

（3）选择上一节中添加的虚拟表，进入下一步。

（4）填写数据源的名称、描述，选择数据源类型，单击完成按钮。

（5）可根据实际情况对参考的虚拟表的字段类型进行调整，然后激活数据源即可使用，如图 5-71 所示。

图 5-71　根据实际情况调整字段类型

5.3.3　数据抽取和增量实现

激活数据源后即可在 SAP BW/4HANA 中创建转换、DTP 等对象进行数据抽取。

除全量抽取外，SAP HANA 智能数据访问也支持增量抽取。如果需要增量抽取数据，可将抽取特性中的增量流程改为无删除的覆盖增量或纯增加增量，如图 5-72 所示。

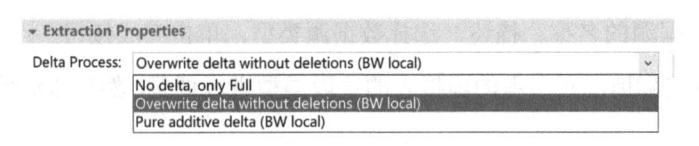

图 5-72　调整增量流程类型

此时增量设置将可配置。与前面介绍过的一般数据源增量类似，这里可以选择合适的时间戳、日历天和数字指针类型的字段作为增量字段以实现增量，如图 5-73 所示。

图 5-73　一般增量支持的数据类型

针对选定的增量字段，允许设置增量抽取的安全上下限及时区等信息，如图 5-74 所示。

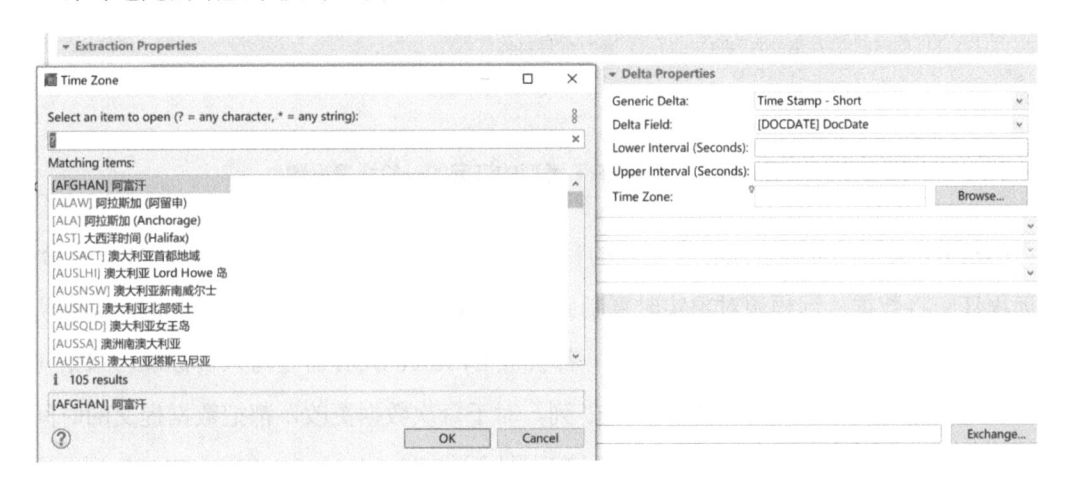

图 5-74　一般增量允许设置的其他相关信息

除一般增量的数据抽取方式外，SAP HANA 智能数据访问数据源还支持实时同步。当为数据源勾选实时选项时，系统会创建各种底层数据库对象以支持请求的功能。针对实时数据同步功能，有两种订阅类型可选，如图 5-75 所示。

图 5-75　两种订阅类型

UPSERT 类型的远程订阅提供针对目标表中当前数据的视图。它将数据从远程源对象实时复制到本地 SAP HANA 数据库的表中。这意味着所有类型的数据更改（如插入、更新和删除）都会被 UPSERT SQL 命令写入目标表。对于已经从源系统中删除的记录，该语句会将值"D"写入目标表中的 SDI_CHANGE_TYPE 列,而在其他情况下则会写入值"A"。

数据的提交时间戳会被写入 SDI_CHANGE_TIME 中。这种类型的实时同步方式可用于加快以 SAP HANA 数据源为源的 Open ODS View 的报告,也允许数据源根据 SDI_CHANGE_TIME 列中的时间戳提取增量或使用流式处理链进行数据更新,如图 5-76 所示。

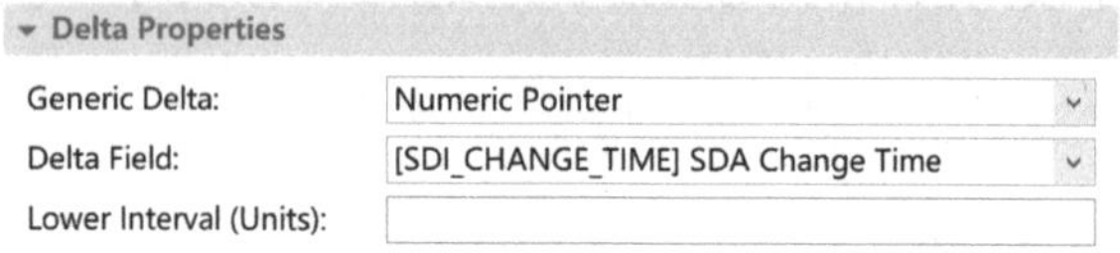

图 5-76　UPSERT 类型的订阅的一般增量设置

INSERT 类型的远程订阅将在复制的目标表中返回完整的增量历史记录。INSERT 类型的远程订阅将数据从远程源对象实时复制到本地 SAP HANA 数据库的表中。这意味着所有类型的数据更改(如插入、更新和删除)都会被 INSERT SQL 命令写入目标表。该语句将原始更改类型写入 SDI_CHANGE_TYPE 列,对于每次数据更改,都把数据提交的时间戳写入 SDI_CHANGE_TIME 列,把唯一的序列号写入 SDI_CHANGE_SEQUENCE 列。这种类型的实时复制可用于跟踪远程源对象经历的所有数据更改。与 UPSERT 类型相比,INSERT 类型的另一个好处是对于每一次数据更改,都会记录其前映像和后映像。

SDI_CHANGE_TYPE 列中的值分别表示以下含义。

I:INSERT,数据插入。

B:UPDATE,数据更新(前映像)。

U:UPDATE,数据更新(后映像)。

D:DELETE,数据删除。

A:UPSERT,找到符合条件的记录则更新数据,否则插入数据。

R:REPLACE,查找并替换数据。

T:TRUNCATE,截断表操作。

X:EXTERMINATE_ROW,消灭行。

勾选了两种类型的实时订阅后,相关的技术字段将被自动添加到数据源字段中,如

第 5 章 数据抽取

图 5-77 所示。

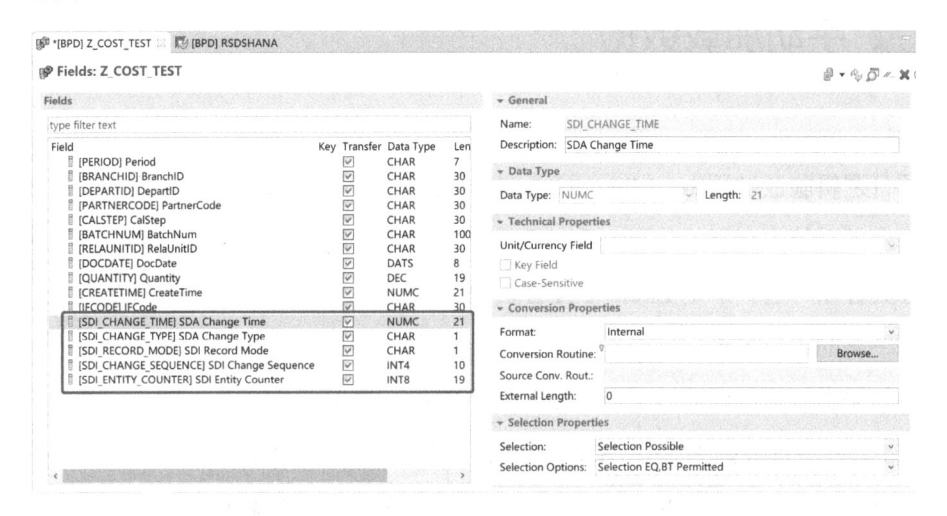

图 5-77　勾选实时订阅后自动生成的标准字段

通过实时同步选项右侧的管理按钮,可以进入实时同步管理界面,如图 5-78 所示。在管理界面中,可以执行初始化、重置、查看作业或转到概览,还可以将增量初始化设置为有数据传输或无数据传输,如图 5-79 所示。

图 5-78　管理实时同步

图 5-79　实时同步管理界面

5.4 手动加载数据

在项目逻辑验证过程中，Ellen 发现，由于 A 公司早期主数据管理不到位，导致部门编码在多个业务系统中存储的值不一致，而在展现管理驾驶舱时，又需要把这些不同业务系统的指标集合在一起。于是 Ellen 向 A 公司的 IT 对接人 David 请教，如何获得不同业务系统中部门编码的对应关系。David 告诉 Ellen，这些编码的对应关系不存在于任何一个业务系统中，如果有必要可以通过 Excel 提供一份数据。Ellen 听完心头一紧，毕竟自己以前可没有通过 Excel 导过数据到 SAP BW/4HANA 系统中。Ellen 连忙找到项目经理 Jackie 询问这样是否可行。Jackie 听完告诉 Ellen，这是 BI 实施项目中常见的情况，只需要使用 SAP BW/4HANA 的本地文件系统即可完成 Excel 数据的手动加载，并指导他按照本章所讲的步骤进行操作。

5.4.1 文件源系统的创建和配置

文件源系统的创建可以在 HANA Studio 或 SAP GUI 中完成。在 HANA Studio 中创建一个文件源系统的步骤如下。

（1）使用 HANA Studio 登录 SAP BW/4HANA，找到 Data Sources。

（2）通过右键快捷菜单创建源系统，如图 5-80 所示。

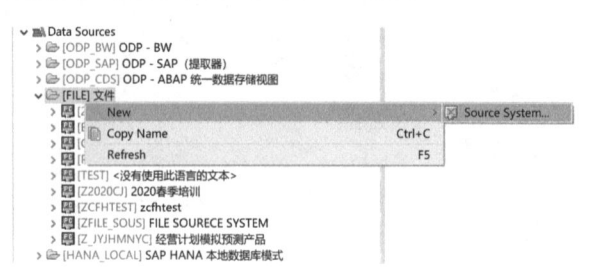

图 5-80　创建源系统

第 5 章 数据抽取

（3）填写源系统名称及描述，如图 5-81 所示，然后进入下一步。

（4）选择文件连接类型，如图 5-82 所示，单击完成按钮。

图 5-81　填写源系统名称及描述图　　　　　5-82　选择文件连接类型

（5）激活新建的源系统后即可使用，如图 5-83 所示。

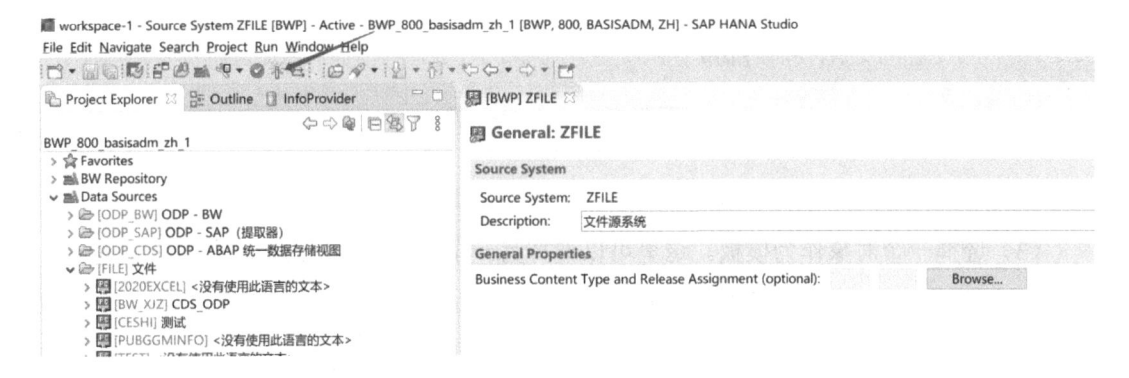

图 5-83　激活源系统

也可以在 SAP GUI 中按以下步骤创建源系统。

（1）通过 SAP GUI 登录 SAP BW/4HANA，使用事务码 RSA1 进入数据仓库工作台。

（2）在左侧菜单中找到源系统目录，展开后单击源系统。

211

(3)在源系统列表中找到"文件"目录。

(4)通过右键快捷菜单创建源系统,输入源系统名称及描述,单击确认按钮。

(5)通过右键快捷菜单激活新建的源系统后即可使用。

5.4.2 文件数据源的创建和执行

创建好文件源系统后,即可在 HANA Studio 中登录 SAP BW/4HANA 系统并基于本地文件源系统创建数据源。具体步骤如下。

(1)通过文件源系统的右键快捷菜单创建数据源,如图 5-84 所示。

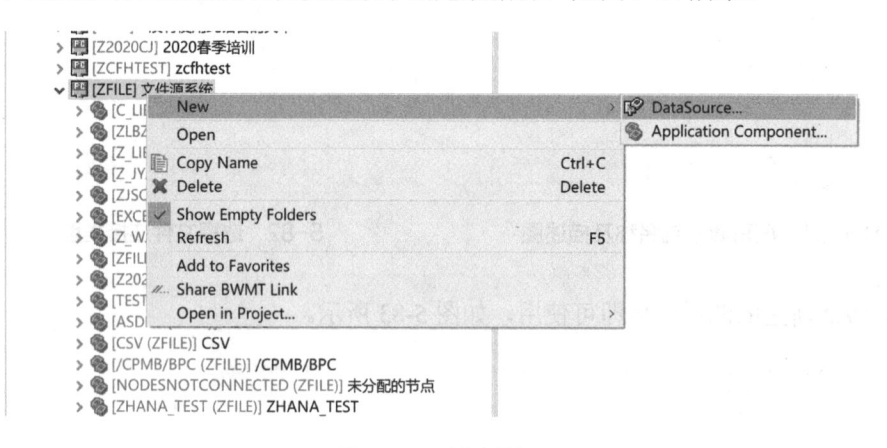

图 5-84 创建数据源

(2)选择开发包(如本地选择$TMP),进入下一步。

(3)选择一个对象作为模板。这里可以选择另一个数据源、信息源、数据存储对象、信息对象等作为模板。也可以不使用模板。

(4)选择存放文件数据源的业务组件(目录),输入数据源技术名称及描述,选择数据源类型。这里的数据源类型可以选择主数据属性、主数据文本、层次结构或交易数据,如图 5-85 所示。

(5)单击完成按钮,即可完成数据源的初步创建。

(6)在提取页签中,找到适配器(Adapter)选项,选择"Load Microsoft Excel

File(XLS)from Local Workstation",如图 5-86 所示。

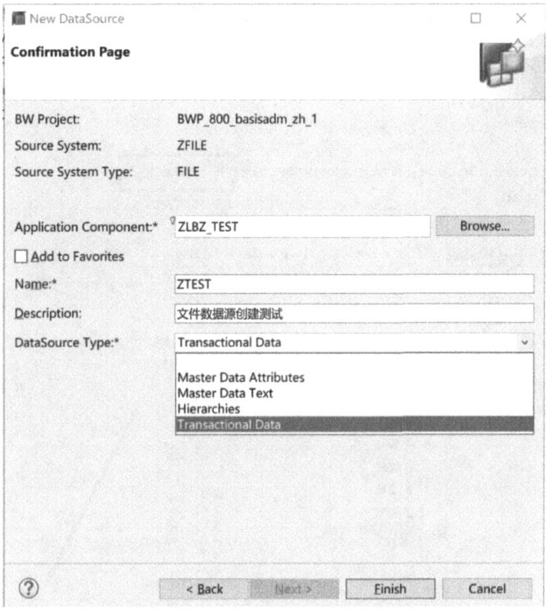

图 5-85　填写数据源相关基础信息

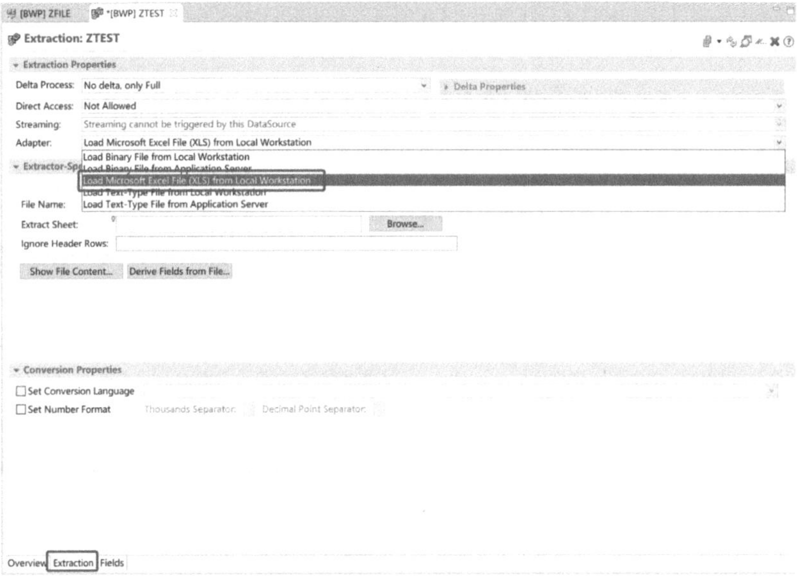

图 5-86　在提取页签中选择从本地 Excel 文件中提取

（7）在提取器特性中，选择本地计算机中的 Excel 文件路径，如图 5-87 所示，指定需要提取的页（Sheet），如图 5-88 所示。如果 Excel 文件中有抬头行，可设置忽略的抬头行数，如图 5-89 所示。

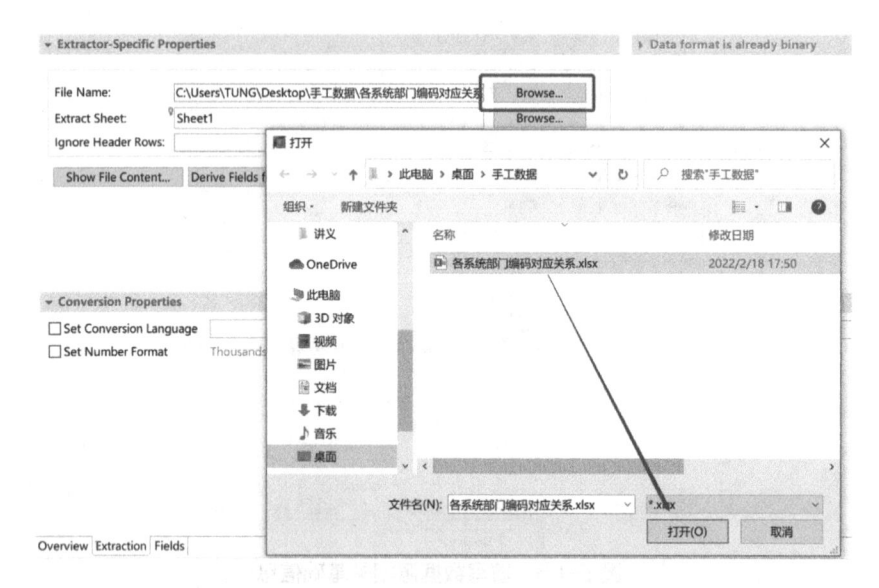

图 5-87　选择本地计算机中的 Excel 文件路径

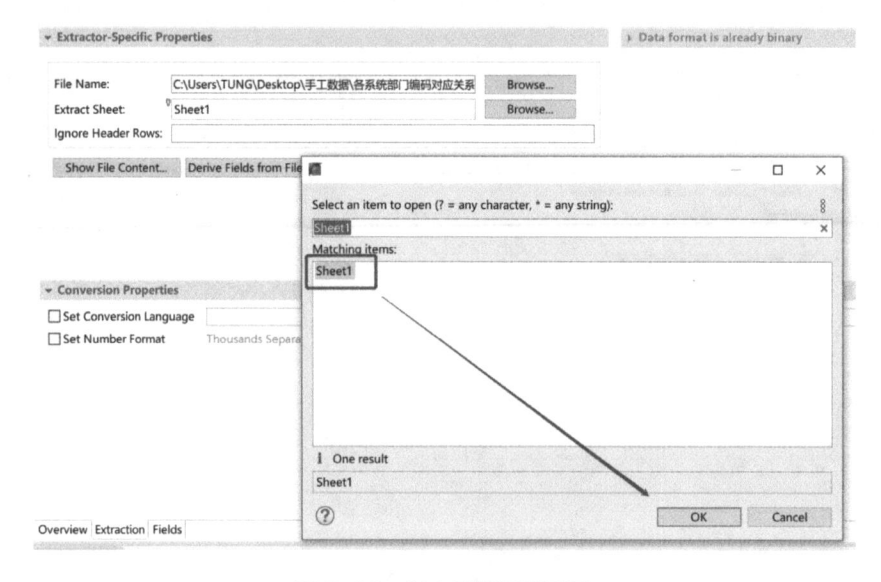

图 5-88　指定需要提取的页

图 5-89　设置忽略的抬头行数

（8）单击"Derive Fields from File"按钮，SAP BW/4HANA 将会获取 Excel 文件中的数据，并根据获取到的数据自动生成字段和匹配字段类型，如图 5-90～图 5-92 所示。需要注意的是，这里获取的数据一般不全，需要在字段页签中根据实际情况调整相关信息，否则当不满足数据源字段类型设置的数据出现时，数据抽取将会发生错误。

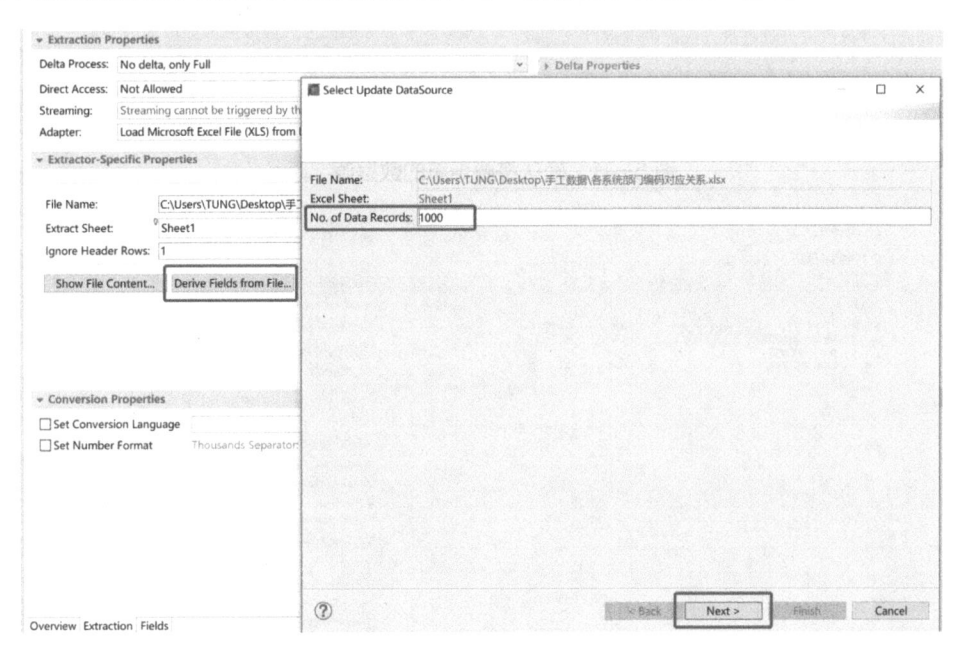

图 5-90　从文件中生成字段

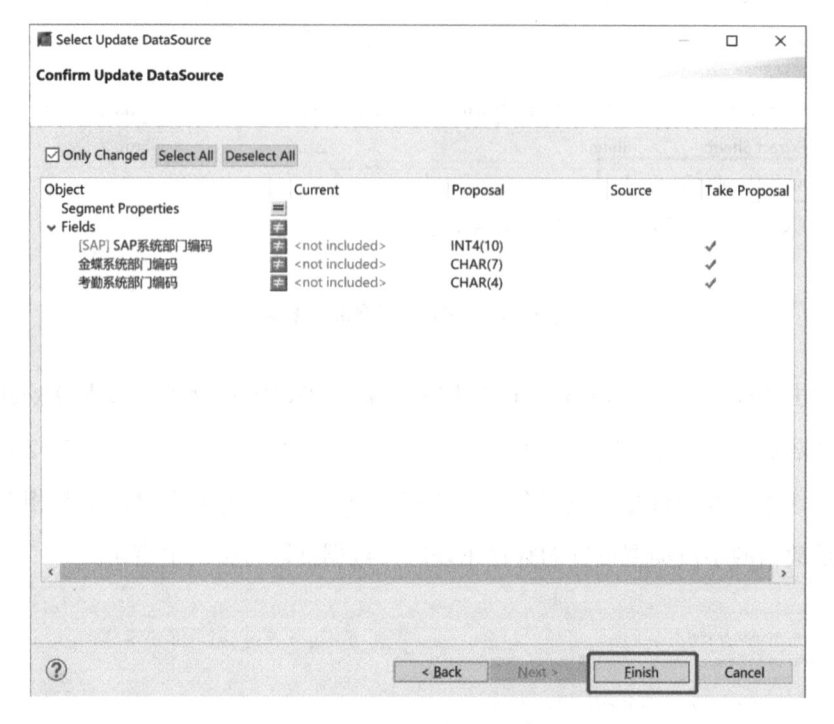

图 5-91 确认将要更新的数据源字段

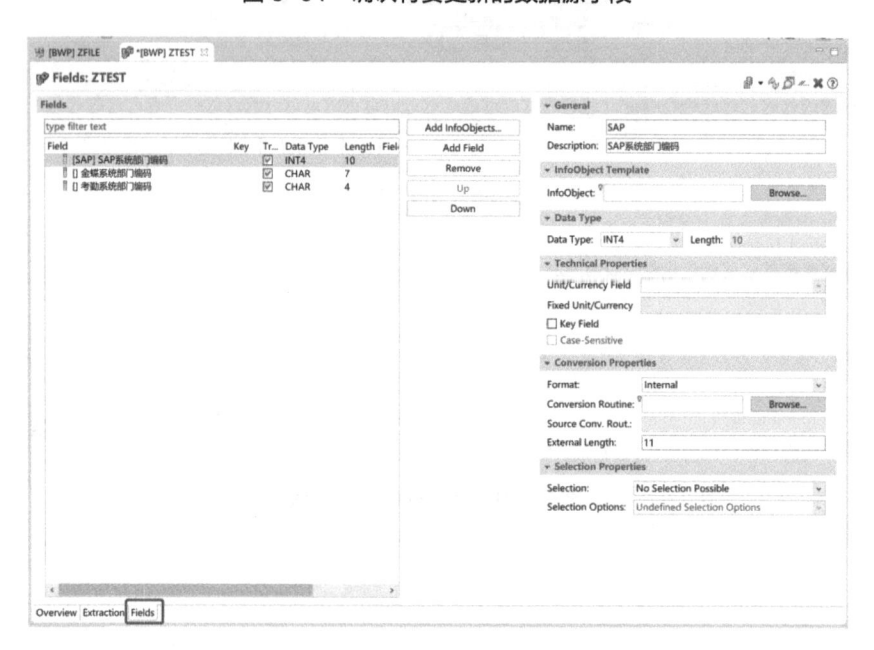

图 5-92 在字段页签中调整字段类型

（9）单击激活按钮，一个基于本地文件的数据源就创建好了。

创建好本地文件数据源后，可以参考数据源创建一个 ADSO，直接分配字段进行数据抽取测试。

文件数据源执行的注意事项有如下几点。

（1）由于数据源是基于开发人员计算机本地文件创建的，所以该类型的数据源对应的 DTP 只能在 SAP BW/4HANA 应用上手动执行，无法使用处理链调度。

（2）要在不同计算机上进行数据抽取操作，需要约定固定的文件名称并将文件放在相同的目录下，如"C:\XXX 项目\手工补录数据\ABCD 系统部门编码对应关系.xlsx"。

（3）如果希望通过处理链调度文件数据源的 DTP，可以将文件放在 SAP BW/4HANA 系统应用服务器上。

第6章

处理链

经过将近3个月的开发，项目组基本完成了项目的开发任务（约100个模型对象）。项目经理 Jackie 计划对所有模型统一进行一次数据初始化加载试验，为开展模块之间的数据联调测试工作做准备。David 作为项目组成员将参与此次任务。David 接到任务后，便开始准备起来，信心满满地承诺按时完成任务。

在试验的前一天，项目经理 Jackie 向 David 询问工作进展并了解是否需要帮助。此时 David 正在热火朝天地进行销售模型的数据初始化加载，他见到 Jackie 后，不免失落而委屈地讲述了模型数据加载的血泪史：

（1）第一次做数据初始化加载时，从开票模型开始，在进行销售模型的加载时，发现某个销售转换层模型中物料主数据模型、抽取层中的某个属性尚未完成加载，导致模型加载重复操作；

（2）部分模块因为数据量较大，导致每次执行后需要不停刷新，直至数据加载完毕；

（3）数据加载的频率不一致导致数据结果难以统一。

Jackie 在 David 吐完苦水后，安慰 David 并帮他分析起来。

数字化经营管理项目目前已经打通各业务系统及模块，实现对"一个订单的前世今生"的全流程监控。在模型架构设计中，遵循纵向分层、横向分域的原则。其中，主数据包含销售组、物料、客户、供应商等，业务模块包括采购、生产、销售、交货、开票，由于业务流存在先后次序，导致模型中的数据流同样存在先后调用次序的问题。同时，为了规避

第 6 章 处理链

业务数据物理删除导致的数据不完整问题，需要针对部分不支持增量的数据模型进行数据删除处理。除了以上问题，还需要注意哪些事项呢？接下来先了解一下数据流串接的挑战。

6.1 数据流串接的挑战

在一个 BI 项目的开发建设工作完成后，即完成了数据抽取、主数据建模、业务数据建模等相关工作。若要实现将数据从业务系统加载到 DSO 以供上层应用进行数据分析，对于不同规模的 BI 项目，应进行不同的操作。

（1）对于仅有 3~5 个模型对象的 BI POC 项目，可安排专人每日定时执行 DTP，以维护并校验数据准确性。这样做虽然会消耗人工成本，但勉强能够满足项目需求。

（2）对于大型 BI 项目，动辄几十个、上百个模型、主数据对象，且数据模型之间存在复杂引用。在这种情况下，不管是周期性的数据加载，还是根据特定数据状态控制数据加载时机，通过人工方式去实现都将困难重重。

如果不借助专业工具，BI 项目将陷入数据加载、转换、校验工作繁杂而低效的困境，且会因为需要维护的数据对象数量巨大而难以有效管理。而 SAP 提供了处理链这一工具来帮助用户解决以上问题。

6.1.1 处理链的主要作用

处理链（Process Chain）实际上是在后台设置好计划，并等待执行某个事件的一系列进程。这些进程可以单独触发事件，而这些事件也可以启动其他进程，整个处理过程像环环相扣的链条，故而称为处理链。SAP BW 处理链的主要作用如下：

（1）实现 BI 项目中复杂任务的自动化；

（2）通过网络图形实现进程处理的可视化；

（3）在相同或相互连接的处理链中实现任务（进程）的集中控制和监控。

利用 SAP BW 处理链这一工具，BW 管理人员可以轻松完成日常运维及数据集中管理相关工作，如图 6-1 所示。该图显示了处理链在整个 BI 项目中所处的位置（#2）及其重要性。

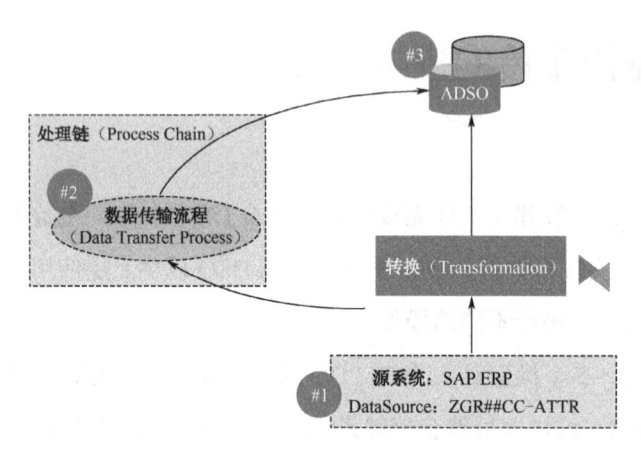

图 6-1 处理链示意图

从图 6-1 中可以看出，数据从源系统到 ADSO，可以通过 DTP 进行传递。在处理链中，可以通过相关设置，实现数据从源系统到 ADSO 的自动加载、转换，便于模型预计算，为用户分析数据做好相应的准备。

6.1.2 数据流串接的重点和难点

面对数以百计的数据对象，在进行数据流串接时，开发人员可能会面临一些问题：如何做好数据流串接？如何实现数据流串接不交叉？如何设置处理链的先后次序，是串行还是并行？如何保证数据流程完整而独立？如何平衡处理链运营效率与系统性能？未来处理链作业如何设置？一旦处理链报错要如何处理？如何高效进行处理链日常运维？为了解决上述问题，处理链须具备以下三个特性。

1. 开放性

具有明确定义的开始和结束的任何流程都可称为进程，这一特征使得可以集成到处理链中的进程类型具有开放性。开放性原则应用于处理链背后的理论，即用户定义的程序和进程都可以实现。另外，还可以在其他处理链（称为元链）中包含处理链，这样可以集成来自元链所在系统或其他系统的处理链。

2．安全性

处理链提供了大量的安全性处理机制，处理机制运行之前已安排好日程，可以使用标准的批处理监控器进行监控。后台事件启动后续进程，短转储和终止分别被识别和处理。

3．灵活性

后续进程必须从其前一个进程获得正确运行所需的所有信息。这允许集成新的进程类型，而无须调整现有类型。

6.2 SAP BW/4HANA 处理链关键组件

处理链加载完毕后，数据将从数据源传输到数据目标对象，实现数据的流转。为了实现数据的顺利加载，SAP BW 提供了一系列标准组件，通过配置的方式实现数据对象串接的目标。

6.2.1 处理链的关键步骤

顾名思义，处理链包含一系列相互连接的组件，组件由以下三个部分构成。

（1）组件类型，即组件的类别，如加载流程、开始处理、激活主数据等。不同的组件类型可以执行不同的功能。

（2）组件变式。组件变式是组件的技术名称，具有唯一性，且一个组件变式代表一个进程。

（3）组件实例。组件实例是组件的特征值，后续组件可以过实例获取前序组件信息。

在实际的处理链设计中，由于涉及的组件和操作复杂且多，一般会引入主链和子链，每个主链包含多个子链且可以设置任务作业，每个子链用于具体操作的实现。以一个子链为例，关键步骤构成如下：开始组件→DTP→对象激活。

例如，数字化经营管理项目总体上由一个主链及多个子链构成，如图 6-2 所示。

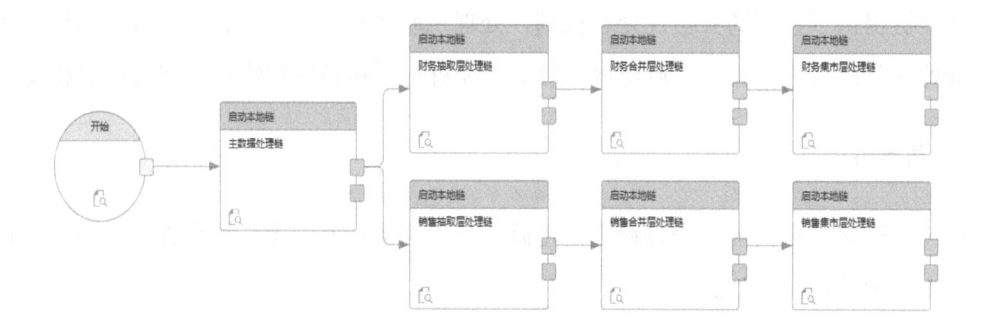

图 6-2　数字化经营管理项目主链

以开始组件为起点，其下包含多个子链，单击其中任一子链，如抽取层处理链，即可进入查看具体信息，如图 6-3 所示。

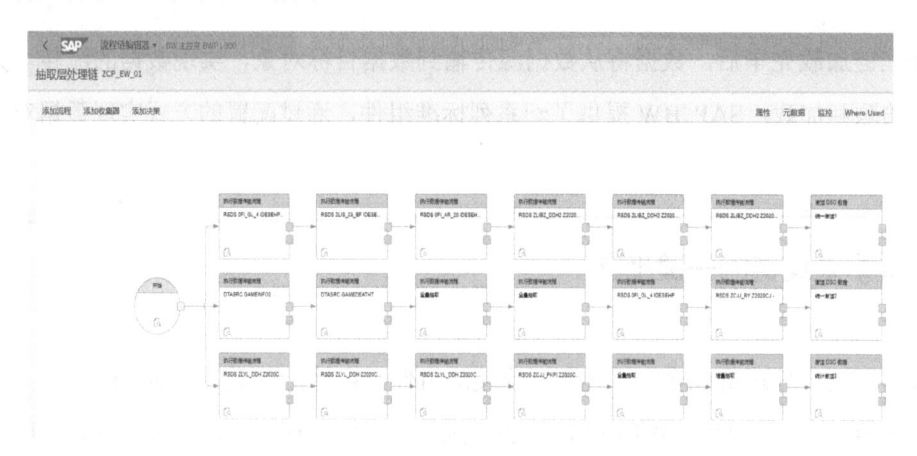

图 6-3　数字化经营管理项目子链

要着手进行处理链的设计，首先需要从核心组件或应用方面了解一下处理链可用的标准功能。在 SAP 标准定义中，处理链核心组件由如下 3 种类型组件构成。

第 6 章 处理链

1. 开始组件

(1) 直接计划（通过作业计划选项）。

(2) 元链/API。

2. 应用组件

(1) 事件计划。

(2) 标准或定制化的流程类型。

3. 收集组件

(1) 与（最后）。

(2) 或（全部）。

(3) EXOR（第一个）。

通过事务码 RSPC 可以进入处理链管理和设计界面。SAP BW/4HANA 提供的处理链组件表如表 6-1 所示。

表 6-1　处理链组件表

组件类别	组件类型
一般服务类	<ul><li>开始</li><li>中断</li><li>与（最后）</li><li>或（全部）</li><li>EXOR（第一个）</li><li>执行 ABAP 程序</li><li>系统操作命令</li><li>在本地系统中启动处理链</li><li>在远程系统中启动处理链</li><li>工作流（远程）</li><li>在多种选择之间决定</li><li>链中少一次运行是否仍然处于活动状态</li><li>启动 SAP BO DataService 作业</li></ul>

续表

组件类别	组件类型
加载和后处理类	• 执行数据传输流程 • 删除高级数据存储对象中的重复请求 • 设置请求状态 • 触发增量合并 • 启动 SAP HANA 远程订阅
数据目标管理类	• 激活高级数据存储对象中的请求 • 删除所有数据目标内容 • 从数据存储对象归档数据 • 清理来自高级数据存储对象的旧请求
其他 BW 组件	• 将 BW 用户的授权复制到 SAP HANA 中 • 将 ADSO 切换为计划或加载模式 • 执行分析流程 • 执行 SAP HANA 分析流程

根据功能可将组件划分为 4 类：一般服务类、加载和后处理类、数据目标管理类和其他 BW 组件。为了让读者快速了解处理链的核心组件与用法，后面各节将针对项目中常用的组件展开叙述。

6.2.2 一般服务类

1. 开始组件

开始组件是一个处理链的起点，通过变式控制选项设置启动条件，在指定时间或特定事件后激活处理链时，开始组件将按照提前设置的规则在后台等待调度。如果没有足够的可用选项，可以使用 API 或元链触发处理链的开始。总体来看，开始组件主要有如下 4 个特性。

（1）在没有其他前置组件的情况下只能调度开始组件。

（2）作为处理链的开始节点，并且只能是第一个节点。

（3）每个处理链有且只有一个开始组件。

（4）开始组件只能在单个处理链中使用。

另外，调度计划在开始组件的变式中进行编辑，在创建开始组件的同时就会建立对应的变式，在这里可设置处理链的计划时间及执行频率，计划编辑界面如图 6-4 所示。

图 6-4 计划编辑界面

需要注意的是，如果要定义多个启动条件执行组件或组件的一部分，应使用中断组件和启动组件。

2. 与组件（最后）

在成功触发先前组件的所有事件（包括它等待的最后一个事件）之前，不会启动此过程。当要合并流程，且进一步的处理取决于所有这些先前的流程时，就会使用与组件，只有前序组件完全满足条件，才会继续执行后续处理链，如图 6-5 所示。

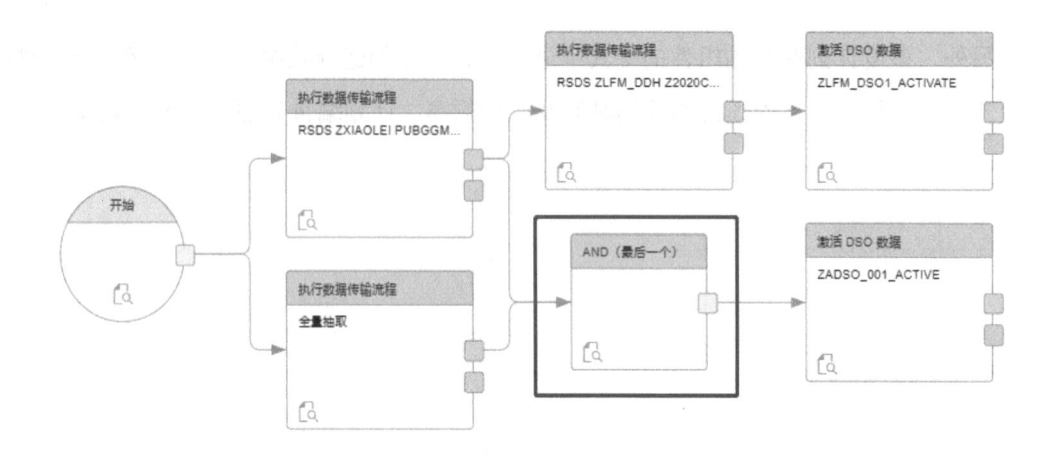

图 6-5 与组件示例

3. 或组件（全部）

或组件连接多个前序组件，只要前序处理链中任意一个组件满足条件，就会继续往下执行处理链，如图 6-6 所示。

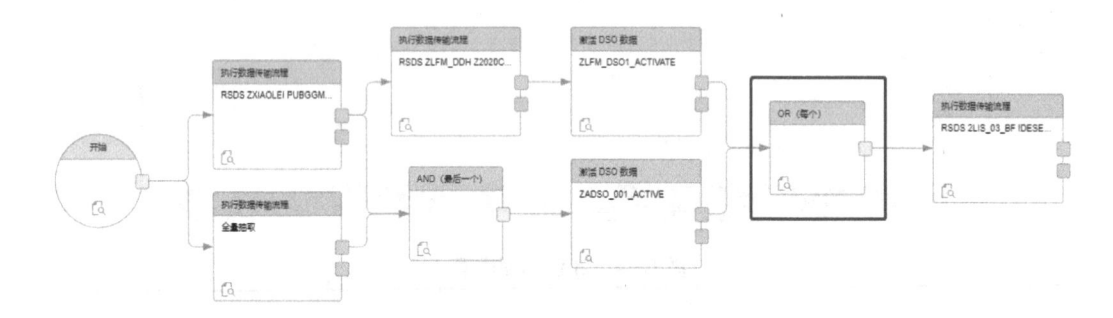

图 6-6 或组件示例

4. EXOR 组件（第一个）

当成功触发前序组件中的第一个事件时，就满足启动条件，从而往下执行处理链。当需要并行处理组件并在这些组件之后安排其他独立流程时，会使用 EXOR 组件，如图 6-7 所示。

图 6-7　EXOR 组件示例

5. 执行 ABAP 程序

执行 ABAP 程序组件是非固定功能的处理工具。使用执行 ABAP 程序组件，需要使用已有的 ABAP 程序，ABAP 程序可利用事务码 SE38 新建和编辑。ABAP 程序具有开放性的处理功能，如指定删除某些特殊数据等。

该组件提供了现有处理链提供的组件无法处理的某些特殊操作，当用户存在特定的需求，或者数据需要进行特殊处理而无法利用处理链常用组件实现时，可选择该组件，如图 6-8 所示。选择该组件时需要先编写好要执行的程序并保存，待处理链执行到该节点时就会执行预先设置好的 ABAP 程序。该组件可以在很大程度上提升处理链的处理能力。

6. 在本地系统中启动处理链

一般来说，为了处理复杂数据流程，会使用复杂处理链。复杂处理链会在主链中调用本地链，一个主链由多个本地链构成。其中，本地链组件能够将在本地系统中事先创建的处理链打包调用，处理链就通过该组件实现本地调用。当然，主链中除了子链也可以包含其他组件。

主链是用来整合各层级（抽取层、转换层、集市层等）的处理链，主链不仅能够统一计划处理，也能够按顺序执行处理链。可以任意选择一个已有的本地处理链作为该节点的子链，如图 6-9 所示。

图 6-8　执行 ABAP 程序　　　　　　　　图 6-9　在本地系统中启动处理链

6.2.3　加载和后处理类

1. 执行数据传输流程

使用执行数据传输流程组件需要选择特定的 DTP，一个处理链可以有一个或多个 DTP。使用该组件只需要直接填写或在列表中选择已有的 DTP 的技术名称，如图 6-10 所示。

应用场景：当明确需要对某些源目标进行数据加载时，可选择执行数据传输流程组件，将 DTP 插入处理链中，实现数据自动加载的目标。

图 6-10　执行数据传输流程

2．设置请求状态

在数据传输流程中，可以手动或自动设置请求的总体状态（红色或绿色），如图 6-11 所示。

图 6-11　设置请求状态

（1）如果请求状态为手动设置，那么无论处理阶段以红色还是绿色状态完成，请求状态都保持不变。

（2）如果请求状态为自动设置，则无论处理阶段以红色还是绿色状态完成，最后的状态都是预先设计好的状态。

应用场景：对于某些经常报错但可以忽略的数据对象，可以通过设置请求状态来避免由于 ADSO 中的上一个请求报错而中断下一次抽数的情况。

6.2.4 数据目标管理类

1．激活高级数据存储对象中的请求

该组件的作用是激活加载到 ADSO 中的请求。一般可在对应的执行数据传输流程节点之后激活请求，可以激活同一个 ADSO 的一个或多个数据传输流程，也可以激活多个 ADSO，如图 6-12 所示。

图 6-12　激活 ADSO

应用场景：对于非写优化的 ADSO 来说，在选中 DTP 后会自动带出激活数据存储对象组件，若后面再添加新的 DTP，在源目标相同的情况下，则不会再次自动带出目标的激活流程。如果需要再次激活数据存储对象，则需要单独新增该组件，并设置要激活的数据存储对象。对于写优化的 ADSO 来说，无须使用激活组件。

2．删除所有数据目标内容

该组件用于删除 ADSO 的全部请求（内容）。一个删除流程可以删除一个或多个对象的全部请求（内容），对象可以是 ADSO 或某个 DTP，如图 6-13 所示。

图 6-13 删除所有数据目标内容

应用场景：若希望 ADSO 中总是保留最新的全量抽取的数据，可以在处理链抽取该 ADSO 前删除所有数据目标内容。

3．清理来自高级数据存储对象的旧请求

该组件用于清除已经更新过的请求。一个删除流程可以删除一个或多个对象的请求，即可以集中处理所有需要删除的对象的请求，每个对象保留的请求可以不一样，如图 6-14 所示。

应用场景：若希望避免 ADSO 对象请求占用太多内存空间，可以选择保留最后几条请求，将其余的请求全部删除。也可以选择保留最后几天的请求，将其余的请求全部删除。

图 6-14　清理来自高级数据存储对象的旧请求

4．激活主数据

激活主数据组件用于在主数据属性或主数据文本 DTP 节点之后激活信息对象。新建一个激活主数据变式可以选择一个或多个信息对象，同时可以指定是主数据的属性还是文本，如图 6-15 所示。

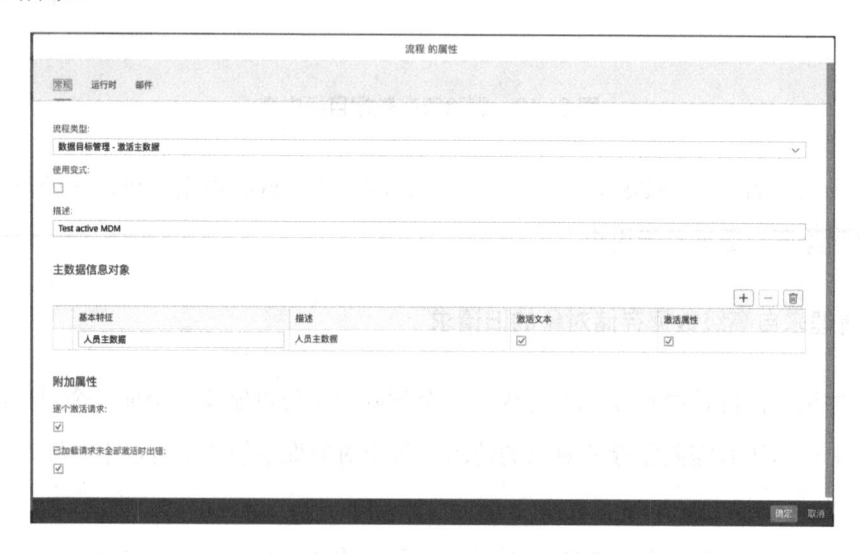

图 6-15　激活主数据

第 6 章 处理链

应用场景：新建主数据之后，选定需要加载数据的主数据对象与 DTP，进行主数据激活操作。

6.2.5 其他 BW 组件

其他 BW 组件包括将 BW 用户的授权复制到 SAP HANA 中、执行分析流程、将 ADSO 切换为计划模式、将 ADSO 切换为加载模式等 8 个组件，由于应用场景不广泛，这里不进行详述。

6.3 合理的处理链设计

数据调度设计是项目落地交付前不可或缺的一环，如何保障数据调度合理是每个项目的重中之重。对于大部分项目来说，项目的软硬件资源有限，要想在既定的资源条件下，在最短的时间内顺利完成有序且完整的数据加载，就要对数据仓库模型进行分层设计。此外，对作业调度的设计也可以遵循纵向分层、横向分域的原则。考虑到模型构建实际业务逻辑的复杂性，实际的调度设计往往并非严格遵循上述原则。

6.3.1 处理链设计的核心要点

在对数据调度进行设计时，应关注主数据与业务数据的顺序、规避数据调用的死循环、兼顾并发限制 3 个核心要点。

1. 主数据与业务数据的顺序

在主数据与业务数据的顺序方面，应坚持主数据优先原则，如图 6-16 所示。在设置顺序之前，需要先理解主数据和业务数据的含义及其关系。

（1）主数据。主数据具有相对稳定、唯一、有限、自带属性的特点。"相对稳定"表示一旦初始化之后，数据内容在一定时间范围内变化较小；"唯一"表示数据内容在各种应用场景下保持一致，公司代码，采购员下单时选择的公司代码与财务人员进行结算时所选的公司代码是同一套代码；"有限"表示信息量不会无止境地增加下去，数据条目较少，数据结构相对简单；"自带属性"是客观世界对主数据维度的一种描述，如SKU的规格、描述等。

（2）业务数据。相对于主数据而言，业务数据具有不确定、随机、无限等特点。"不确定"表示的是数据内容的不确定，数据内容随着业务发展而增加或更新；"随机"表示数据内容随着实际业务的发生而变化，没有统一的规律可循；"无限"表示理论上信息量的增长无止境，数据条目可能是几百、几万乃至几亿量级，数据结构相对复杂。

在分析系统中，业务数据往往与主数据分开存储。出于跨领域、跨主题数据分析和去异构的目的，各业务数据表需要读取主数据对象的信息。因此，基于业务数据和主数据的特征，一般建议在进行业务数据调度之前完成主数据对象的数据加载，即遵循主数据优先原则。

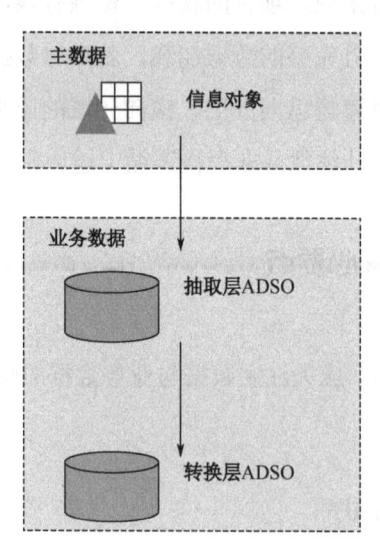

图 6-16 主数据与业务数据的顺序

2. 规避数据调用的死循环

死循环是指程序仅依靠自身控制无法终止，导致链路执行中断的一种状态。一般情况下，在调度时出现死循环往往会导致系统资源的无效占用而影响正常进程的执行，从而导致数据流处理错误。在实际的数据仓库系统中，表现为多个表在后台日志中被锁定。出现这种情况，可能有如下三方面原因。

（1）时间安排不合理。通常在有多个调度的情况下，作业计划时间安排容易出现冲突，容易出现前序调度未完成，后续调度已启动的情况。

（2）并行调度存在相互依赖。在调度中设置了并行作业，但并行执行的调度相互之间存在读取关系，出现双方互相等待锁定的情况。例如，处理 A 进行数据写入过程的前提是处理 B 数据处理结束，而处理 B 进行数据写入过程的前提是处理 A 数据处理结束。

（3）自己调用自己。部分对象的写入、读取同时调度。

一般建议按照调度对象数据存储层级梳理作业调度的先后次序及执行时间，对于存在强依赖性的调度，通过合并为一个调度实现确定的先后次序。对于不存在强依赖性的调度，采取并行或先后执行的方式设置调度。为了规避数据调用的死循环，要坚持自下而上、分层调用原则。

3. 兼顾并发限制

处理链设计应兼顾并发限制，以系统资源限制为前提。对于系统的数据调度，在不考虑系统资源限制的情况下，并发数越高，调度可以在越短的时间内完成，对于满足数据调度要求越有利。但是大部分系统资源都有限制，而系统的调度往往涉及一系列后台任务，其执行需要系统资源（包括 CPU、内存、进程等）达到一定要求。因此，调度设计者需要考虑并发限制。在实际的数据仓库系统实施过程中，若出现如下几种情况，还需要考虑调整调度并发数。

（1）后台调度任务失败，提示内存不足。

（2）前端执行调度时，提示无法执行的错误。

（3）CPU 或内存占用率居高不下，一旦结束部分调度则恢复正常。

6.3.2 处理链设计步骤

在系统、全面地认识处理链之后，可以先创建和运行一个简单的处理链，以熟悉处理链设计和开发的全过程。这里可结合数字化经营管理项目的复杂数据流处理需求，针对性地分析复杂处理链的设计场景。

在开始具体开发数字化经营管理项目的处理链之前，可以根据实际需求，梳理处理链设计清单。按照分层及主数据优先原则，梳理准备步骤如下。

（1）梳理项目对象清单并按照对象类型、所属层级、主题域进行分类。

（2）将对象清单分为主数据 MDM、抽取层 ADSO、转换层 ADSO，为了便于识别层级，依次设置 0、1、2 层级，主题域按照所属模块进行设置，如销售 SD、采购 MM 等。

（3）按照处理链编码规则，分别对处理链总链、处理链、开始变式、属性变式进行编码和描述准备。

这里涉及主数据及 SD、MM、FI 三个业务模块。其中，主数据为客户、物料、组织，业务模块包含 4 个标准数据源、4 个抽取层和转换层 ADSO。处理链整体结构设计为 1 个主链和 4 个子链（主数据、SD、MM、FI）。

通过事务码 RSPC 或者 RSA1 进入维护管理界面，在界面左侧可以看到多个子菜单，选中流程处理链，右侧列表中是已经创建好的处理链清单。具体操作步骤如下。

1. 新建处理链

标准操作：单击新建图标，按照处理链命名规范输入技术名称和长文本描述，然后确认即可。在数字化经营管理项目中，新建 1 个主链、4 个子链，将它们分别作为处理链的一级、二级目录，然后将各链的分层子链按照各模块层级划分为 1、2 抽取层与转换层的处理子链。

2. 插入开始组件

标准操作：新建完处理链后，从一般服务类目中选择开始组件。一般来说，不推荐选

第6章 处理链

择已经创建好的开始组件，建议新建开始变式，并按照命名规范要求输入变式的技术名称和描述。确认后即可进入开始组件的编辑界面，在计划选项中设置立即启动，保存后即可进入处理链编辑界面。在数字化经营管理项目中，按照层级编码对模块子链新建开始变式，将作业调度设置为立即执行。其他模块依此类推。

3．插入数据传输流程

标准操作：在开始组件下方选择执行数据传输流程组件，选择相应的 DTP 后确认，此时系统会自动带出激活 ADSO 组件。处理链可以并行处理多个 DTP，但一般不超过 6 个。

在数字化经营管理项目中，拖入 DTP 组件，选择相应的抽取层 DTP。若同一主题同一层级的 DTP 较少（不超过 6 个），在没有相互调用的情况下，可以设置成并行加载的模式。若同一主题同一层级的 DTP 较多（多于 6 个），在没有相互调用的情况下，可以设置成串行加载的模式，无须考虑先后次序。

4．连接流程

标准操作：单击开始组件，将其与多个执行数据传输流程组件进行连接，连接的线可以按项目需求选择成功或失败。需要注意的是，无论成功与否都要往下执行。

在数字化经营管理项目创建好的各子链中，选好相应的 DTP 后，连接各对象；在主链中，按照先主数据、后业务数据的次序串接各链，实现数据对象串接。

5．保存并激活

在完成处理链设计后，SAP BW 提供了便捷的方法帮助设计人员快速定位问题——利用检查功能检测处理链是否已经可以使用、是否已经具备激活的技术条件。该功能的主要作用是从技术层面进行检查，例如，可以检查处理链中错误的引用，确认处理链中是否存在未连线或者未被激活的对象等。

完成检查后，一个简单的处理链就创建好了。

在数字化经营管理项目中，完成各链的创建和连接后，在主链界面单击检查按钮，即可从整体上检查处理链的创建是否正确。若在某个子链处出现报错，则可以返回，进入计划模式，双击进入相应的子链，继续进行检查，直至找到具体报错位置。

6. 启动处理链

选中需要启动的处理链，单击优先级图标，选择标准优先级 A 组件，即可立即启动该处理链的后台作业。启动后，可以单击日志视图查看处理链执行进度，这样便于刷新查看处理链中的各节点是否正确执行。其中，黄色表示正在执行，绿色表示已正确执行完成，红色表示执行失败。当所有节点全部为绿色时，表示该处理链本次调度已完成，如图 6-17 所示。最后回到相应的 ADSO 查看视图，会发现新增激活的请求。

图 6-17　处理链执行日志

在数字化经营管理项目中，完成处理链的检查后，可以在主链中将作业设置为立即执行，保存并激活后即可利用优先级调度，实现主链的整体执行。

至此，从处理链创建、调度到检查的全过程就完成了。在 SAP BW/4HANA 中，为了满足 ADSO 近实时的数据同步需求，根据数据源系统的不同（如 ODP-SLT 和 ODP SAPI 类支持流式处理链，除此之外的一般源系统如 SAP、DB 等，采用一般处理链），采取不同的处理链设计。以 ODP SAPI 作为数据源为例，按照常规的方式新建处理链后，将抽取 ODP SAPI 到目标的 DTP 拖入后，设置为流式处理链，并设置作业调度，相应的 DTP 即可实现近实时同步数据，如图 6-18 所示。

图 6-18 流式处理链设置

听完 Jackie 的介绍，David 志得意满，看到 David 这般得意忘形的模样，Jackie 不忍心打断，但还是抛出了一个现实问题："创建好处理链只是整个处理链工作的一小部分，还有一个更重要的问题。"

"那是什么呢？"

"请问你创建处理链的目的是什么呢？"

"当然是要帮我把数据抽取到数据仓库中，并且还可以方便我做数据管理。"

"你说的很对，重点是要看怎么用好处理链，怎么确保抽取到数据仓库中的结果是我们要的，如果数据抽取过程中出错了怎么办？"

David 再次陷入思考，"我每天都来检查一下？好吧，您还是别卖关子了，我们领导将 BW 模型的后期维护交给我负责。"

"别担心，你的担心 SAP BW 都帮你考虑到了，听我慢慢跟你说。"

6.4 异常情况的监控和处理

数据质量好、系统资源充足、调度设计合理能够保障处理链顺利执行，如果任一方面出现问题，处理链的执行将会失败，也就是会出现处理链执行异常。面对系统中大量的处理链，只依靠人力查找错误显然是不可行的，为了保证数据仓库平台的持续运行和稳定发展，可以通过自动化监控、主动通知报错信息及统一的视角查看执行状态，以便更好地复盘、运维。为了应对以上诉求，SAP BW 系统中分别推出了处理链日志监控功能、处理链异常邮件通知功能和处理链执行统计功能。

6.4.1 处理链日志监控

处理链日志监控功能主要应用于项目日常运维过程中。作为常规的报错排查和原因分析的利器，处理链的日志视图提供了所有的 BI 任务状态信息。通过使用处理链的日志视图，可以监控或者查看处理链的执行状态，查看报错信息，如图 6-19 所示。

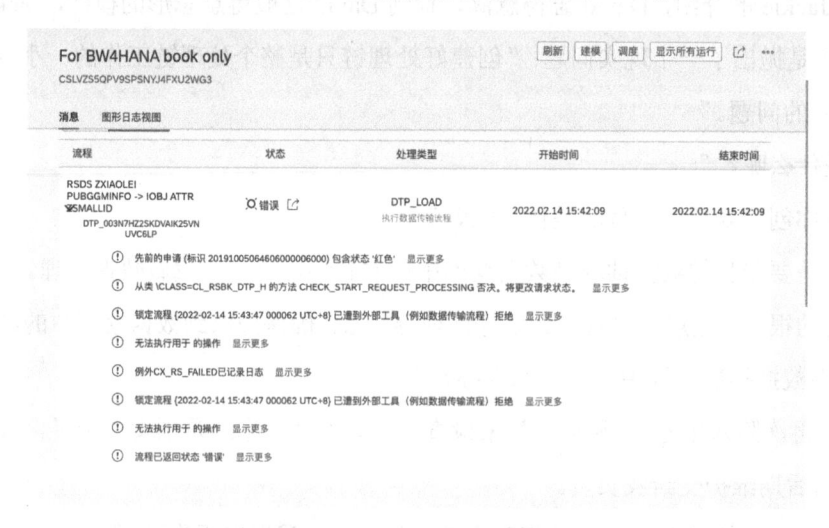

图 6-19　处理链的日志视图

在日常运维过程中，查看某个处理链的日志视图时，如果出现红色错误节点，可单击该节点，跳转至报错信息窗口、DTP 监控器等。也可以对错误节点进行修复，以重新加载数据；或者直接跳过错误节点，继续后续处理链执行。可以根据实际情况选择需要进行的操作，如修复、跳过等，如图 6-20 所示。

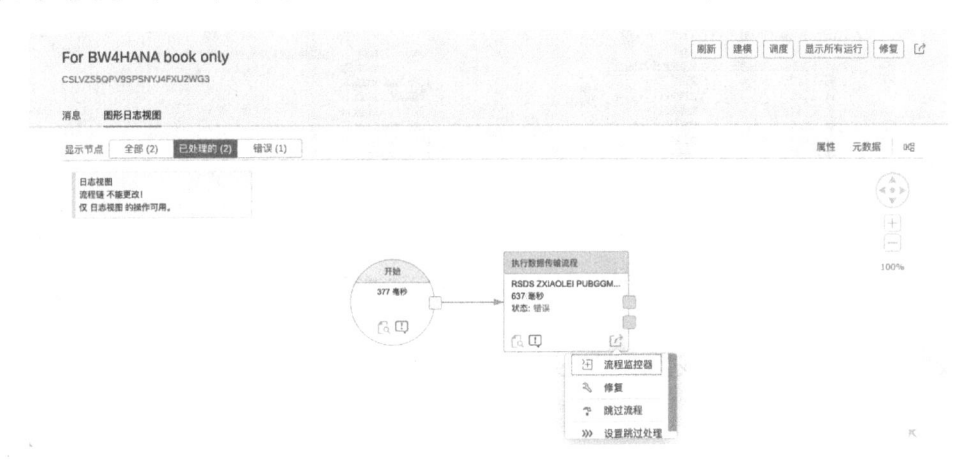

图 6-20　选择需要进行的操作

6.4.2　处理链异常邮件通知

处理链异常邮件通知功能可以解放数据仓库平台维护的劳动力，减少日常运维工作量。下面对该功能的两种实现方式进行介绍。

1．配置邮件服务器

先设置好相应的 E-mail 地址，再进行具体的服务器配置。在事务码 SCOT 界面，进行相应配置（主要进行 SMTP 服务器地址和端口配置）。完成配置之后，可以新建作业，在测试阶段计划 5 分钟执行一次，即可把待发送队列中的邮件发出去。通过事务码 SOST 检查待发送队列，其中灰灯表示正在发送且未收到回执的消息作业，黄灯表示等待发送的消息作业，可以手动执行消息发送作业。

配置好邮件服务器，接下来就需要具体配置待提醒的处理链。利用事务码 RSPCM 进入配置界面,在菜单栏中选择"附加"→"自动通知",并配置邮件内容及相关收件人,如图 6-21 所示。

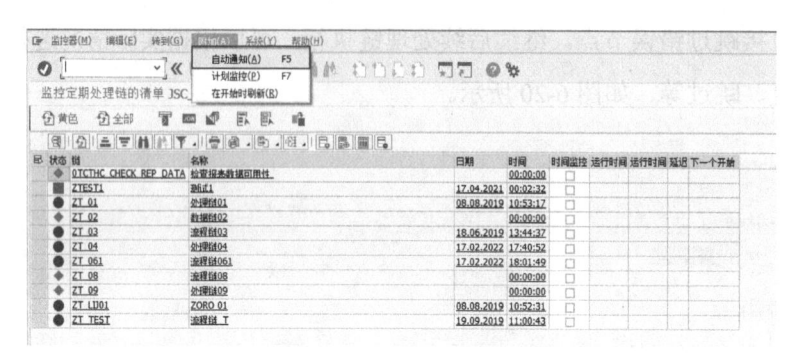

图 6-21 设置邮件自动通知

最后通过菜单命令"计划监控",实现自动调度邮件推送。

2. Alert 自动报错提醒

与配置邮件服务器的方法类似,首先设置好相应的 E-mail 地址,再进行 Alert 相关系统配置。进入事务码 ALRTCATDEF 界面,选择警报类别为"流程链",在右侧找到"流程链的流程中出错",双击后显示警报定义内容,如图 6-22 所示。如果勾选"动态文本"选项,会用默认的格式报告处理链错误。

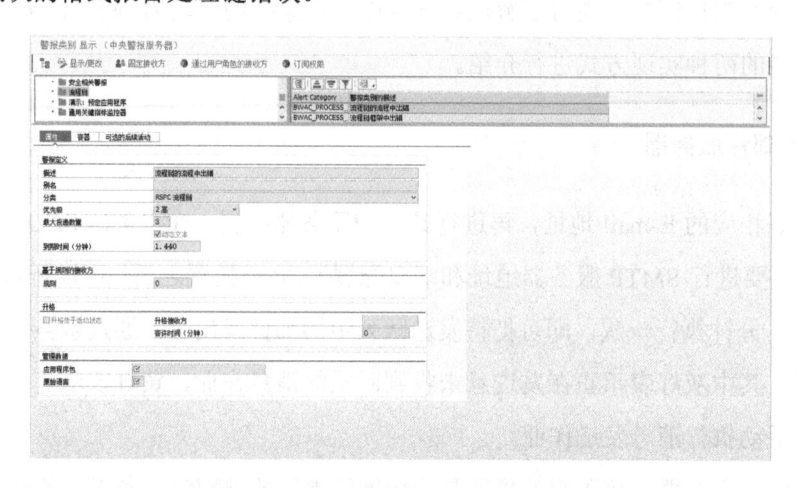

图 6-22 显示警报定义内容

第 6 章 处理链

在定制错误报告时，可以利用容器中的变量，动态设置报告的核心内容。完成以上几个配置项后，再指定相关报错信息的固定接收者，以便报错信息能够被及时接收，如图 6-23 所示。

图 6-23 指定报错信息的接收者

最后，选择想要监控的处理链，完成处理链报错提醒的设置。此方式与配置邮件服务器不同的是，如果处理链未报错，相关接收者就不会被消息打扰。因此，对于那些无论是否报错都希望每天收到消息的用户来说，可以选择第一种方法，而喜欢清净的用户则可以选择第二种方法。两种方法均可实现提醒功能，可根据实际情况选择。

"嘿嘿，学会了，有了这个方法，以后就省心多了！" David 嘿嘿一笑。

"如果某些处理链经常报错或者想要做好后期优化，我们还可以利用系统自带的分析工具来帮我们定位问题，通过数据分析的手段实现系统健壮性监控和管理。"

6.4.3 处理链执行统计

当 BW 数据仓库经过一段时间的运维逐步进入稳定阶段后，应将系统执行性能分析及数据流的故障率分析逐步纳入工作任务中。处理链总体执行异常率如何？哪些处理链故障率较高？哪些处理链执行周期长？哪些时间段内并发数较高导致系统资源不足？诸如此类的优化问题都可以借助 SAP BW GUI 中的监控及统计分析功能来解决。

以"流程链仪表盘"为例，它可以监控 SAP BW/4HANA 系统中选定处理链的最后一次运行状态、运行时长、下一次运行开始时间，方便用户从整体上把控当前处理链的出错

· 243 ·

情况及以往执行状态，为后续的优化提供思路和方向，如图 6-24 所示。

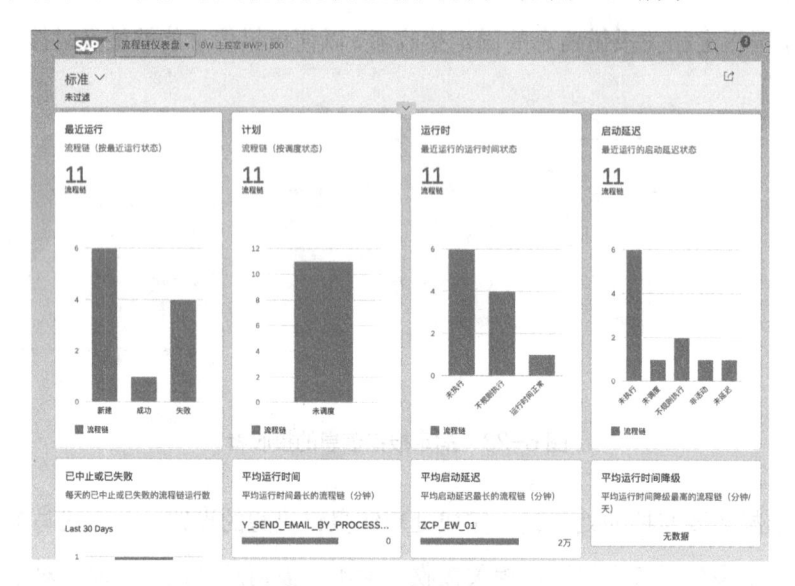

图 6-24　处理链执行统计

"只要能理解并熟练运用这些功能，就入门了。"

"谢谢 Jackie，接下来这个项目的处理链交给我吧，不过设计方案还需要您帮我把关。"

Jackie 很欣慰，他看着 David 回复道："没问题！"

第 7 章

数据分析

随着项目的推进，A 公司的数字化经营管理项目已经完成了 SAP BW/4HANA 的建模及数据流的设计，David 已经学会了从不同粒度的模型中检索、导出数据，并能按照 Richard 的要求手工整理相应格式的报表提供数据。但每次获取数据的过程重复又耗时，有没有什么简便的方法呢？

David 就数据查询的苦恼咨询了 Jackie，Jackie 听完后将 David 带到项目实施现场，让顾问给他仔细讲解在本项目中，数据分析工作是如何落地的。

顾问拿出移动硬盘，在 David 的计算机上为他安装好本项目配套的报表工具，然后，他打开 SAP HANA Studio 给 David 讲解了起来。

图 7-1 展示了以 SAP BW/4HANA 作为数据仓库，以 SAP BO BI Platform 及 SAC 作为前端展现应用的完整系统架构。SAP BW/4HANA 的数据分析引擎是 BW Query，SAP HANA View 也可以通过 BW Query 实现与前端 BI 应用的对接，Query 中预置了很多与数据分析相关的公式、方法与功能，能帮助用户方便、快捷地完成数据分析工作。

基于 Query 的多维数据集合，为满足不同应用层级用户对数据呈现方式的要求，SAP 推出了 BO 及 SAC 等前端产品。接下来将以 BW Query、SAP BO Web Intelligence、SAP Analytics Cloud（SAC）为例，详细介绍 SAP BW/4HANA 及配套的 Business Intelligence 中的三种数据分析工具。

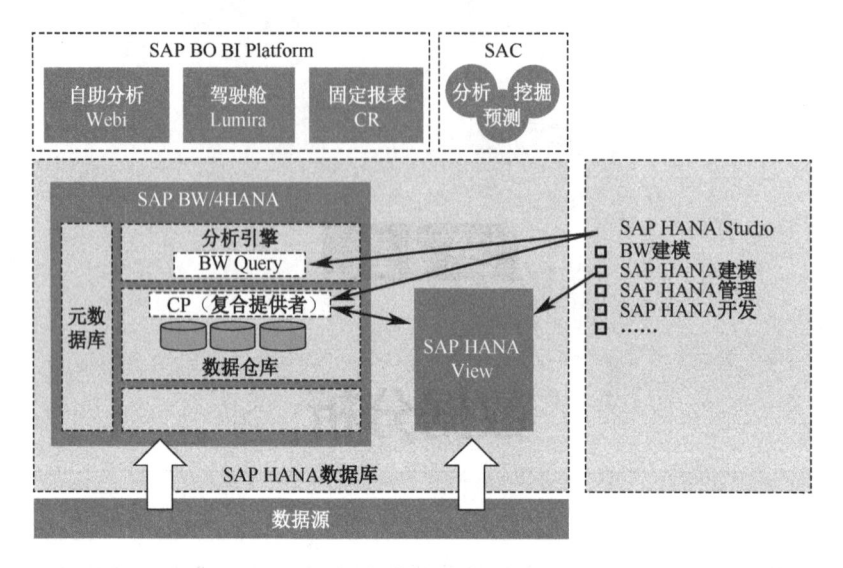

图 7-1 完整系统架构

1. BW Query：报表预处理

Query 从信息提供者中检索、处理和查询请求的数据，是 BW 与前端报表之间的主要接口。

2. SAP BO Web Intelligence：自助分析

SAP 在整合了 BO 之后，拥有了丰富的、可应对不同场景的前端工具。本章着重介绍其中的 Webi 工具，它具备强大的自助分析功能。

3. SAP Analytics Cloud：基于云平台、三位一体的新生代数据分析

SAP Analytics Cloud 将商务智能、增强和预测分析、计划功能整合到统一的云平台，在云平台中集成了人工智能、机器学习等增强分析功能，使企业决策层能够基于一致的体验，在各种设备上完成发现、分析、计划和预测等工作。

第 7 章 数据分析

7.1 报表预处理

如前所述，BW Query 是连接 BW 模型与前端报表的桥梁。在早期的 BW 版本中，有独立的开发工具来完成 Query 的新建、设计、保存及发布等操作。在 SAP BW/4HANA 中，将 Query 的各类功能都集成进 SAP HANA Studio 中，具体说明如下。

7.1.1 Query 基础开发介绍

在 SAP BW/4HANA 中，Query 从信息提供者中检索、处理和查询请求的数据，是 BW 与数据库之间的主要接口。当 Query 被定义并连接到一个特定的信息提供者时，便可查询到所请求的数据。Query 执行的性能与查询定义的精度和数据量的大小直接相关。

在 SAP BW/4HANA 中，用于创建 Query 的 BW Query Designer 被集成在 SAP HANA Studio 的 BW 建模工具组件中，根据 SAP HANA Studio 的版本更新至对应的 BW Query Designer 版本即可使用，如图 7-2 所示。

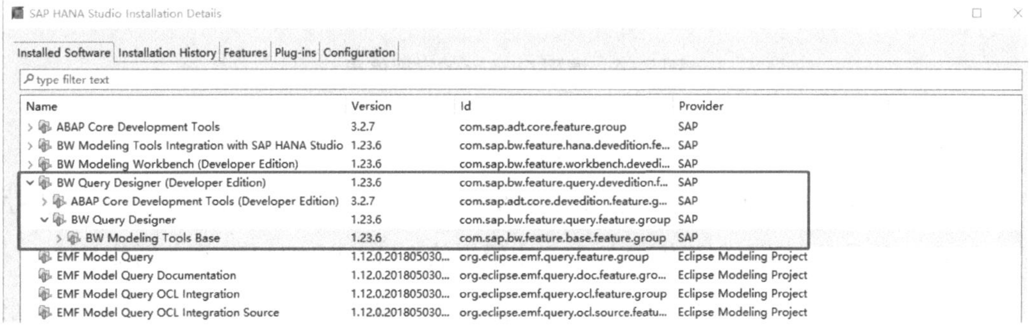

图 7-2　SAP HANA Studio Version 2.3.62 中安装的工具组件

新建 Query 的具体步骤如下。

（1）选择用于出具报表的信息提供者，在右键快捷菜单中选择 New→Query，如图 7-3

所示。

图 7-3 创建 Query

（2）在随后弹出的窗口中，填写 Query 的常规信息，如图 7-4 所示。

图 7-4 填写 Query 的常规信息

Query 的常规信息主要有以下几个方面。

① B W Project（BW 项目）。在 SAP HANA Studio 中，通过 BW 建模工具创建 SAP BW/4HANA 项目时，项目创建依赖在 GUI 中配置的 SAP BW/4HANA 服务器信息。

② InfoProvider（信息提供者）。因为是先选择信息提供者，再通过右键快捷菜单创建 Query，所以此处会默认指定查询来源的信息提供者。

③ Name（名称）。Query 的技术名称，具有唯一性，不可与其他 Query 重名。

④ Description（描述）。填写要执行的具体工作。

⑤ Copy From（从……复制）。复制其他 Query 作为本 Query 的模板，单击右侧的 Browse

按钮可以选择系统中已有的 Query。

（3）填写好以上信息后，进入 Query 属性设置界面，如图 7-5 所示。

图 7-5　Query 属性设置界面

为了让 Query 设计更贴合实际需求，工具本身提供了以下几个页签用于 Query 属性配置。

1. General（一般属性）

（1）General（一般属性）：一般属性的设置，除默认的不可修改的数据来源、技术名称及可修改的描述外，还可以设定 Key Date（关键日期）。在 Query 中有时间相关的对象时需要设置该值，用于指定查看报表依赖的时间点。

（2）Output Settings（输出设置）：可进行正负号、比例尺显示等设置。

（3）Result Location（结果位置）：确定结果行出现在表体的上方还是下方，结果列出现在表体的左侧还是右侧。

（4）Zero Suppression（除零设置）：确定是否对行或列开启除零设置，开启除零设置后，当行或列全为 0 值时，不显示该行或该列。

（5）Universal Display Hierarchy（层级显示）：对于行或列中存在的层级结构，设置其输出的默认层级数量。

（6）Remote Access（远程访问形式）：使用不同的前端执行查询时，功能不一样。具体选项如下。

① By OLE DB for OLAP：使查询能够被启用 MDX 的前端访问，如 SAP Business Objects 工具。

② External SAP HANA View：允许基于 SQL 的 ODBC 第三方工具访问该查询，如 Tableau 等。当勾选此选项时，SAP BW/4HANA 查询自动生成 SAP HANA 视图。生成的 SAP HANA 视图超链接位于此选项旁边。可以通过将光标悬停在超链接上获得 SAP HANA 视图的位置，或者单击超链接打开它。SAP HANA 视图显示在 SAP HANA Studio 建模透视图中。

③ By OData：使应用程序能够基于 Representational State Transfer（REST）访问传输，如 Qlik。

（7）Variables Order（变量顺序）：查看并配置查询中使用变量的顺序。执行查询时，系统会生成一个变量输入窗口，按照指定的顺序显示变量。

（8）Planning（计划）：用于更改查询的计划模式。

（9）Extended（扩展属性）：管理后端处理的数据所能选择的参数，特别是对冷数据使用近线存储，并且将归档数据与查询中的当前数据合并。还能够链接到为主数据、InfoProvider 中的值创建的文档和查询元数据。

2. Filter（过滤器）

过滤器用于限制查询数据选择，可以在查询中定义，也可以在信息提供者中定义全局过滤器。

3. Sheet Definition（报表页面定义）

定义 Query 最终的内容呈现方式，包括行、列、自由特征等，如图 7-6 所示。

图 7-6　报表页面定义

4．Conditions（条件）

Conditions（条件）即组合规则，用于进一步限制显示的信息。

5．Exceptions（异常）

通过设置规则和警告，及时进行异常数据预警。

6．Dependencies（依赖关系）

呈现 Query 的依赖关系图谱。

7．Runtime Properties（运行时属性）

通过修改、覆盖信息提供者的设置，提供查询所需的特定值。

8．Cells（单元格）

单元格页签并非默认显示在 Query 属性设置界面中，需要满足指定条件才会显示。当

Query 中存在两个结构（一个含有关键值，另一个为使用特征设计的结构），即有固定显示的区域时，可以对此区域中的任意单元格进行个性化设置。例如，列结构带关键值（Amount），在行结构中添加"科目"字段，限制为"1001"。此时，在 Sheet 中可以看到一个单元格，行是科目，列是 Amount。之后在行结构中继续增加行限制或在列结构中增加关键值字段，都会在 Sheet 中看到对应的单元格出现，但在结构外添加的其他特征不会使单元格数量增加。单元格中设置的个性化逻辑优先于行、列逻辑，在最终展现 Query 时优先按照单元格的逻辑输出数据。

7.1.2 Query 传统变量的应用

David 学会了如何制作他所需要的 Query，但想起 Richard 的一些需求，稍做思考之后便对顾问提出了自己的疑惑："很多时候老板要看的数据结构是一样的，但会选择一些不同的条件去看，比如每天看最新日期的数据，或者切换着看不同销售组织的数据，难道每次我还要去修改已经做好的报表吗？"

顾问笑道："别着急，接下来我将向你讲解变量的使用。"

变量作为 Query 与用户之间传递查询参数的桥梁，在报表的使用中发挥着巨大的作用。与固定值过滤器不同的是，Query 只有在执行查询时，才会用值填充变量。

查询元素通常与 SAP BW/4HANA 中的信息对象相关联，因此，信息对象的类型限制了其可以使用的变量类型，如表 7-1 所示。

表 7-1　变量类型及其所允许的输入方式

变量类型	单值	间隔	多个单值	选择选项	预计算
特征值	Y	Y	Y	Y	Y
层次节点	Y	Null	Y	Null	Null
文本	Y	Null	Null	Null	Null
公式	Y	Null	Null	Null	Null
层次	Y	Null	Null	Null	Null

每种变量又可以选择不同的后台处理方式（如表 7-2 所示），构成了一套内容丰富的变

量输入体系来满足不同的用户需求。

表 7-2　变量类型及其所允许的后台处理方式

变量类型	一般输入/默认值	替换路径	BRFplus 出口	客户出口	SAP 出口	SAP HANA 出口	权限
特征值	Y	Y	Y	Y	Y	Y	Y
层次节点	Y	Null	Null	Y	Y	Null	Y
文本	Y	Y	Y	Y	Y	Null	Null
公式	Y	Y	Y	Y	Y	Y	Null
层次	Y	Null	Null	Y	Y	Null	Null

常用处理方式说明如下。

1. 一般输入/默认值

通过普通的弹出框供用户选择输入，可配置默认值，默认值为固定值。

2. 替换路径

替换路径作用于两个 Query 之间，将第一个 Query 的运行结果（具体特征），作为第二个 Query 该特征的限制条件输入，即第二个 Query 的输入参数由第一个 Query 的运行结果动态决定。

3. SAP HANA 出口

这是 SAP BW/4HANA 的增强出口，可通过代码实现一般输入不便实现的数据选择。

4. 权限

如果变量勾选了权限相关选项，则可在后台对其进行进一步的数据权限处理。

7.1.3　Query 变量增强

David 听完变量的应用后，意犹未尽地问道："如果要做同比、环比、年累计之类的操作该怎么办？利用刚才介绍的这些变量，似乎不好实现类似的需求。"顾问首先对 David 的思考方式表示认可，接下来提出了出口变量的概念。出口变量，即可以在后台为变量编写代码，既然用到了代码，那可实现的内容就丰富多了。

SAP HANA Exit 是 Bex Exit 众多处理中的一种类型，它允许使用 AMDP 类来确认变量的默认值。在传统 BW 中，可以通过 ABAP 中的客户出口来处理 Bex 变量。随着 SAP HANA Exit 的推出，客户出口变量可以在 HANA 层（代码下沉）中进行处理。SAP BW/4HANA 不再支持基于 CMOD 的实现。

要使用 SAP HANA Exit，首先必须在 BW 系统中基于 BADI RSOA_VARIABLES_HANA_EXIT 创建增强点，步骤如下。

（1）在 BW 系统中使用事务码 SE18。

（2）创建增强点 RSROA_VARIABLES_HANA_EXIT，如图 7-7 所示。

图 7-7 创建增强点

（3）选择"增强点元素定义"选项卡，然后单击两个小人按钮（Implement Enhancement Spot），如图 7-8 所示。

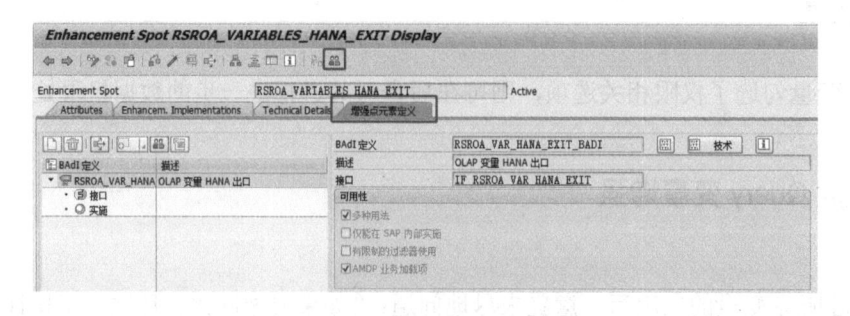

图 7-8 配置增强点实例 1

（4）在弹出的输入框中输入增强实施的名称"ZBW_CL_VAR_HANA_EXIT"，如图 7-9 所示。

图 7-9　配置增强点实例 2

（5）在弹出的窗口中输入 BADI 实施的名称和要生成的类，如图 7-10 所示。

图 7-10　配置实施类

（6）为接口创建实施类，选择"复制示例类"，如图 7-11 所示。

图 7-11　创建实施类

（7）激活增强实施，只需要激活包括 BADI 类在内的增强实现，如图 7-12 所示。

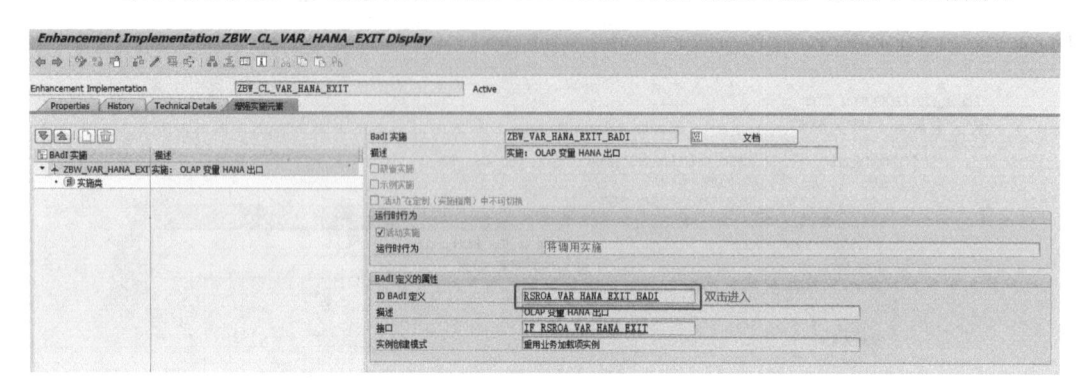

图 7-12　激活增强实施

（8）在图 7-13 所示界面的左侧选择"实施"，右侧"BADI 定义"下的小黄灯亮起即表示配置成功，如未激活，单击上方的激活按钮即可。

图 7-13　查看/激活 BADI 实例

SAP HANA Exit 可为 Query 的查询变量提供动态初始值，对输入值进行特殊定制。它包含 GET_PROPERTIES 及 PROCESS 两种方法，详细示例如下。

GET_PROPERTIES 示例：

```
    METHOD IF_RSROA_VAR_HANA_EXIT~GET_PROPERTIES BY DATABASE PROCEDURE FOR
HDB LANGUAGE SQLSCRIPT.
    * C_IS_ACTIVE STIPULATES THAT THIS CODING SHOULD BE USED TO DEFINE THE
VALUE OF THE VARIABLE
    * THE SYSTEM CAN CONTAIN NO MORE THAN ONE BADI IMPLEMENTTATION WITH THE
VALUE 'X' FOR THE QUERY/VARIABLE NAME COMBINATION.

    C_IS_ACTIVE := 'X';
```

```
    IF :i_vnam = 'ZCALDATE_H01' or :i_vnam = 'ZCALDATE_H02'
    THEN
    C_TS_VNAM_INDEX = SELECT 'ZCALDATE_001' AS VNAM, 1 AS INDEX FROM DUMMY;
    ELSEIF :i_vnam = 'ZCALDATE_H20' OR :I_VNAM = 'ZCALDATE_H21'
    THEN
    C_TS_VNAM_INDEX = SELECT 'ZCALMONTH_001' AS VNAM, 1 AS INDEX FROM DUMMY
    UNION
    SELECT 'ZCALMONTH_002' AS VNAM, 2 AS INDEX FROM DUMMY;
    END IF;
    ENDMETHOD.
```

说明如下：

（1）C_TS_VNAM_INDEX 是临时表/内部表，用于保存所有相关变量及其值，以便在 IF_RSROA_VAR_HANA_EXIT~PROCESS 方法中进一步处理 SAP HANA Exit 变量逻辑。

（2）一个 SAP HANA Exit 变量可以对应多个用户输入，一个用户输入也可以对应多个 SAP HANA Exit 变量，具体根据业务情况来定。

PROCESS 示例：

```
    METHOD IF_RSROA_VAR_HANA_EXIT~PROCESS BY DATABASE PROCEDURE FOR HDB
LANGUAGE SQLSCRIPT USING ZBW_SQL_ZJJRPZB.
    * PARAMETER C_VALUE SHOULD SPECIFY THE VALUE OF THE VARIABLE.
    DECLARE LV_FROMDAY DATE;
    DECLARE LV_TODAY DATE;
    C_VALUE := '';
    ****默认昨天
    IF :I_VNAM = 'ZCALDATE_H01'
    THEN
    C_VALUE := TO_DATS(ADD_DAYS(TO_DATE(:I_VAR_VALUE_1,'yyyymmdd'),-1));
    ****审批日期为结束日期
    ELSEIF :I_VNAM = 'ZCALDATE_H02'
    THEN
    SELECT ZZRJSDAT
```

```
            INTO LV_TODAY
        FROM ZBW_SQL_ZJJRPZB
        WHERE ZJJRPZB = SUBSTRING(TO_DATS(:I_VAR_VALUE_1),1,8 )
        AND OBJVERS = 'A';
        C_VALUE := TO_DATS(:LV_TODAY);
        END IF;
        ENDMETHOD.
```

说明如下：

（1）SAP HANA Exit 变量处理中没有 I_STEP 的概念。

（2）与 SAP HANA 相关的 SQL、函数在这里均可使用。

（3）SAP HANA Exit 变量始终表示单个值，如果变量表示多个值，必须采用逗号分隔。调用增强实现的时间取决于变量是否启用输入。

（4）I_VAR_VALUE_1 是索引 1 记录，I_VAR_VALUE_2 是索引 2 记录，依此类推，最多有 20 个值。I_VAR_VALUE_1 中获取的是 IF_RSROA_VAR_HANA_EXIT~GET_PROPERTIES 中对应定义的用户输入变量的值（示例中的变量为'ZCALDATE_001'）。

（5）在 PROCESS 方法中可以直接利用 AMDP 方法在 USING 语句之后公开版本的主数据视图（示例中用的是 CDS 视图 ZBW_SQL_ZJJRPZB），也可以直接引用版本主数据的 P 表或任何 ABAP 表/视图，以便在逻辑实现中直接通过 SQL 语句为 SAP HANA Exit 变量赋值。

7.1.4 Query 公式说明

顾问打开公式编辑器，继续对 David 说道："公式是 Query 设计中经常使用的功能之一。在公式设计工具中，系统提供了一系列标准的功能函数供报表设计者使用。这些标准功能函数分为六大类，分别是基本功能函数、百分数函数、数据函数、数学函数、三角函数，以及 Boolean 操作符。其中，基本功能函数、数学函数、三角函数、Boolean 操作符这四类函数功能相对专业，不易产生误解。而百分数函数、数据函数在报表设计中使用相对频繁，用法相对复杂，使用时容易出错。接下来，我就针对百分数函数、数据函数中的一些常用功能函数进行详细说明。"

1. 百分数函数

（1）操作数 a%操作数 b。操作符%是很容易令人产生误解的一个操作符，因为%给人的第一印象是求百分比，实际上在 Query Designer 中%表示百分比差异，如图 7-14 所示。

日历年/月	客户	金额	数量	金额%数量	
2010.10	1000	100.00	3	3,233.33 %	=((100-3)/3)*100%
	1001	101.00	5	1,920.00 %	
	结果	201.00	8	2,412.50 %	

图 7-14　操作数 a%操作数 b 效果图

（2）操作数 a%A 操作数 b。%A 相对简单，就是求百分比。

（3）操作数 a%CT 操作数 b。计算结果的百分比份额，该百分比份额是嵌套计算的，如图 7-15 所示。

日历年/月	客户	金额	数量	数量结果的百分比份额	
2010.10	1000	100.00	3	37.50 %	=3/ (3+5)
	1001	101.00	5	62.50 %	
	结果	201.00	8	10.13 %	=8/ (8+54+17)
2010.11	1000	102.00	9	16.67 %	
	1001	103.00	12	22.22 %	
	1002	0.00	6	11.11 %	
	1003	0.00	7	12.96 %	
	1004	0.00	8	14.81 %	
	1005	0.00	9	16.67 %	
	1006	0.00	0	0.00 %	
	1007	0.00	0	0.00 %	
	1008	0.00	3	5.56 %	
	结果	205.00	54	68.35 %	
2010.12	1000	0.00	8	47.06 %	
	1001	105.00	9	52.94 %	
	结果	105.00	17	21.52 %	
总计结果		511.00	79	100.00 %	

图 7-15　操作数 a%CT 操作数 b 效果图

（4）%GT 操作数 a。计算总计结果的百分比份额，该百分比份额是按报表当前总计数量或金额计算得到的，如图 7-16 所示。

Table				
日历年/月	客户	金额	数量	数量总计结果的百分比份额
2010.10	1000	100.00	3	3.80 % =3/79
	1001	101.00	5	6.33 %
	结果	201.00	8	10.13 % =8/79
2010.11	1000	102.00	9	11.39 %
	1001	103.00	12	15.19 %
	1002	0.00	6	7.59 %
	1003	0.00	7	8.86 %
	1004	0.00	8	10.13 %
	1005	0.00	9	11.39 %
	1006	0.00	0	0.00 %
	1007	0.00	0	0.00 %
	1008	0.00	3	3.80 %
	结果	205.00	54	68.35 %
2010.12	1000	0.00	8	10.13 %
	1001	105.00	9	11.39 %
	结果	105.00	17	21.52 %
总计结果		511.00	79	100.00 % =79/79

图 7-16　%GT 操作数 a 效果图

2．数据函数

（1）DATE 函数。DATE 函数，即日期函数，可以把天数转换为日期格式，天数的计算是以 0001-01-01 为基准的。例如，当天数为 1 时，DATE(1)的日期格式为 0001-01-02；当天数为 365 时，DATE(365)的日期格式为 0002-01-01。参数中天数的范围为 1～1000000，对应日期范围为 0000-01-01～2738-11-27。

（2）NDIV0 函数。NDIV0 函数对数据计算表达式的分母进行判断。当分母不为 0 时，输出数据计算表达式的结果；当数据计算表达式的分母为 0 时，输出 0，如图 7-17 所示。

Table				
日历年/月	客户	金额	数量	NDIV0函数(数量/金额)
2010.10	1000	100.00	3	0.03
	1001	101.00	5	0.05
	结果	201.00	8	0.08
2010.11	1000	102.00	9	0.09
	1001	103.00	12	0.12
	1002	0.00	6	0.00
	1003	0.00	7	0.00
	1004	0.00	8	0.00
	1005	0.00	9	0.00
	1006	0.00	0	0.00
	1007	0.00	0	0.00
	1008	0.00	3	0.00
	结果	205.00	54	0.20
2010.12	1000	0.00	8	0.00
	1001	105.00	9	0.09
	结果	105.00	17	0.09
总计结果		511.00	79	0.37

图 7-17　NDIV0 函数效果图

（3）NODIM 函数。这个函数在项目中用得比较多，作用是去除金额或数量的单位，计算时不再考虑单位是否一致。

（4）NOERR 函数。NOERR 函数主要用于避免由于数据计算表达式出错而弹出错误信息。例如，当数据计算表达式出现分母为 0 的情况时，返回数值 0 而不是弹出错误信息。总而言之，当数据计算表达式正常时，输出数据计算表达式的结果；当数据计算表达式出错时，输出 0。

（5）TIME 函数。TIME 函数可以把参数转换为时间格式 HH:MM:SS，转换的规则是把参数的值作为秒来计算时间。例如，参数的值为 3，则转换为时间后，显示的格式为 00:00:03。参数的值可以是负数，当出现负数时，从 00:00:00 开始倒算。例如，参数的值为-50，则转换为时间后，显示的格式为-00:00:50。

7.1.5 Query 结构设计和应用

David 学习完变量及公式后，心中大定，感觉自己已经能够满足领导对报表的需求了。David 准备离开，却被顾问拉住了。顾问对他说："如果领导要看的数据列没变，而且列数很多，但维度需要频繁切换，你要如何应对？如果领导需要看的行结构是固定的分析层级，你花了半小时才设置好，但是看的指标会随时切换，你要怎么办？"

David 一听，心内一惊。他暗想：如果每次分析角度或分析指标产生变化，都要重新制作报表，那么随之而来的工作量可不小。另外，如果同类报表的逻辑发生变化，每次变化都要修改所有同类报表，自己不得崩溃？工作量大也就算了，万一漏改了几张报表，同一个指标在不同报表中的数据呈现不一样，那问题就更大了，自己如何向领导解释？David 赶紧请求顾问解答疑惑："还有啥妙招快教教我！"

顾问微微一笑，娓娓道来。

每一个 Query 中至少要有一个结构才能正常呈现，默认情况下是列结构（或者说是指标所在的行/列，默认为"Key Figures"）。每个结构都是 Query 私有的，但为了满足逻辑共享的需求，Query 支持将已经设计好的行/列结构设置为模型内共享，即只要在同一个模型之上创建 Query，就能直接引用共享的结构，且结构可设置为可复用的结构（Reusable Structure）。这样一来对结构本身就能进行修改、更新，而且所有引用此结构的报表会自动更新，如图 7-18 所示。

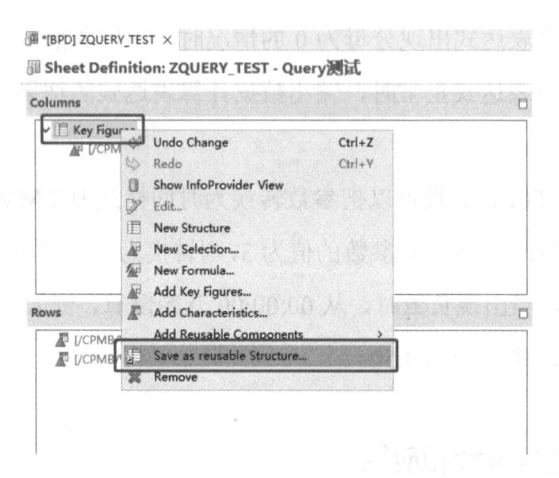

图 7-18　将设计好的结构保存为可复用的结构

7.2　数据展现

经过一段时间的使用和练习，David 已经能熟练使用 Query 应对领导的需求了，但给领导看报表的时候，领导皱着眉头。David 赶忙问领导是否哪里不对，领导踌躇半晌，说了一个字："丑。"领导又说道："太丑了。"David 一听，尴尬得无地自容，讪笑着说："马上改进。"出了领导办公室后，David 随即找到顾问说明了情况，并咨询本项目最终以什么形式交付。如果还是 Query，估计会被骂。

顾问听完之后不慌不忙，打开几个报表给 David 看，并说："这样的如何？"David 看完觉得还行，虽然算不上很好，中规中矩，但起码不丑了。于是 David 开始了新一轮的"取经"之路。

顾问给 David 看的是已经开发好的一些 BO Webi 图表，UI 标准化之后，配合产品标准的组件应用，整体看起来大气、美观。而选用 Webi 的原因，且听顾问细细道来。

Webi 是 SAP BO 产品族中的一员，其强大的数据建模能力，配合简单易用的自助分析功能，使得 Webi 在当下百花齐放的前端报表工具中受到众多用户的青睐。下面将展开详细说明。

7.2.1 BI Platform 简介

BO（Business Objects）在被 SAP 收购之前是前端 BI 分析工具的领头羊，SAP 的 ERP 及 BW 系统也是业内翘楚，为应对越来越复杂的业务逻辑实现，SAP 与 BO 完成了强强联手，意图在整个 BI 领域大展身手。下面将对 SAP BO 的管理平台（BI Platform）及自助分析工具（Webi）展开详细说明。

BI Platform 是对 BO 文件、服务、权限、租户、SSO 等所有功能进行统一管理的平台，是系统管理员最常使用的工具。

1. 文件管理

在 BI Platform 上发布的报表形式丰富多样，只要是 BO 本身的应用都可以在 BI Platform 上发布。

2. 用户（组）管理

通过分组的方式管理用户，组内的用户共享同一权限，新增进组的用户自动集成用户组所有权限，方便权限、用户的日常管理。

3. 权限对象

BO 赋权需要通过三个对象来实现，分别是文件夹、用户（组）、权限对象。权限对象中定义了各权限对象所赋予的所有权限，例如，可以新增/修改报表，不能删除报表。

4. 服务管理

在 BI Platform 上可以检查当前集群上所有服务的运行状态,并可方便地进行停止、重启服务等操作,极大地简化了管理工作。

5. SSO 管理

支持多系统间配置单点登录,结合用户管理,可定期将其他系统中的用户同步到 BO 中,保障用户在切换系统时使用流畅。

6. 多租户管理

支持租户,可为租户定义独立的权限范围,确保系统及数据安全。

7.2.2 Webi 基础功能介绍

在 BO 中有种类繁多的分析工具,这些工具都在各自的领域大放异彩。尤为突出的是自助分析领域的 Webi,其功能健全、操作简单,能够为用户带来极好的使用体验。

在实际项目中,用户通常对报表的展现方式、数据粒度有不同层次的需求。领导看趋势,管理看汇总,执行看明细,如果针对不同的需求都要设计不同的报表,那么势必会增加后期的运维工作量。自助分析完美解决了此类问题。在同一报表中,可以通过简单的拖拉拽、右键钻取、报表跳转等方式实现维度的切换和数据粒度的下放,从而实现使用一张报表满足不同层级用户的需求。

Webi 报表的设计与 Query 设计很相似,两者的开发步骤如表 7-3 所示。

表 7-3 Webi 与 Query 开发步骤

开发步骤	选择数据来源	设计表体	数据过滤
Query	信息提供者	行、列、自由特征	固定值限制、变量
Webi	使用 IDT 工具开发的.unv 文件	结果集	过滤器设计

Webi 优于 Query 之处在于,可在 Webi 中添加多个数据来源,在最终的展现界面中对

不同数据来源的结果集进行拼接、合并等操作，实现对数据的二次加工。

结果对象设计界面如图 7-19 所示。

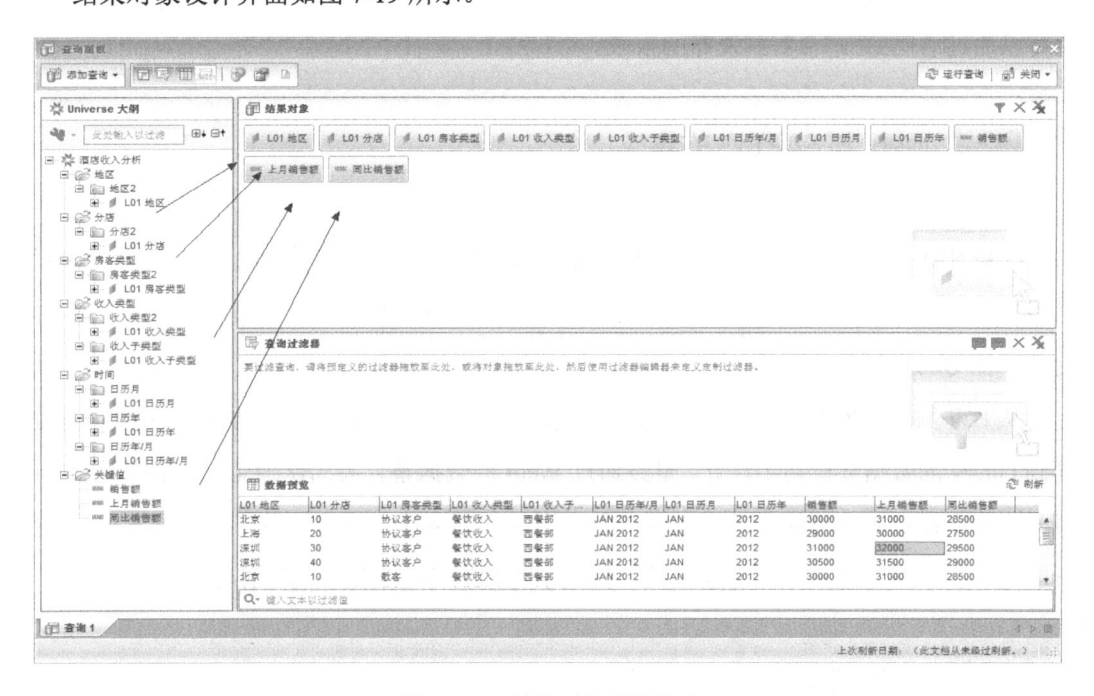

图 7-19　结果对象设计界面

过滤器设计界面如图 7-20 所示。

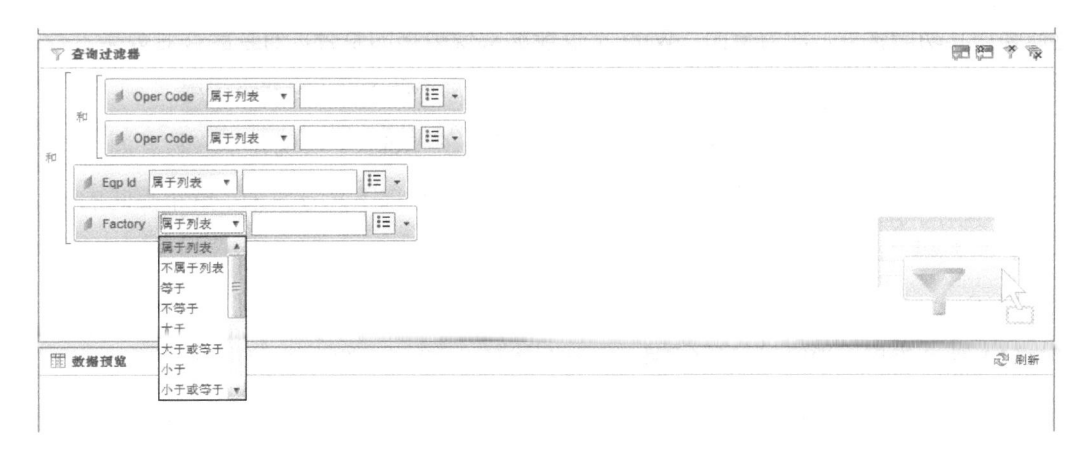

图 7-20　过滤器设计界面

结果集及过滤器设计好之后,进入最终报表展现界面,添加报表输出元素,如标题、背景、页眉、页脚、表格等。按照需求设计好报表之后,发布到服务器上,有权限的用户就可以通过访问 BI 平台看到发布的报表。

7.2.3 Webi 与 SAP BW 的集成

在被 SAP 收购之前,BO 主要对接的是关系数据库。与 SAP 整合之后,为最大程度满足用户对数据的分析需求,BO 的数据源中添加了 OLAP 的数据来源选项,而这个选项是为 BW 的 Query 量身定做的。

从 BW 数据仓库的数据抽取、转换、加载(ETL),到主题层、分析层模型的数据落地,再到 Query 的数据分析初步设计,最终通过 Webi 的数据整合及二次加工,将不同源系统的多元化数据按业务分析的需求,呈现在用户面前,以美观、易用的界面提升用户对数据分析的理解。SAP 通过一系列专业工具,打造了将数据转化为知识的完整路径。

7.2.4 Webi 高级应用

Webi 的客户端工具被称作"胖客户端","胖客户端"不意味着它臃肿、庞大或不灵活,而是强调其功能强大、能力全面。Webi 不仅能够实现数据的整合,而且能够对数据进行二次加工,这也是 Webi 的核心优势。本节将给大家分享一些 Webi 的高级应用。

同比/环比的需求在项目中是非常常见的,但想在 Webi 中实现并不容易。同比/环比分为单点时的同比/环比和多点时的同比/环比。接下来从以下几方面来了解单点时的同比/环比。

1) Query 现状

(1) 两个维度:地区、日历年/月。

(2) 关键值:销售额(不限制)。

(3) 全局过滤器:日历年/月。

2）Webi 需求

输入日期月份，展现各地区该月销售额的同比增长率、环比增长率。

3）拟订方案

（1）在 Webi 中新建变量，通过公式（IF…THEN…）获取上月销售额和去年同期销售额，再在报表中计算同比/环比结果。

（2）在 Query 中新建关键值：本期销售额（使用日历年/月的变量限制），去掉全局过滤器。在 Universe 中新建关键值，通过 SQL 获取上月销售额和去年同期销售额，再在 Webi 中计算同比/环比结果。

（3）在 Query 中去掉全局过滤器，新建本月、上月、去年同期销售额等受限关键值，再在 Webi 中计算同比/环比结果。

4）方案解析

方案（1）不可行。新建变量"上月销售额"，编辑变量公式：IF([日历年/月]="输入月份")THEN [销售额] WHERE [日历年/月]=输入月份-1。如果刷新 Webi 时，输入时间参数"输入月份"，那么 Query 传递过来的数据集中每一条数据的"日历年/月"字段都会被限定为所选择的月份，新建的变量"上月销售额"无法获得上月的销售额。

方案（2）不可行。Universe（基于 BW Query）不能限定关键值取数（如上月、去年同期销售额等），而维度特性则可以。

方案（3）可行。将 Query 中建好的关键值代入 Webi 中进行计算。

5）补充说明

使用方案（3）时要注意一点：通常默认设置 Universe 为 Sum（合计）方式，因此在 Webi 计算地区的同比/环比结果时也默认为合计（各子地区的同比/环比结果相加）方式，这是不正确的，需要重新计算合计行的同比/环比结果。

下面是对多时点的同比/环比的详细介绍。

1）Query 现状

（1）两个维度：地区、日历年/月。

（2）关键值：销售额（不限制）、销售额（限定日历年/月的范围变量）。

(3) 全局过滤器：无。

2）Webi 需求

输入月份期间，用表和折线图展现某地区（筛选）在该期间销售额的同比或环比增长率的趋势。

3）拟订方案

(1) 在 Webi 中新建变量，通过公式（IF…THEN…）获取上月销售额和去年同期销售额，再在报表中计算同比/环比结果。

(2) 在 Query 中针对 12 个月分别建立本月销售额、上月销售额、去年同期销售额三个关键值，限定时间变量为日历年，再代入 Webi 中分别计算同比/环比结果。

(3) 修改 BW 模型。在原模型中新增一个字段，用于存储上月销售额。根据此字段在 Query 中新增关键值，再代入 Webi 中计算。

(4) 复制 BW 模型。复制原模型，修改其中的转换，使得原"销售额"字段中存放的是该条数据所在月份的上月销售额。根据此字段在 Query 中新增关键值，再代入 Webi 中计算。

4）方案解析

方案（1）不可行。新建变量"上月销售额"的公式：IF([日历年/月]=输入月份)THEN [销售额] WHERE [日历年/月]=输入月份-1。环比计算示例如表 7-4 所示。

表 7-4 环比计算示例

地区	2021.01	2021.02	2021.03	2021.04	…
地区 1	…	…	…	…	…
地区 2	…	…	=本月销售额/上月销售额	…	…
地区 3	…	…	…	…	…

每个单元格中的公式都为"=本月销售额/上月销售额"。

在此公式中"上月销售额"的值实际上是无法得到的，原因在于每个单元格所在列都限定了月份（如 2012.03），则该单元格公式中的关键值（本月销售额、上月销售额）只能从限定月份（2012.03）的 Webi 数据结果集中取数，所以无法得到上月（2012.02）的销售额。

第7章 数据分析

方案（2）部分可行。此方案将时间变量更改为日历年，可在 Webi 中根据对应关键值汇总对应月份。但各月份都是独立的关键值，无法制作成折线图，只能制作成柱状图（每月的颜色不同）。

方案（3）部分可行。针对"上月销售额"字段，采用增量机制，BW 模型会在每月抽取数据的同时把上月销售额也存入模型中，假如修改历史月份的销售额，增量抽取的方式并不能使模型中已存入的"上月销售额"历史数据随之更正，即此方案并不能反映历史数据的变化。

方案（4）可行。但此方案的缺点是，同样来源的数据要在 BW 中抽取并转换到两个模型中，会占据 BW 系统一定的资源。

对于自由展开的垂直表，配置分行背景色的方法及效果如图 7-21 所示。

图 7-21　配置分行背景色

而对于每一行都是手工插入（类似汇总行或固定行）的固定表格而言，全局设置是无效的，替代方法比较麻烦，需要使用条件来改变显示的格式，效果图及实现过程如图 7-22～图 7-24 所示。

Tier1	Orders			Change	Revenues			Change
	A	% total	-1A	V$A	A	% total	-1A	V$A
China	810,626	100.0%	775,730	4.5%	745,694	100.0%	687,809	8.4%
DM	280,183	34.6%	222,158	26.1%	227,044	30.4%	204,752	10.9%
LP	206,924	25.5%	213,511	-3.1%	195,345	26.2%	195,472	-0.1%
PA	92,635	11.4%	86,235	7.4%	111,340	14.9%	79,332	40.3%
PP	173,749	21.4%	234,441	-25.9%	187,974	25.2%	172,577	8.9%
PS	57,134	7.0%	19,586	194.7%	23,990	3.2%	35,676	-32.8%

图 7-22 实现效果图

图 7-23 设计变量

图 7-24 设置条件

7.3 全新一代数据分析平台——分析云

传统的 BI 系统的功能是数据分析,它的输出就是一张张报表、一页页仪表盘,它的预算系统是用来进行预算编制的。由此可见,在之前的 BI 系统中各功能是相对独立的,而全新一代数据分析平台——分析云(SAP Analytics Cloud,SAC)则解决了各功能相对独立的问题。

7.3.1 三位一体的分析平台

SAC 将分析、计划、预测三者整合起来,对企业来说,分析—计划—预测才是一个完整的数据应用循环,如图 7-25 所示。

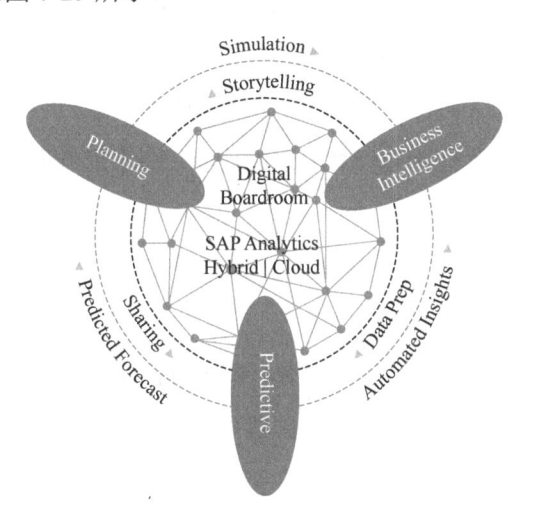

图 7-25 三位一体的分析平台

SAC 解决方案将商务智能、增强和预测分析、计划功能整合到统一的云环境中。作为 SAP Business Technology Platform(业务技术平台)的分析层,该解决方案可以在整个企业范围内支持高级分析,具体体现在以下三个方面。

（1）基于一致的体验，在各种设备上完成发现、分析、计划和预测等工作。

（2）在同一位置进行数据管理和分析，制定端到端决策。

（3）实施扩展，以满足业务及不同用户对所有决策类型的需求，包括战略决策、运营决策和战术决策。

SAC 借助高级人工智能、机器学习和自然语言处理，支持用户更快地制定有把握的业务决策。具体体现在以下几个方面。

（1）以对话的形式提问，用自然语言即时诠释结果。

（2）使用自动化的机器学习功能发现数据中的未知关系，找到 KPI 的驱动因素并采取适当的后续行动。

（3）轻松地预测潜在成果和预测值。

SAC 利用机器智能，以对话的形式即时提供问题的答案，赋能用户。主要体现在以下几个方面。

（1）通过即时为用户提供结果，提高采用率和可用性。

（2）消除偏见，采取适当的后续行动。

（3）预测潜在成果和预测值，丰富商务智能和计划。

SAC 能整合云端的高速创新与可靠的本地功能，而不影响现有投资。具体体现在以下几个方面。

（1）制定战略并快速采取行动，提高业务敏捷性。

（2）扩展和扩大数字化投资。

（3）支持所有用户访问分析工具，使用户直观地获取信息。

基于不同的数据模型，终端用户可以创建可视化的故事（Story），并基于此业务场景进行数据的钻取和分析。

SAC 中 BI 部分有两个新名称：故事（Story）和数字董事会（Digital Boardroom）。Story 相当于报表或仪表盘，所有的分析和展现均在 Story 中实现。数字董事会是可以进行全新的大屏展示或流程展示的汇报工具，它也是基于 Story 实现的。

"故事"这个新名称的提出是对"分析"的升华。当今的现状是：很多企业基础信息已

第 7 章 数据分析

经很完善，甚至数据分析都初具规模。那么他们将面临的挑战是：如何真正方便地整合用于分析的数据？如何更迅速地决策？换句话说，是否有一个工具/平台/应用，能提供端到端的完整数据处理循环？

我们不能只关注已知的问题，也要发现未知的风险。我们不能仅提供分析结果，也要为下一步行动提供支持。基于此，业务和技术融合为"故事"。

SAC 提供了预置的预测模型，以及 Smart Assist 等功能，可以帮助用户轻松地实现数据的自动分析和预测，如图 7-26 所示是 SAC 官方预测 Demo。

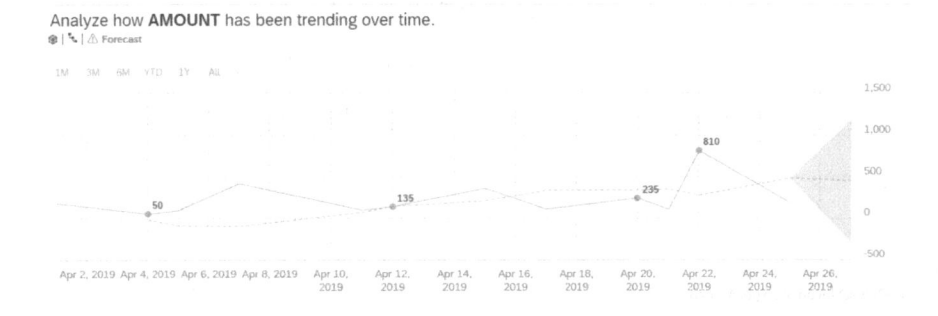

图 7-26　SAC 官方预测 Demo

预测方案有助于解决需要预测的业务问题。预测方案是一个工作区，可以在其中创建和比较预测模型，从中找到解决业务问题的最佳模型。

用户可以在表 7-5 所示的各类型预测方案中选择最适合实际业务问题的预测方案。

表 7-5　不同类型的预测方案及其适用的业务场景

预测方案	适用的业务场景
分类	某个事件未来发生的可能性有多大？在个体级别（客户、资产、产品等）和特定时间范围内（在一年内、周末前、与客户联系后的一个月内等）观察到此事件 示例：哪些客户有可能购买或不会购买新产品？哪些客户有可能或不可能流失？
回归	在考虑业务背景的前提下，能够对业务价值做出什么预测？ 示例：根据计划运费和税负，某一产品线将产生多少收入？
时间序列	在特定粒度/地点，某一业务在将来的价值如何？ 示例：在未来 12 个月内，每日销售量有多少？目前已具备历史每日销售信息，但还希望能够包括其他因素，如假期、月份和季节等

用户可以选择表 7-5 中的多种预测方案来创建预测模型。每个预测模型都会生成直观可视化对象的结果，让模型的结果能够简单地被用户理解。在比较了不同模型的关键质量指标之后，用户就可以选择最适合实际需求的预测模型，从而将预测模型应用于新数据源进行预测。

7.3.2 SAC 故事的实施与发布

Model（模型）和 Story（故事）是 SAC 中两个最基本的概念。首先，依据业务数据建立模型，在创建模型的过程中，可以对原始数据进行清洗和处理。然后，基于模型创建故事，故事也是分析结果的展现形式，故事中可以包含各种各样的可视化图表。

1. 模型

模型是故事及数字董事会的基础，在创建故事及数字董事会之前，需要生成满足需求的模型。创建模型的步骤如下。

（1）在 SAC 的主菜单中选择"建模器"→"新建"，如图 7-27 所示。

图 7-27　在 SAC 中创建模型

（2）在创建模型时，可以选择模型的数据源并导入数据。

（3）导入数据后，可以对数据进行处理和加工，数据处理完毕后保存模型。

SAP Analytics Cloud 提供了完整功能的计划模型和更简单灵活的分析模型。此外，还可以从实时数据源创建分析模型，但不能从实时数据源创建计划模型。但是，基于与 SAP BPC 嵌入配置的实时连接而创建的实时模型支持计划功能。

SAC 提供了多种可用的模型来支持不同的功能。

（1）计划模型。为了支持和简化计划过程，计划模型准备了许多现成的功能，可帮助用户快速开始计划过程。

（2）分析模型。与计划模型不同，分析模型没有预先配置类别（用于预算和预测数据），尽管日期维可用，但不是必需的，可以在设计阶段从模型中删除日期维。

（3）通过实时数据源创建的分析模型。

2．故事

"故事"是一种演示文稿样式的文档，可以简单理解为 PPT 播放模式，通过使用统计图、可视化对象、文本、图像和象形图使数据的呈现更加直观。如果故事的设计者创建的故事通用性较强，则可以与其他用户进行共享；设计者（故事所有者）共享故事之后，具有查看权限的用户就可以查看该故事。

要创建故事，首先要选择模型。选定模型之后，就可以开始创建故事，如图 7-28 所示。

图 7-28　创建故事

接下来设计故事中的画布，与 Query 等报表工具的界面设计类似，如图 7-29 所示。

图 7-29　设计故事中的画布

针对用户需求，SAC 通过管理员赋予不同用户账号不同的角色，以及页面的不同权限，以满足不同用户的各类需求。

角色分为系统定义角色及自定义角色，如图 7-30 所示。后台通过赋予账号不同角色的方法，控制不同用户对系统的操作类型。

图 7-30　SAC 的角色定义界面

系统定义角色包括 BI 管理员、BI 内容查看者、BI 内容创建者、Digital Boardroom 查看者、Digital Boardroom 创建者、管理员、建模者、查看者、计划和报告者等。

自定义角色包括工程开发账号、营销开发账号、发布账号、公司用户查看者、模型开发者、营销用户等。根据不同用户的操作权限，赋予用户不同的角色，满足其需求。

在角色分配完成的基础上，根据页面的查看与编辑权限，将用户分为集团用户、公司用户及运维用户。集团用户拥有所有页面的查看权限，无编辑权限。公司用户拥有除集团级页面以外的其他页面的查看权限，无编辑权限。运维用户拥有所有页面的查看及编辑权限。

选中要分配权限的文件，进行共享或发布操作，如图 7-31、图 7-32、图 7-33 所示。

图 7-31　共享或发布文件

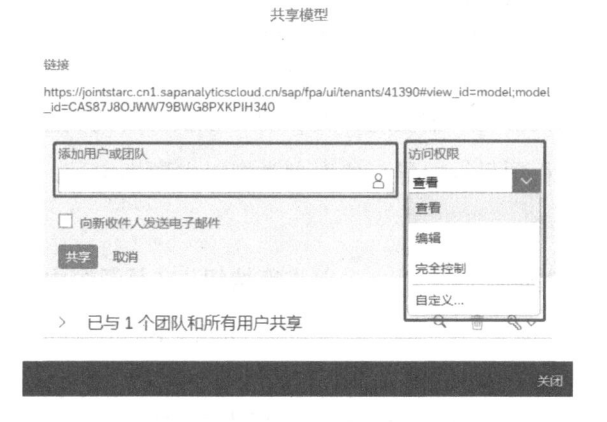

图 7-32　共享操作

图 7-33　发布操作

根据文件共享权限的不同，可分为完全访问、读取访问、更新访问，以及删除访问。

3．数字董事会（Digital Boardroom）

基于 SAC 的分析结果，SAC 可以为董事会成员（企业高层领导）提供全新的数字化、情景化体验，统一展示不同业务部门的业务成果。

在 Digital Boardroom 中，可以设计一种实时交互式演示文稿。

创建 Digital Boardroom 时，需要选择 Digital Boardroom 的类型，常用的有议程与仪表盘两种。议程类型以议程项目为主导，仪表盘类型以主题为主导，两者展示方式类似，但议程类型不支持导航功能。

Digital Boardroom 的创建基于 Story，单击库按钮，在悬浮窗中选择导入，即可将 Story 导入，再将 Story 中的 Page 拽入主题，便完成了 Digital Boardroom 的基本创建。

Digital Boardroom 的工具栏中常用的功能有目录、演示、导航等。

（1）目录。可设置各个标题名称。

（2）演示。可设置用于演示的布局、操作栏，以及需要显示的数据等。

（3）导航。导航功能即页面跳转功能，在仪表盘模式中，可在导航悬浮窗中添加跳转功能。跳转的模式有磁盘和页面两种。

① 页面模式。在页面右击出现的仪表盘中，选择目标页面进行跳转。

② 磁盘模式。给页面的元素添加跳转功能，单击元素，完成目标页面的跳转。

在 Digital Boardroom 的最终展示设计界面中，按钮悬浮窗有构建和样式两种类型。

（1）构建。悬浮窗中显示各个子主题，对应顺序即展示顺序，选中一个主题，在悬浮窗中通过拖拉方式更改子主题顺序，展示顺序随之更改。

（2）样式。悬浮窗可设置整个 Digital Boardroom 展示的样式，包括演示层和操作栏颜色设置、页脚和导航痕迹的隐藏等。

设计好的 Digital Boardroom 需要发布到服务器上才能被浏览，发布会用到故事中涉及的共享及权限分配相关操作，如图 7-34 所示。

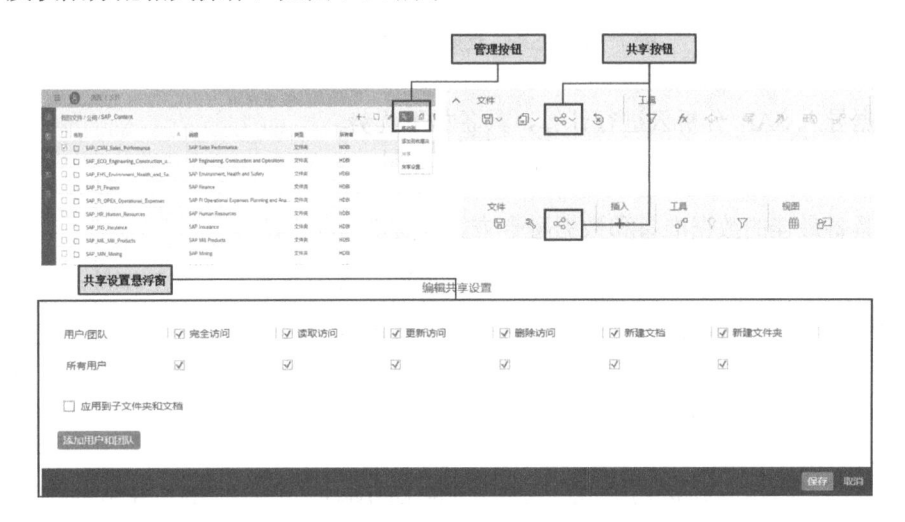

图 7-34　Digital Boardroom 共享设置

在用户有 SAC 产品账号的前提下，赋予需要查看的用户读取访问权限，即完成产品的发布工作。

7.3.3　双模数据——云端+本地

在数据抽取上，SAC 同时支持云端（数据获取）和本地（实时连接）方式。本地方式支持的本地数据源包括 SAP 的众多应用（S/4HANA、ECC、BW、HANA、Universe），也支持其他非 SAP 数据源，如图 7-35 所示。

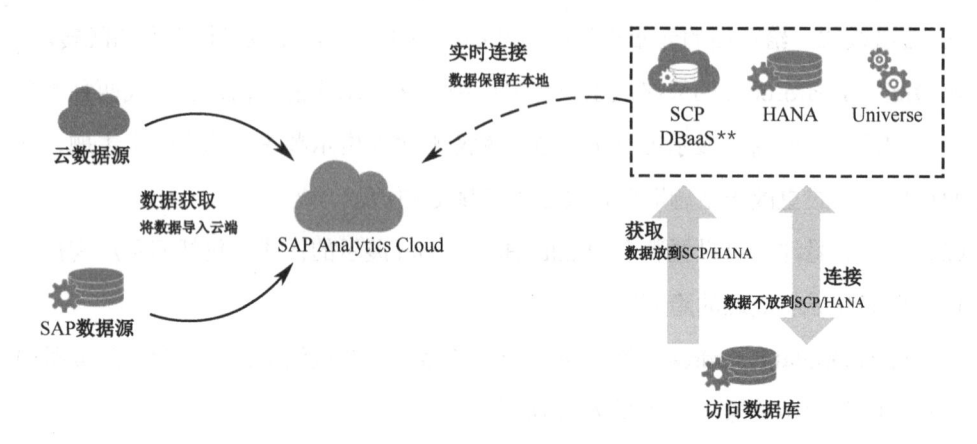

图 7-35 SAC 支持双模数据同步方式

将数据导入 SAP 分析云进行计算，具备如下优势。

（1）能够运用完整的分析产品功能。

（2）具备最佳的数据准备和数据融合方案（SAP/non-SAP）。

（3）在创建内容时，可以套用数据安全性设置，减少开发及运维工作量。

使用实时连接方式时，各方面的限制及优缺点如下。

1. SAP HANA 实时数据查询

（1）需要 HANA revision 102.02+版本及 InA Delivery Unit（HANA SPS 10+默认安装）。

（2）能够充分利用已创建的数据源（HANA、BW、S/4HANA）模型。

（3）所有计算在 HANA 端完成，避免了大量的数据交换。

2. 数据停留在数据源端

（1）仅元数据（连接、指标名、字段名、过滤器值等）存储于 SAP 分析云上。

（2）节省大量数据转移投入工作。

3．数据直接从浏览器查询

（1）敏感数据全部存储于企业内网中。

（2）低延迟，近乎实时。

4．通过反向代理对 SAP 数据进行访问

（1）SAP 数据并未导出或存储于 SAP 分析云上。

（2）仅是浏览器和 SAP 系统之间的通信。

5．授权（Authentication）

（1）通过 SAML 2.0 进行端到端的单点登录。

（2）SAP 分析云数据及本地预置数据必须配置到同一个认证提供者上。

（3）数据安全性体现在请求不会触及数据源。

6．加密

（1）浏览器和 SAP 分析云之间的通信会自动加密。

（2）从反向代理到远端数据的通信使用安全传输层协议（TLS）加密。

（3）所有存留数据（包括元数据）也完全加密。

第 8 章

百宝箱

项目实施过程比较顺利，项目开发接近尾声。深度参与项目的 David 学习了不少技能，但他对一些技术细节还是一头雾水：货币单位是怎么统一转换的？用户权限要怎么配置？数据量不断增大怎么应对？前期如何快速批量新建模型？如何向外部系统提供数据？一系列问题接踵而至，David 对 SAP BW/4HANA 又陷入迷茫中。如何才能成为真正的专家？David 带着问题找到了 Jackie。

Jackie 了解情况后语重心长地说道："路得一步步走，事情得一件件做。我们做技术的就是要耐心地分析、学习和思考，具体问题具体分析吧。"

SAP BW/4HANA 是百宝箱，其中很多组件能够有效地提升建模效率，扩展数据服务能力，优化对数据全生命周期的管理。本章将重点介绍 SAP BW/4HANA 中的单位转换、权限管理、数据管理、BI Content 及数据接口服务这五项常见功能。

8.1 灵活的单位转换

David 开始逐个分析问题，他首先面临的是单位转换问题。在以往处理数据的时候，国际业务中的货币单位转换是一个令人头疼的问题。David 开始在 Jackie 的指导下认真学习相关知识。经过学习，他发现原来在 SAP BW/4HANA 中，货币单位和物料计量单位都能便捷地统一转换。

在数据仓库搭建数据模型的过程中，各个业务场景中都会包含大量的度量数据，如商品的销售金额和销售数量等，这些度量数据的单位在不同的业务场景下是迥异的。一个商品在库存场景下的数量常常以物料的基本计量单位统计，而在销售凭证上又会以该物料的销售单位统计，因而在出具数据分析报表时，需要灵活地根据需求转换单位。

8.1.1 货币单位转换实施方法

货币单位转换一般有两种方式实现，一种是在数据建模过程中直接按照汇率规则换算存储，另一种是在 Query 中按汇率规则进行实时换算。下面主要介绍在 SAP BW/4HANA Query 中实现货币单位转换。

1. 从源系统传输汇率数据

汇率是 SAP ERP 系统必须维护的配置，涉及国际业务的企业在实施 SAP ERP 系统时，需要业务顾问配置好多种汇率设置，因而首先要从 SAP ERP 系统传输汇率数据到 SAP BW/4HANA 系统。汇率数据的传输一般有两个步骤。

（1）初始化传输。在创建好相应的源系统之后，需要将源系统对应的货币、单位、汇率等传输到 SAP BW/4HANA 系统。初始化传输的操作很简单，在源系统上右击，选择"传输汇率"，如图 8-1 所示。然后选择"更新汇率"选项并执行，如图 8-2 所示。

（2）将汇率数据更新到 SAP BW/4HANA 系统中。由于汇率是随时间变化的，业务人员会定期在 SAP ERP 系统中维护相应时间段的汇率数据，所以 SAP BW/4HANA 系统也需要定期更新汇率数据。

一般在 SAP BW/4HANA 处理链中启用一个 ABAP 程序节点就可以实现汇率数据的更新，如图 8-3 所示。

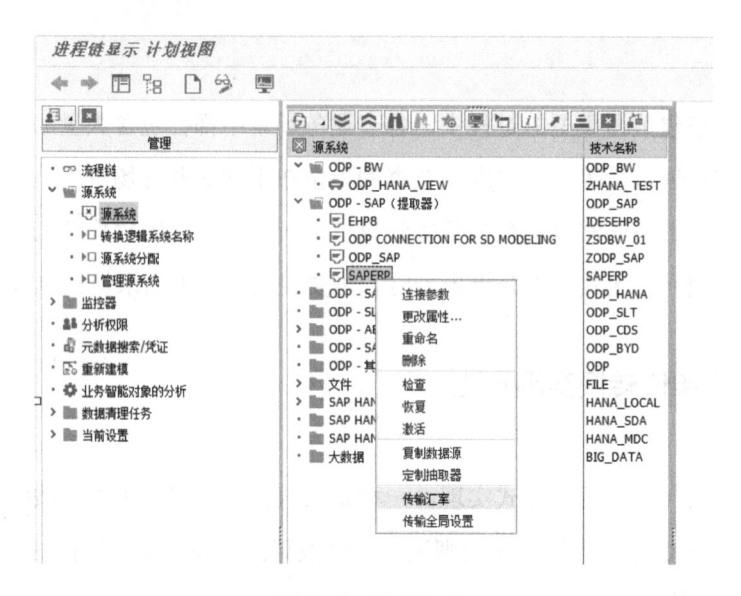

图 8-1　传输汇率

图 8-2　更新汇率

图 8-3　处理链中的 ABAP 程序节点

接下来，配置相关程序，如图 8-4 所示。此处程序 RSIMPCURR 是系统的标准程序，但程序变式需要用户自己创建，还要维护相应系统的值。

图 8-4 配置相关程序

至此，完成汇率数据的传输，SAP ERP 中的汇率信息也可以自动按照处理链配置周期定期更新到 SAP BW/4HANA 中。

2．配置货币相关信息

SAP BW/4HANA 中已经提取了 SAP ERP 的汇率信息，除此之外，还要在 SAP ERP 中对 TCODE SPRO 进行必要的配置。

（1）配置汇率类型，单击"SAP 参考 IMG"（如图 8-5 所示），选择"检查汇率类型"（如图 8-6 所示）。

图 8-5 单击"SAP 参考 ImG"

图 8-6 选择"检查汇率类型"

（2）进一步配置对应的"货币兑换汇率类型"，如图 8-7 所示。M 类型是默认的标准货币转换类型，同时需要在 INV 列打上对钩。这个勾选非常重要，意义在于：如果系统中缺少将一种货币转换为另一种货币的汇率条目，则可以使用反转汇率。例如，如果系统中缺少将 USD 转换为 EUR 的条目，设置此标识系统将使用 EUR 到 USD 的转换条目的倒数来实现转换。

图 8-7 配置"货币兑换汇率类型"

第8章 百宝箱

3．创建货币换算类型

完成了汇率初始化和 SAP ERP 基本配置后，接下来将在 SAP BW/4HANA 中进行货币转换。在进行货币转换前，需要创建相应的货币换算类型。根据实际业务需求，定义换算的源货币、目标货币、参考时间等基本信息。

（1）执行 TCODE RSCUR，创建货币换算类型，如图 8-8 所示。

图 8-8　创建货币换算类型

（2）输入要创建的货币换算类型名称，在"属性"页签中维护基本信息。选择"汇率"页签，一般使用 M 汇率类型，如图 8-9 所示。如果需要动态选择汇率类型，可以通过变量的汇率类型（针对信息对象 0RTYPE 创建相应的变量）来实现。其他情况下，默认选择"动态汇率确定"选项。

图 8-9　设置汇率类型

（3）选择"货币"页签，配置源货币和目标货币，如图 8-10 所示。

由于在业务系统中，数据的度量值与货币单位一般都会被记录下来，故源货币一般选择"数据记录的源货币"。在目标货币中，可以设置固定值，如 CNY；也可以在 0CURRENCY 下创建相应的变量，通过手动输入变量来动态指定。

287

（4）选择"时间参考"页签，定义汇率参考的货币转换时间点。默认选择"当前日期"，也有固定的时间参考和变量的时间参考。

图 8-10　配置源货币和目标货币

4．在 Query 中选择货币换算类型

在 Query 中选择货币换算类型，如图 8-11 所示。如果无法选择货币换算类型，可能是因为该 Key Figures 在模型中已经完成货币转换。

图 8-11　选择货币换算类型

第 8 章 百宝箱

8.1.2 物料计量单位转换实施方法

由于采购订单的单位往往与库存的基本单位不一致，生产的投料耗用、产成品产量的计量单位也往往与库存基本单位不同，因此在分析数据时，需要先进行单位转换。在采购与生产等模块中，经常会用到物料计量单位的转换，其原理与货币单位转换原理类似。

尽管开发人员可以在模型例程代码中实现单位转换，但如果单位转换的需求有调整，则需要对模型例程进行调整并重新初始化数据。SAP BW/4HANA 中提供了标准的方法，能灵活地解决这个问题，下面来详细介绍操作步骤。

（1）配置 SAP BW/4HANA 前，可查看物料计量单位转换的相关信息（在 SAP ERP 中执行 TCODE MM03），如图 8-12 所示。

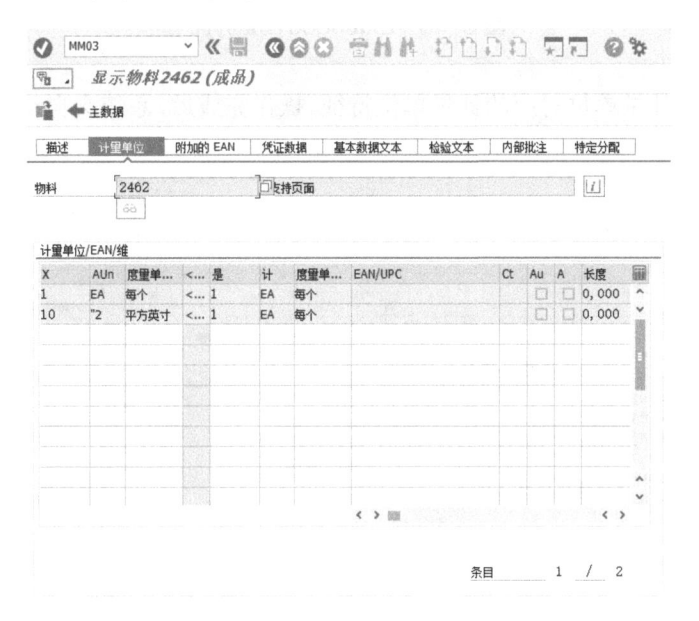

图 8-12　查看物料计量单位转换的相关信息

（2）在 SAP BW/4HANA 的 HANA Studio 中，进入 0MATERIAL（物料）的 Extended 配置界面，物料计量单位的配置和转换关系 ADSO 的创建如图 8-13 所示。

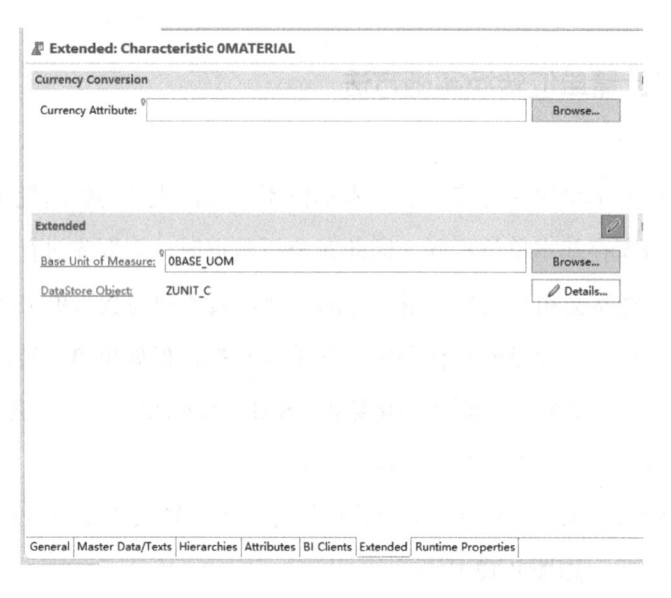

图 8-13　Extended 配置界面

（3）选择基本计量单位对应的计量单位特征。操作完成后，系统会自动生成一个 ADSO，如图 8-14 所示。

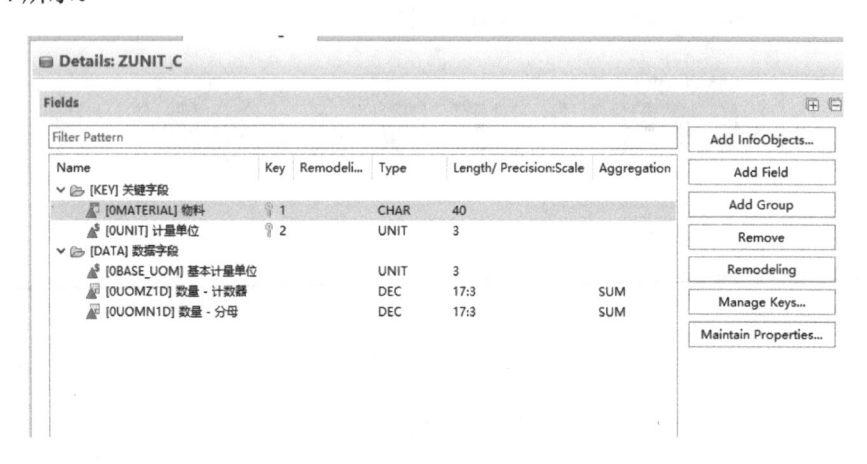

图 8-14　自动生成 ADSO

（4）该 ADSO 对应的后台数据源实为 0MAT_UNIT_ATTR，如图 8-15 所示。

图 8-15 单位转换数据源

（5）ADSO 创建完成后，在 SAP GUI 中执行 TCODE RSA1。在源系统右键快捷菜单中选择"传输全局设置"，如图 8-16 所示。

图 8-16 选择"传输全局设置"

（6）获取数据后，下一步将创建转换类型。

（7）执行 TCODE RSUOM，进入数量转换类型配置界面（如图 8-17 所示），选择"转换因子"页签，配置转换因子，如图 8-18 所示。

图 8-17 数量转换类型配置界面

图 8-18　配置转换因子

接下来配置计量单位。一般情况下，选择"转换期间计量单位的选择"选项即可。如果业务场景中用到的单位转换的目标单位固定，可以选择"固定的计量单位"选项，如图 8-19 所示。

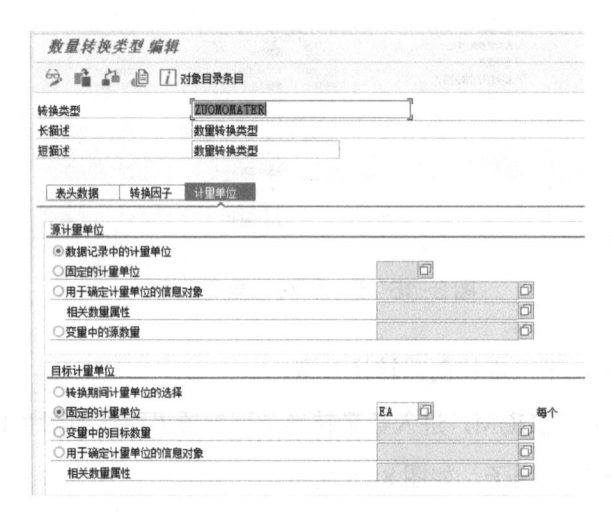

图 8-19　配置计量单位

（8）在模型转换中运用单位转换。若目标模型是 Data Mart 类型 ADSO，则可在模型转换中配置相关的单位转换，如图 8-20 所示。在模型转换中配置对应的单位转换后，在模型更新数据的时候，单位就会自动转换成配置的单位。

第 8 章 百宝箱

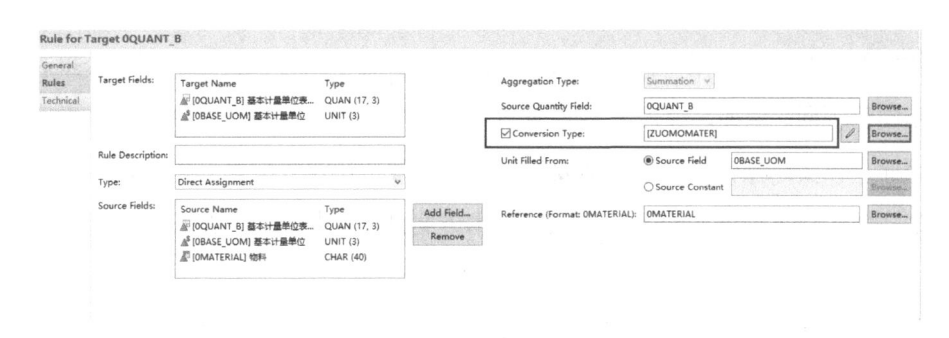

图 8-20　模型转换中的单位转换

（9）在 Query 中运用单位转换。进入 Query 配置界面的 Sheet Definition 页签，选择对应的单位转换类型，如图 8-21 所示。选择目标单位后，Query 将自动完成物料计量单位的转换。

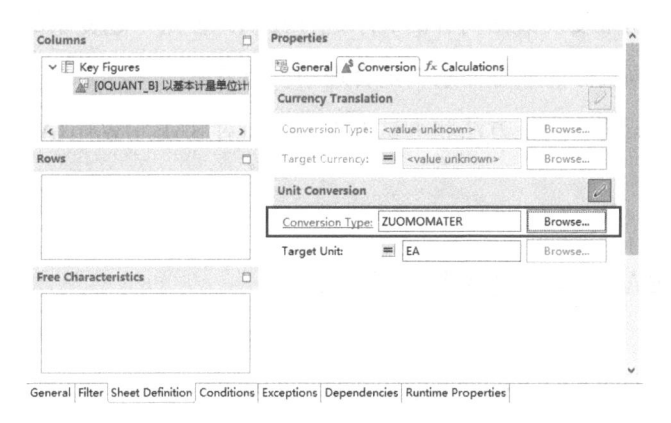

图 8-21　在 Query 中配置单位转换

8.2　预置的权限管控方案

David 在学习完单位转换后，又恢复了自信，觉得剩下的问题自己都能解决，但是 Jackie 又给 David"泼了一盆冷水"——分析权限管控是非常复杂的。但可喜的是 SAP BW/4HANA 中预置了非常全面的权限配置功能。

企业中的每个用户权限不同，可访问的报表清单也不一样，甚至对同一个报表可访问的数据范围也不同。例如，员工 A 只能查看华南大区数据，而管理者 B 却能查看整个集团数据。因此，在实际操作中，不仅需要配置报表权限，还需要配置分析权限。

根据实际的业务现状制定合理的权限技术方案是非常重要的，Jackie 开始详细讲解解决方案。

业务型（OLTP）系统和分析型（OLAP）系统的权限控制重点不一样，业务型系统权限控制的核心是对业务模块（事务码）和流程操作功能（每个步骤或输入值）的安全把控。分析型系统既不用于流程记录，也不直接产生业务数据，主要是对功能权限（报表、模型等）和分析权限（维度展示数据范围）进行把控。

SAP BW/4HANA 是一个 OLAP 系统，可以全面控制功能权限和分析权限的内容，也可以对每个报表中的维度及数据内容的展示进行控制。但是，越复杂的权限体系需要越高的运维成本，要根据实际的业务需求制定合理的权限方案。

下面将从权限架构、实施方法和测试方法等方面对 SAP BW/4HANA 中的权限管控展开详细说明。

8.2.1　SAP BW/4HANA 权限管控架构

制定合理的权限方案首先需要明确权限管控的架构和原理，基于架构制定合理的实施方式，才能更好、更灵活地控制权限。

权限体系可控制 SAP 系统中的事务、程序和服务，避免未经授权的访问。基于权限体系，管理员向用户分配授权，这些授权便可以控制用户在 SAP 系统中执行的操作。例如，当事务、程序或服务受到权限控制时，用户如果需要访问相关的事务、程序或服务，则要先得到相应的授权，若无授权则无法访问相关的事务、程序或服务。权限体系通过授权组件（权限对象类、权限对象、权限内容、授权配置文件、角色）进行权限控制，如图 8-22 所示。

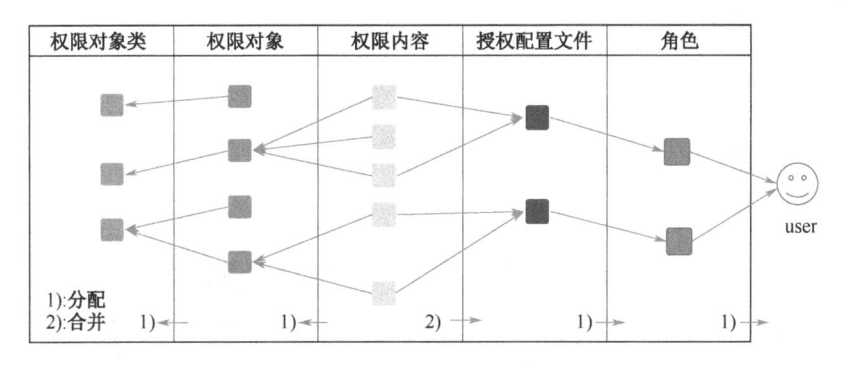

图 8-22 授权组件及其关系

8.2.2 SAP BW/4HANA 功能权限和分析权限

一般来说，项目先完成数据模型开发，然后才开始进行权限的配置。因此，常规上从业务模型的权限配置开始，然后配置分析权限及功能权限，最后创建角色及用户，如图 8-23 所示。

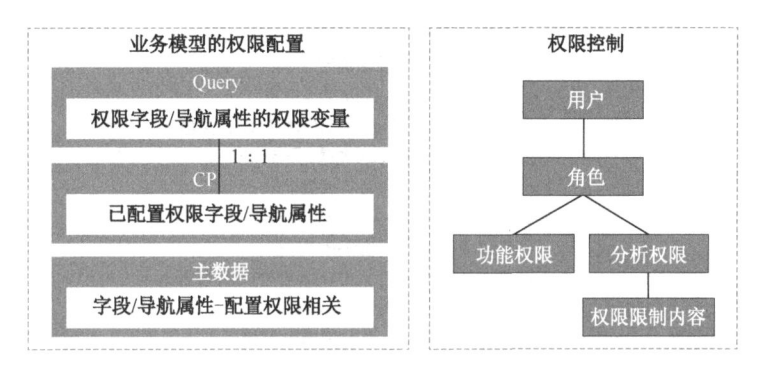

图 8-23 配置内容

权限和角色具有以下特点。

（1）权限可以通过使用角色直接或间接地分配给用户。

（2）角色可帮助构建权限访问控制方案，并根据实际的权限需求场景，建立对应的角色清单。

（3）用户尝试访问数据对象，系统将根据用户的角色权限和直接分配的权限，执行授权检查。

8.2.3 系统标准权限信息对象

在具体配置权限之前，需要对系统标准权限信息对象进行初始化配置。系统标准权限信息对象可以辅助分析权限进行控制，但必须先激活 BI Content 中的这些对象，并将其设置为"权限相关"。因此，要先激活以 0TCA 开头的所有信息对象。

常用的标准权限信息对象主要有三个，如图 8-24 所示。0TCAACTVT 授予执行活动的权限，如 01 代表创建，02 代表修改，03 代表显示。0TCAIPROV 向特定的信息提供者授予权限。0TCAVALID 授予仅限于特定时段的权限。

图 8-24 常用的标准权限信息对象

为启用 SAP BW/4HANA 标准分析权限功能，需要对系统自带的三个标准权限信息对象进行配置。在信息对象配置界面中，勾选"权限相关"选项，如图 8-25 所示。

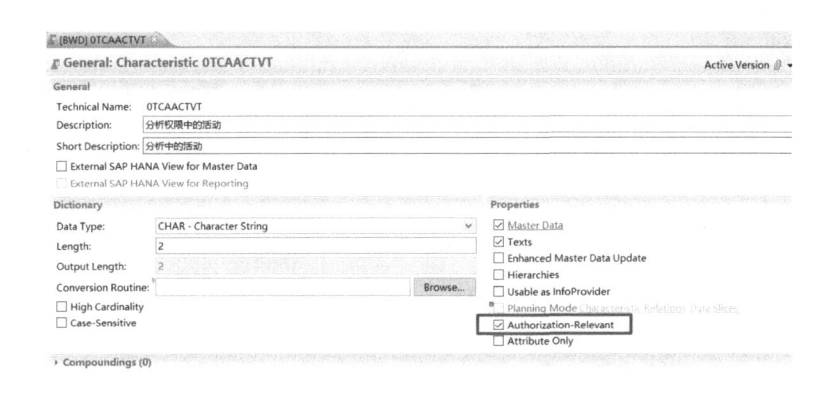

图 8-25　配置标准权限信息对象

8.2.4　业务模型的权限配置

在数据模型开发完成后，将对数据模型中的权限进行配置，步骤如下。

（1）在信息对象配置界面中，为需要控制权限的信息对象勾选"权限相关"选项，如图 8-26 所示。如果要控制权限的是导航属性，则需要为导航属性勾选"权限相关"选项，如图 8-27 所示。

图 8-26　主数据权限配置

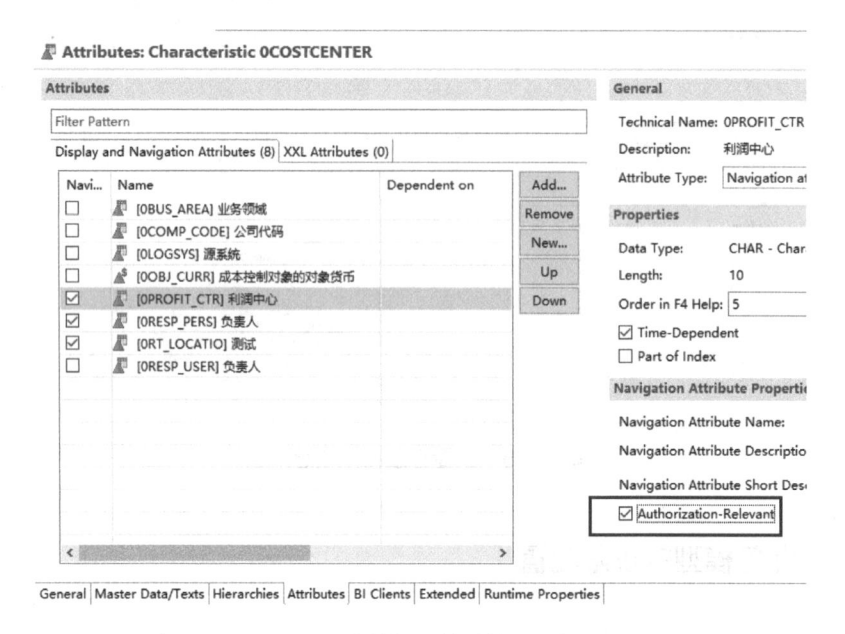

图 8-27　主数据导航属性配置权限

（2）在对应的数据模型（如 CP）中使用相关权限字段，则该模型将自动针对这个权限字段实现权限控制。如果相关权限控制字段是导航属性，则系统将从相关字段中选出导航属性，以实现权限控制，如图 8-28 所示。

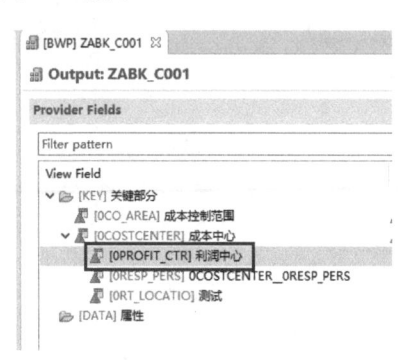

图 8-28　CP 的导航属性权限

（3）在权限相关的信息对象下创建权限变量，并在 Query 的 Filter 界面中添加该权限变量，如图 8-29 所示。权限变量的作用是确保用户看到的数据（无论是筛选器还是最终数据结果）在授权范围内，该授权范围来自分析权限的分配。

图 8-29　配置权限变量

此外，对于已经开启权限功能的字段，理论上 CP 中包含该字段，则对应的 Query 中必须包含该字段的权限变量，否则 Query 执行权限检查时会报错。对于已经开启权限功能的字段，在某些不需要控制权限的业务场景中，可以按照以下方式处理。在 CP 配置界面中，在如图 8-30 所示的位置修改两项配置，就可以实现该 CP 对这个字段权限的忽略。

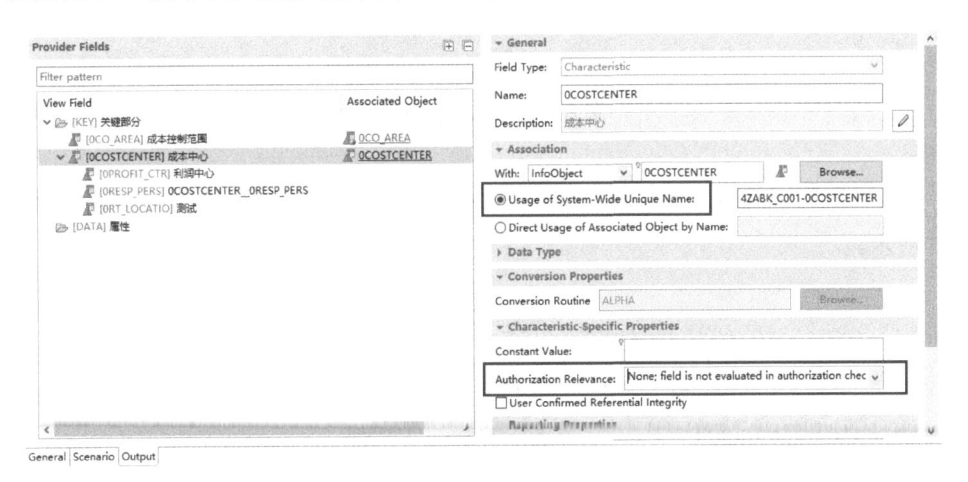

图 8-30　忽略权限配置

但需要注意的是，如果已经关联 BO 报表或者其他报表工具，则不能直接进行该操作，否则将会丢失模型与报表的字段关联关系。

8.2.5 配置分析权限

业务模型中的权限配置完成后，将对分析权限进行配置。执行 TCODE RSECADMIN 可直接进入分析权限管理界面，该界面是配置分析权限的入口。定义分析权限之前必须先激活 BI Content 中的所有权限相关对象。BI Content 中的以下对象必须定义为权限相关：0TCAACTVT、0TCAIPROV 和 0TCAVALID。

分析权限配置步骤如下。

（1）执行 TCODE RSECADMIN，单击"单个维护"按钮，如图 8-31 所示。

图 8-31 分析权限管理

（2）创建对应的分析权限对象，先输入权限的技术名称，然后单击"创建"按钮，如图 8-32 所示。

图 8-32 创建分析权限对象

（3）系统将插入 3 个必要的标准权限信息对象：0TCAACTVT、0TCAIPROV、0TCAVALID，然后添加已开启权限功能的信息对象，如图 8-33 所示。

图 8-33　添加信息对象

（4）单击"明细"按钮，配置权限内容，如图 8-34 所示。

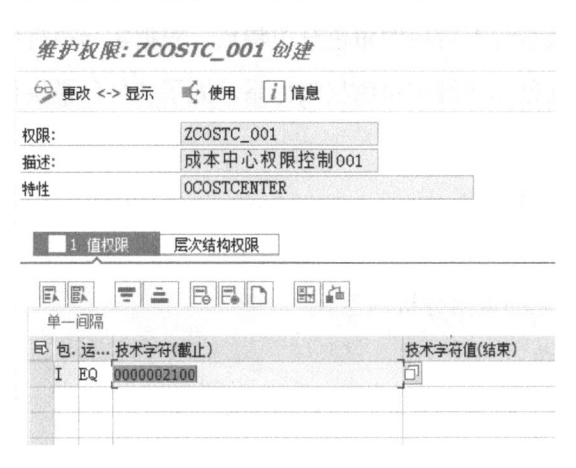

图 8-34　配置权限内容

（5）单击"激活"按钮，激活分析权限，如图 8-35 所示。

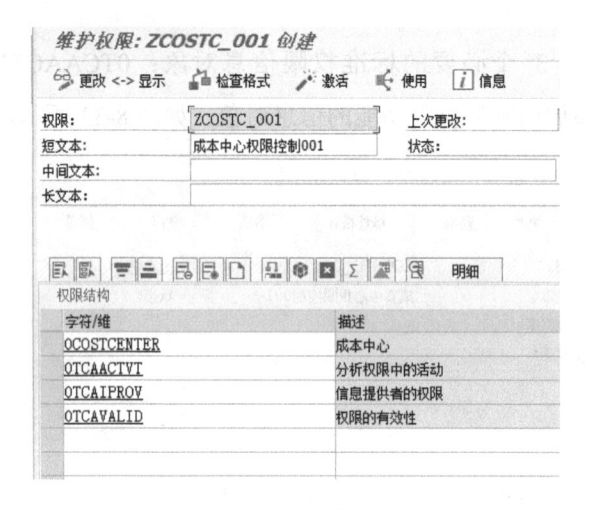

图 8-35 激活分析权限

8.2.6 创建角色

在创建角色之前,需要了解如何在 SAP BW/4HANA 中创建合适的角色。与 SAP ERP 不同,数据分析的权限规划有对应的角色分类特点。根据实际项目情况制定合适的角色体系,才能高效、快捷地创建和维护角色权限体系。为了使角色模块化、能够被灵活使用,创建相应角色应遵循以下原则。

(1)建立三种角色类型。

① 一般可根据组织架构或其他规则,批量生成数据分析角色。

② 特定非常规独立的数据分析角色。

③ 开发人员型角色。

(2)避免角色重复、授权重复导致的权限赋值混乱。

创建和配置角色的详细操作步骤如下。

(1)执行 TCODE PFCG,输入角色 ID,创建单个角色,如图 8-36 所示。

图 8-36　创建角色

（2）输入角色的描述并保存，然后单击"权限"页签，此时相关内容都显示为红色，单击"更改权限数据"按钮，如图 8-37 所示。

图 8-37　修改角色权限

（3）在弹出的窗口中选择标准授权模板，这里选择 S_RS_RREPU，如图 8-38 所示。

图 8-38　选择模板

（4）通过预置授权模板创建角色，可以降低角色创建及权限分配的工作量。授权模板中 S_RS_AUTH 的 BIAUTH 权限字段默认的值是 0BI_ALL。0BI_ALL 是一个系统提供的标准分析对象，是可以查看所有权限的分析对象，一旦加上该权限，其他权限将会失效，因此一般会取消 0BI_ALL，如图 8-39 所示。

图 8-39　取消 0BI_ALL

除了通过模板创建角色，也可以手动加入所需要的权限对象，实现所需要的功能。角色权限主要有以下几个权限对象：S_RFC、S_TCODE、S_RS_AUTH、S_RS_COMP、S_RS_COMP1，手动添加即可，如图 8-40 所示。S_RS_COMP1 是对 S_RS_COMP 的补充，它们主要用于限制 SAP BW/4HANA 的功能权限，即用户可以对哪些 Query 进行配置。

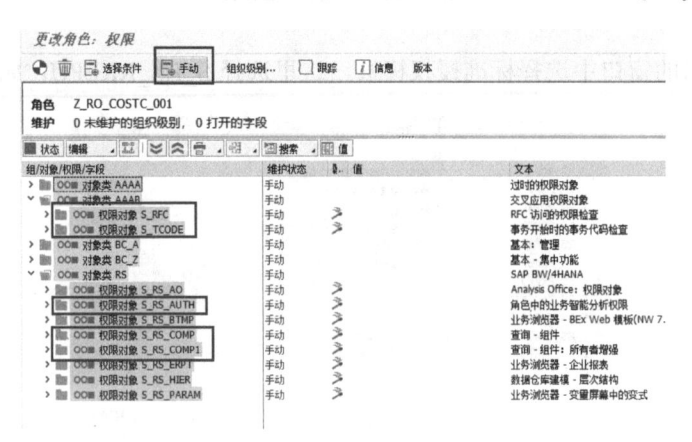

图 8-40　主要权限对象

（5）S_RS_AUTH 中 BIAUTH 权限字段的值，可修改为自定义创建的分析权限对象。通过这个权限对象控制用户可查看数据的范围，如图 8-41 所示。

图 8-41　自定义创建的分析权限对象

（6）设置好分析权限后，单击保存按钮，然后单击生成按钮，生成权限参数文件后单击返回按钮，如图 8-42 所示。此时"权限"页签中的内容变成绿色，第一个角色创建完成。

图 8-42　生成权限参数文件

（7）角色创建完成后，可以通过复制角色来创建相同类型的角色。单击左上角的复制按钮，输入新的角色名称即可完成复制，如图 8-43 所示。

图 8-43　复制角色

（8）复制完成后，可从第（2）步开始，进行更改角色描述、更改角色对应的分析权限等操作。

除以上权限对象外，BW 中的基础权限对象还有以下两个。

（1）登录授权。用户在远程系统中执行操作时，需要使用权限对象 S_RFC。该权限对象允许用户通过前端工具登录远程系统。例如，要使用 SAP Analysis 分析 Excel 数据，用户需要对对象 S_RFC 进行授权。此外，它还控制对程序模块（如功能组）的访问权限。

（2）特殊分析授权 0BI_ALL。当用户或开发人员需要访问所有 SAP BW/4HANA 数据时，管理员可赋权使用权限对象 0BI_ALL。

8.2.7 为用户分配角色

分析权限和角色权限配置完成后，就可以为用户分配角色。

除了可以在 SU01 中配置用户与角色的关系，还可以在 PFCG 中配置用户与角色的关系（为角色分配用户与为用户分配角色的结果是一样的），如图 8-44 所示。

图 8-44 配置用户与角色的关系

8.2.8 SAP BW/4HANA 权限测试方法

开发人员或系统管理员对用户权限进行配置之后，还需要进行权限测试，否则一旦权限未按要求进行控制，就会有数据泄露的风险。下面将介绍如何进行权限测试。

执行 TCODE RSECADMIN，输入对应的用户名，勾选"借助日志"选项，单击执行按钮，如图 8-45 所示。

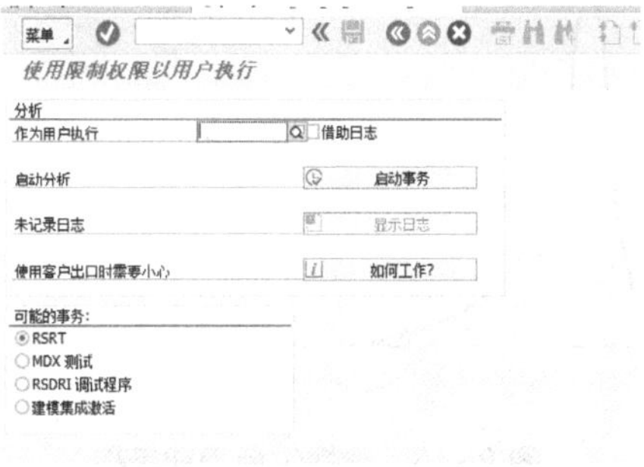

图 8-45 输入用户名

8.3 热、温、冷数据管理

David 对数据仓库中的数据存储机制存有疑问：数据仓库的空间是有限的，在企业数据量不断增大的情况下怎么应对？只能够不断增加内存吗？有没有更好的解决方案？如何确保企业运营热数据的检索效率？

针对 David 的疑问，Jackie 给予的解答是：SAP BW/4HANA 提供了 DTO 方案，用于解决根据数据使用频率设置数据存储方式的问题。

8.3.1 数据分层存储概览

数据仓库上线运行一段时间后必定存储了大量的数据。众多数据中，有的数据历史久远、使用频率下降，有的数据价值高且被频繁访问，如图 8-46 所示。如果不对数据生命周期进行管理，所有的数据都会一直保存在数据仓库中。这就意味着企业数据仓库中会有大量的僵尸数据占用企业宝贵的内存资源，从硬件成本、Licenses 及数据价值方面来看，都是不划算的。

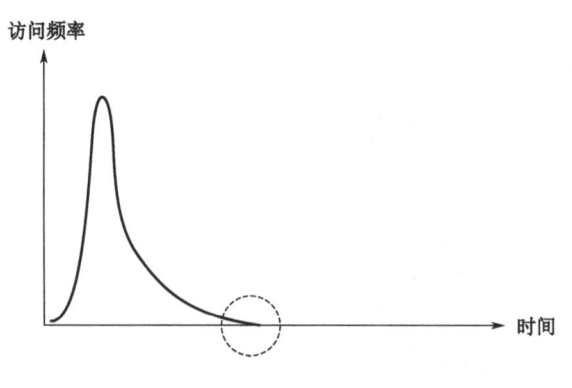

图 8-46 数据生命周期管理

基于数据生命周期可以评估数据的性价比，让高价值的数据在最优的介质中存储，以获得高效响应。而对于一些低价值或者很少被访问的数据，则考虑用普通的介质存储，从而减少存储成本。

8.3.2 热、温、冷数据的分类标准

SAP 针对数据生命周期提出了"多温度数据存储"的概念。这一概念以数据的被访问频率、对业务流程的重要性、性能、安全，以及一些其他的因素作为划分依据，将数据划分为热、温、冷三类，如图 8-47 所示。

数据分层	特性	应用场景
热	• 非常频繁的读/写访问 • 不限制 SAP BW/4HANA 的 Function • 最新和重要的数据	报表分析
温	• 较少的读/写访问 • 不限制 SAP BW/4HANA 的 Function • 不是最新和重要的数据	历史归档
冷	• 较少读取数据 • 历史数据	

逐渐降低性能、优先级和成本

图 8-47 数据分类

1．热数据

热数据是经常被访问的数据，一般用于报表展示或者数据分析，如月报、日报经常访

问的 Data Mart 类型 ADSO 和标准 ADSO 对应的区间数据。

2．温数据

温数据是不被频繁访问的数据，从展示、分析的角度来看，温数据并不是关键数据，不需要一直保存在主存储设备中。但温数据在实际项目中并不容易界定，所以通常不进行单独分类，而是直接将数据分为冷、热两类。

3．冷数据

冷数据很少被访问，不必保存在 HANA 的内存和硬盘中。冷数据一般在 HANA 服务器之外的外部源系统中存储和管理，如 Hadoop 或 IQ 中。

8.3.3 DTO 实施介绍

为了在 SAP BW/4HANA 中实现多温度数据管理，SAP 提出了数据分层优化概念对应的 DTO 方案，如图 8-48 所示。

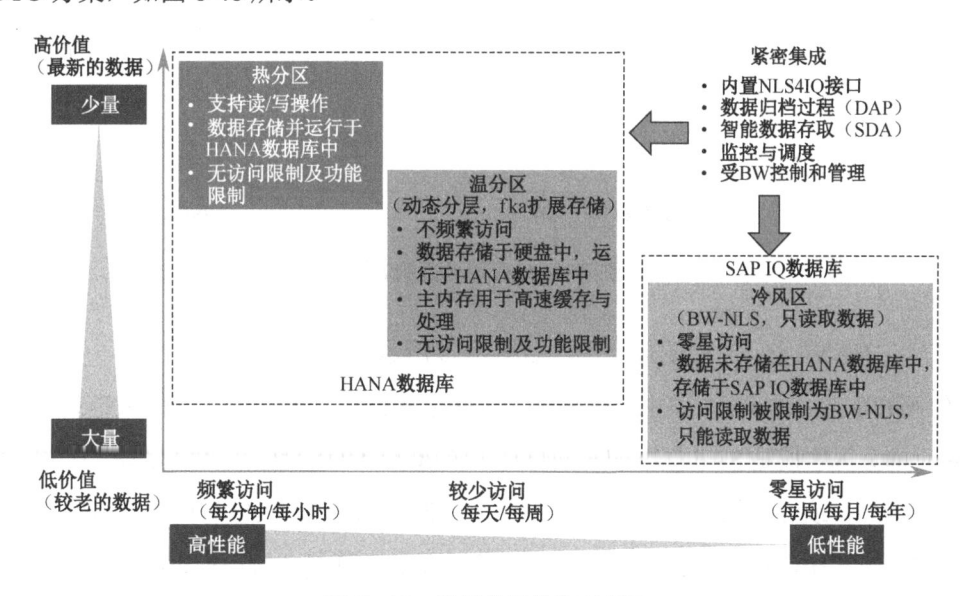

图 8-48 数据分层优化示意图

DTO对热数据在HANA的内存中进行完全管理，对温数据在HANA服务器硬盘中进行管理，对冷数据通过SAP IQ（数据在SAP IQ数据库中进行管理）、Hadoop（在HANA之外的Hadoop文件中管理数据集群）两种外部存储模式进行管理。

通过DTO的应用，可以优化总体成本，仅将重要且经常被访问的数据存储在HANA内存中。在SAP BW/4HANA中，ADSO是唯一可以存储业务数据的模型。因此，可以在ADSO中设置DTO参数，配置ADSO的数据分区存储机制。具体步骤如下。

（1）定义ADSO分区。

（2）配置每个分区的温度，如图8-49所示。

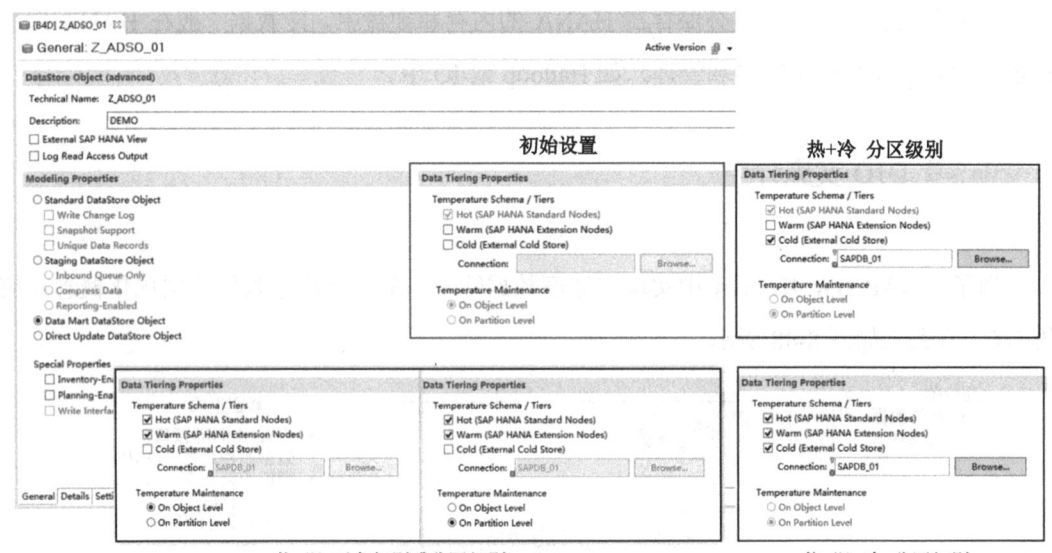

图8-49 配置分区的温度

（3）在HANA Studio中配置分区，如图8-50所示。

在ADSO的Settings页签中配置分区。分区字段根据ADSO定义中的关键维度字段选定。常见的分区字段是SAP标准的时间特征（如0CALMONTH、0CALYEAR、0FISCPER、0FISCYEAR），或者其他可区分数据使用频率的维度字段。如果以后更改分区定义（特别是ADSO已经启用DTO管理数据时），系统会在检查激活对象时进行重构。

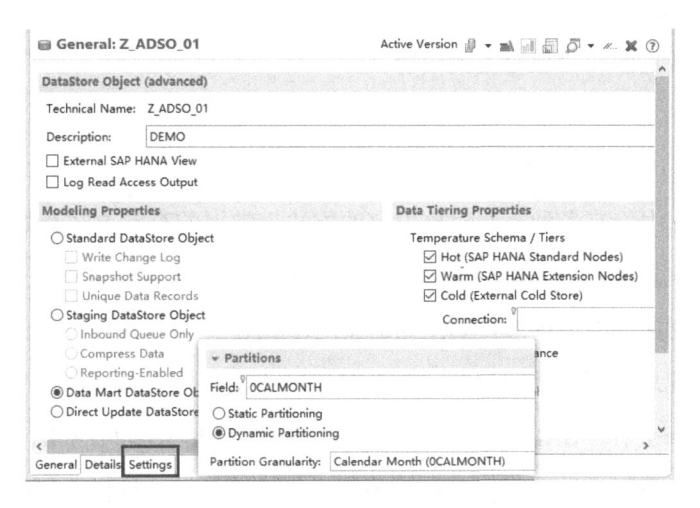

图 8-50　配置分区

8.4 实施神器 BI Content

传统数据仓库项目建设或者现在热门的中台项目建设，都需要从零开始进行数据建模和数据探源，这个过程需要协调大量资源。首先，SAP ERP 复杂的业务逻辑及表结构梳理就需要大量的人力资源投入。其次，由于各种原因，在数据探源过程中还会出现逻辑传递错误，需要反复沟通。最后，对主数据和指标进行统一管理是一项繁重的工作，从零开始构建表格模型有可能导致重复建设，从而引发较大的项目风险。

SAP 针对这类问题提供了标准解决方案。SAP 通过长期对企业进行业务梳理，并结合相关的数据集成经验，生成了通用数据源和数据模型。本节重点阐述 SAP BW/4HANA 如何通过 BI Content 从根源上减少上述项目风险。

8.4.1 BI Content 应用介绍

BI Content 中有很多内容，包括标准信息对象、标准业务数据模型、标准数据源等。

这里重点讲解系统页面和对象分类的内容。

1．系统页面

在 BI Content 中，有多种查看对象内容的方法。常用的查看方法有如下两种。

第一种是按信息范围划分信息提供者。根据 SAP 的业务主题进行划分，可以快速地根据业务主题找到对应的模型内容，如图 8-51 所示。SAP 财务主题下应收子主题的建模，就可以基于目录（信息范围）逐层展开：SAP HANA 优化业务内容→财务管理和控制→SAP HANA 优化→财务会计→SAP HANA 优化→应收账款会计→SAP HANA 优化。这就是 SAP 标准的业务模型，激活安装后可以复制该模型进行快速开发。这样不仅能大大减少前期准备工作，还能降低项目数据探源及模型实施的风险。

图 8-51　按信息范围划分信息提供者

第二种是根据 SAP 的对象类型进行划分，可以快速根据需要的对象类型找到对应的模型对象，如图 8-52 所示。应用这一方法的前提是已经明确知道需要的标准对象。对 BW 标准模型十分熟悉的用户可以使用这种方法，一般场景或初学者用第一种方法即可。

图 8-52　按 SAP 的对象类型划分

2. 对象分类

以下是 BI Content 中的常用对象类型，其中前 4 项是重点使用对象。

（1）RSDS：数据源（Data Source）。这一对象基于 SAP ERP 标准业务模块整合对应的标准数据源，可以直接使用，且对于标准数据源缺少的内容可以进行增强。

（2）IOBJ：信息对象（InfoObject）。BI Content 中有大量各种业务场景的标准主数据对象，这些主数据对象已经预设好各种属性和层次，匹配 SAP ERP 系统的标准业务场景。主数据建设是数据仓库项目实施的一个重点。

（3）ADSO：高级数据存储对象。在 BI Content 中，使用 ADSO 可以大大减少创建业务模型的工作量，ADSO 已经按照业务元数据管理标准进行构建，匹配 SAP ERP 系统的标准业务场景。

（4）TRFN：转换（Transformation）。在 BI Content 中进行转换可以大大减少模型之间的数据逻辑处理工作。

（5）CTRT：货币换算类型（Currency Translation Type）。BI Content 中的货币换算已经按照 SAP ERP 系统的标准业务场景进行设置，可以减少重复的手工工作。

（6）UOMT：数量转换类型（Quantity Conversion Type）。BI Content 中的数量转换已经按照 SAP ERP 系统的标准业务场景进行设置，可以减少重复的手工工作。

其他对象类型也具备参考作用，但实际使用较少，这里就不详细讲解了。

8.4.2 BI Content 的激活方法

激活 BI Content 的操作步骤如下。

(1) 执行 TCODE RSA1，选择左侧内容栏目的 BI Content，以安装 BI Content（选择要安装的对象、传输设置和启动传输），如图 8-53 所示。

图 8-53　安装 BI Content

(2) 在 BI Content 栏目下，找到对应的模型，选择插入收集对象或拖入收集对象区域，如图 8-54 所示。

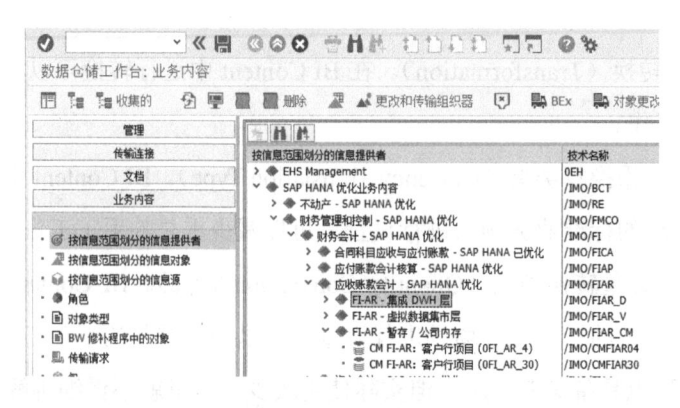

图 8-54　找到模型

(3) 分配相关源系统。

(4) 对象进入收集对象区域后，勾选本次操作需要的对象，并确定收集对象的模式，如图 8-55 所示。

图 8-55 确定收集对象的模式

(5) 确定启动安装对象的视图。

(6) 传输收集对象区域中的对象。

(7) 参考"安装""匹配""复制"和"可用激活版本"功能，检查收集对象的设置，如图 8-56 所示。

图 8-56 检查设置

(8) 在选择清单中进行设置并传输。

如果发现 BI Content 内容不全或内容比较旧，可以找 BASIS 进行 BI Content 升级。一般不建议升级，只有在项目实施前发现缺少十分关键的内容，或者激活安装的内容有问题时，才进行升级。升级有风险，建议找专业的 BASIS 进行升级，同时进行备份，以防升级过程中发生意外需要回滚。

升级后要注意以下事项。

激活 BI Content 时，注意避免因为操作不当导致模型被覆盖，如图 8-57 所示。建议根据企业自身的数据管理规范，由数据项目组或开发经理统一把控，以防不熟悉该功能的顾问误操作带来不必要的风险。

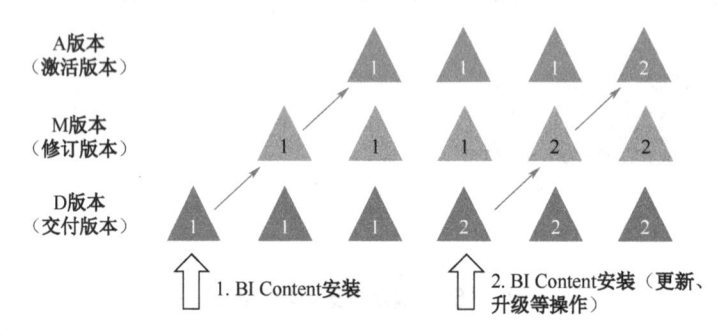

图 8-57 版本覆盖

BI Content 有 3 种版本，A 版本是最终在数据模型中使用的版本。每一步操作对应的是图 8-57 中从左到右的每一列，图中两次不合理的 BI Content 激活将会导致 1 的内容被 2 的内容覆盖。如果版本被误覆盖，找回版本将经历一个十分复杂的过程，甚至无法找回，所以在操作过程中一定要谨慎。

8.4.3 BI Content 使用案例介绍

在实际项目实施过程中，一般会针对用户的实际业务需求进行模型定制化开发。下面将讲解如何运用 BI Content 配合建模。以运用 BI Content 对 SAP 财务主题下的应收子主题进行建模为例，有如下注意事项。

（1）首先要保证 SAP ERP 对应的数据源已被激活且可以正常使用。

（2）基于目录（信息范围）逐层展开（SAP HANA 优化业务内容→财务管理和控制→SAP HANA 优化→财务会计→SAP HANA 优化→应收账款会计→SAP HANA 优化），如图 8-58 所示。

图 8-58 业务内容

（3）BI Content 的信息对象、ADSO 和转换的使用方式不一样。一般不会直接使用 BI Content 的 ADSO 和转换，而是复制 ADSO 和转换，对复制出来的对象进行调整。一般直接使用标准的信息对象，从而实现对业务元数据的统一管理。

8.5 数据接口服务功能

David 问道："如何向外部系统提供数据服务？我知道可以通过直接开放数据库或者通过中间库对外提供数据，除此之外是不是还有为数据服务提供接口的方案？"Jackie 欣慰地点了点头说道："SAP BW/4HANA 确实在这些方面都有充分的考虑。"

数据的首要价值是驱动决策，主要通过数据可视化平台和自助式 BI 分析工具提高决策分析的效率。此外，数据还可以通过接口服务的方式，即 DaaS（Data as a Service），实现业务端的创新应用。

深度数字化的企业采用大量业务系统来支持业务运行，而且业务系统的功能在不断丰富和快速迭代，如个性化推荐界面、历史订单数据实时计算毛利等。业务场景对数据仓库数据服务功能的需求日新月异，所以实现数据接口服务的落地和管理迫在眉睫。

8.5.1 数据接口服务设计原则概述

数据接口服务在数据应用场景下是体现数据价值的核心管道。它负责连接和提供数据的基础服务、数据的抽象与整合、跨系统的安全交互，同时能支持随需而变的弹性扩展。数据接口服务一般会独立部署，并在逻辑上和物理上与其他系统解耦，以便形成管道能力，对外部提供数据服务，又不受外部服务变化的影响。

SAP 给出了适合各种场景的标准化解决方案，可以根据实际的项目背景和需求匹配对应的技术方案。

本节仅以 RFC 和 OData 为例，讲述如何初步实现数据接口服务功能。RFC 在各种 BI 工具和业务系统中均有良好的支持，一般建议非 HTTP/HTTPS 协议采用。OData 适用于网站、App 等应用场景，这种技术手段的实现方式有 SAP BW/4HANA 的 Query、SEGW，HANA 的 XSODATA 等。

8.5.2 数据接口服务技术方案——RFC

RFC（Remote Function Call）即远程函数调用。非 SAP 业务系统可通过 RFC 读取需要的数据，如某些采购数据、订单数据等。在 SAP BW/4HANA 中配置 RFC 的步骤如下。

（1）执行 TCODE SE37，进入 RFC 初始界面，如图 8-59 所示。

图 8-59 RFC 初始界面

（2）新建 RFC 程序前必须先创建一个函数组，一个函数组中可包含多个函数。创建函数组的菜单命令为"转到"→"函数组"→"创建组",如图 8-60 所示。

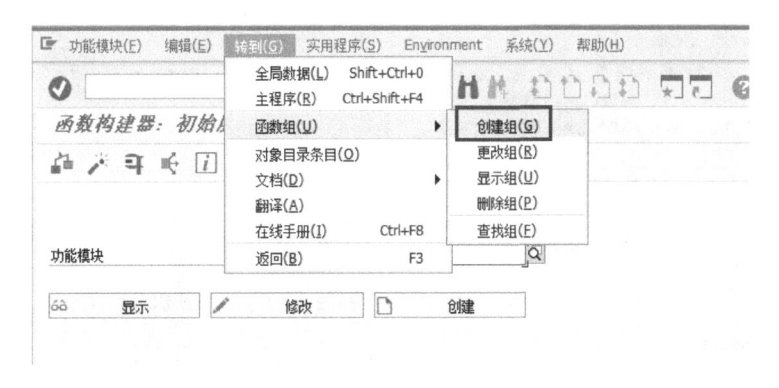

图 8-60 创建函数组

(3)选择"创建组"命令后将弹出"创建功能组"对话框,输入自定义的函数组名称及描述,如图 8-61 所示。

图 8-61 "创建功能组"对话框

(4)保存函数组,返回初始界面(执行 TCODE SE37)。输入自定义函数名称:Z_RFC_001,单击"创建"按钮,将弹出属性设置对话框,如图 8-62 所示。输入所建函数组名称及描述,单击"保存"按钮。

图 8-62 属性设置对话框

(5)函数构建器中有 7 个页签,选择"属性"页签,允许该函数被 SAP 及非 SAP 程序调用，如图 8-63 所示。

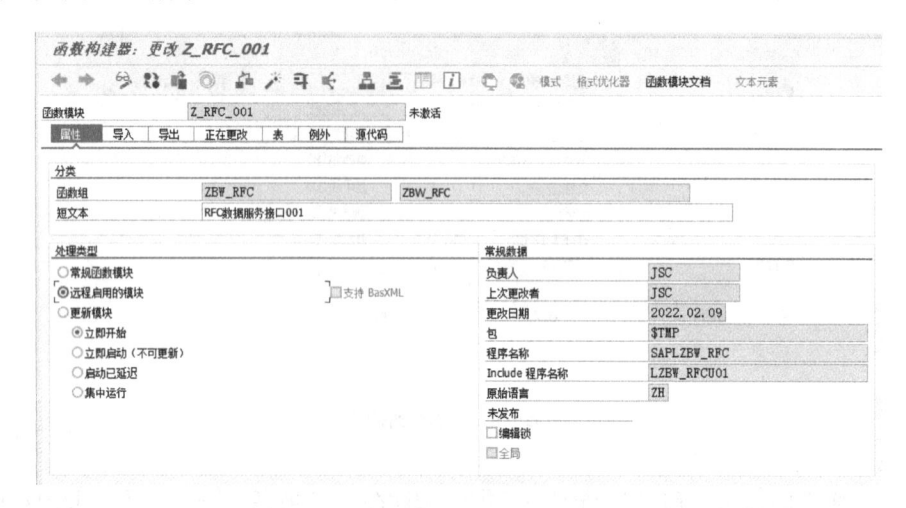

图 8-63 "属性"页签

（6）"导入"页签用于配置数据输入接口，其参数可以为单个变量或者一个结构体。图 8-64 中为单个变量。

图 8-64 "导入"页签

（7）"表"页签中定义的内容可同时作为输入、输出接口，其参数可为单个变量、结构或表。一般设置为希望输出的表结构。

（8）"源代码"页签用于编辑 ABAP 代码。接口中所定义的参数都是函数代码的私有变量，可以在函数中直接引用。通过前面定义的变量和表，与外部程序交换数据。在实际应用中，根据实际业务需求撰写相关逻辑代码。本例中读取表数据的代码如图 8-65 所示。

第8章 百宝箱

图 8-65 本例中的代码

（9）保存并激活相关内容，单击"测试/执行"按钮，输入参数，查看结果，如图 8-66 所示。

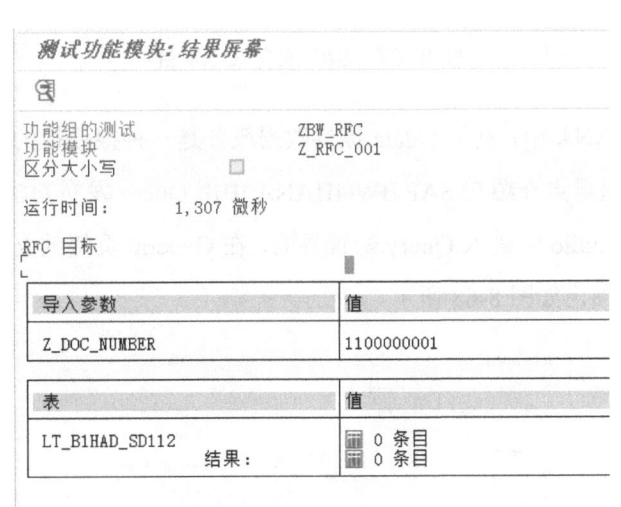

图 8-66 查看结果

（10）执行完上面的步骤后，就完成了 RFC 在 SAP BW/4HANA 中的配置。可以将该 RFC 提供给外部业务系统使用。对应的外部业务系统将 RFC 调出来的数据进行虚拟二维表封装，然后按照需求进行数据处理。

· 321 ·

8.5.3 数据接口服务技术方案——OData

OData（开放数据协议）旨在作为一种标准化的访问协议用于数据访问，以满足当前 Web 开发的要求。OData 是一种数据访问协议，建立在 HTTP 等核心协议和 REST（代表性状态传输）等普遍采用的 Web 方法之上。因此，作为 REST 的常见实践，OData 构建在 HTTP、AtomPub 和 JSON 之上，使用 URI 来寻址和访问数据源资源。SAP 业务技术平台也充分运用 OData 提供各项服务，如图 8-67 所示。

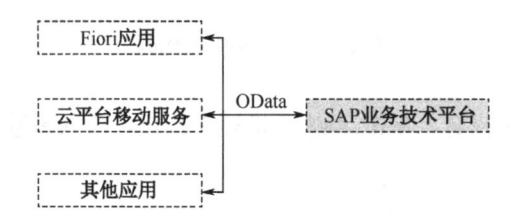

图 8-67　SAP 业务技术平台

在 SAP BW/4HANA 中，利用 Odata 提供数据服务是一种很便捷的方式。OData 的配置方式有很多种，这里重点介绍在 SAP BW/4HANA 中用 Query 发布 OData 的方式。

（1）在 HANA Studio 中进入 Query 配置界面，在 General 页签的 Remote Access 选项区中勾选 By Odata 选项，如图 8-68 所示。

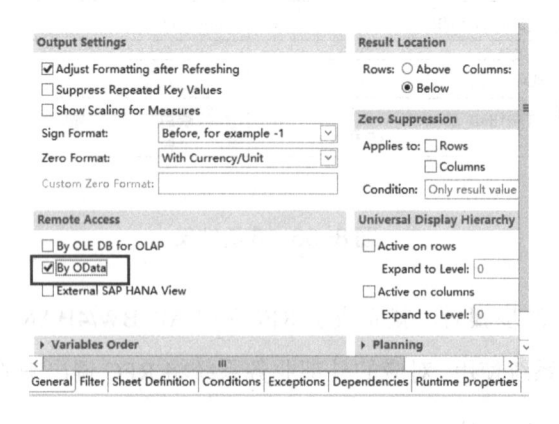

图 8-68　Query 配置界面

（2）执行 TCODE SE37，然后执行功能模块 RSEQ_NAT_GENERATION，进入相关服

务开启配置界面，如图 8-69 所示。如果要传输内容，则输入对应的 PACKAGE 和请求号。

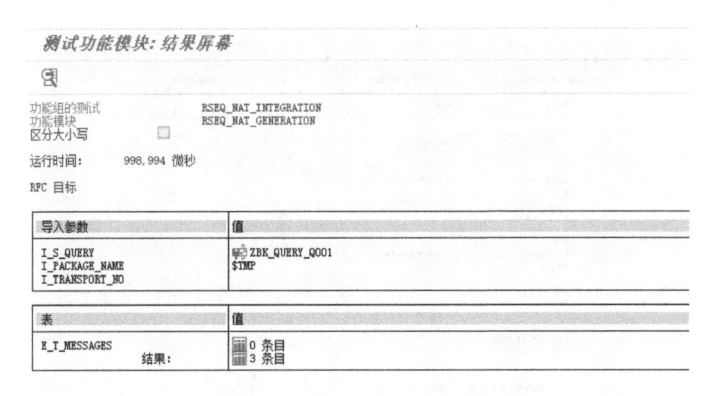

图 8-69　相关服务开启配置界面

（3）执行 TCODE /n/IWFND/MAINT_SERVICE，单击"添加服务"按钮，如图 8-70 所示。进入添加服务界面后，输入系统别名和 Query 的技术服务名称进行搜索，如图 8-71 所示。

图 8-70　添加服务

图 8-71　输入系统别名和 Query 的技术服务名称

（4）单击搜索结果，进入服务配置界面，如图 8-72 所示。若无特殊配置需求，直接填写"包分配"对应信息即可。

图 8-72 服务配置界面

（5）配置保存好后，可回到初始界面（执行 TCODE /n/IWFND/MAINT_SERVICE）进行查看。由于每个环境的 URL 服务器（Server）、端口（Port）和客户端（800）不一致，建议直接回到 Query 开发界面从对应链接进入浏览器测试，如图 8-73 所示。

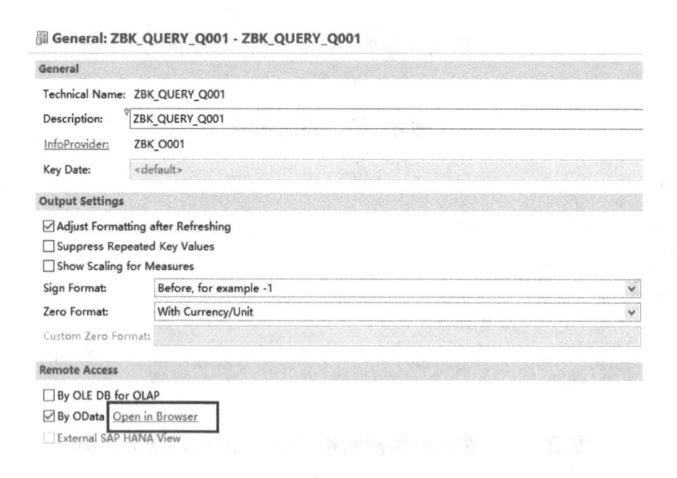

图 8-73 在 Query 开发界面中找到 URL

第 9 章

订单流追溯业务实施揭秘

项目测试基本完成，David 感慨在整个项目过程中学到了非常多的知识。他也从项目初期的新人，逐步成为数据仓库开发小能手。但是 David 也心存疑虑：我在这个项目中学习的内容能否经得起考验？将来如果企业扩展其他非芯片业务，我能否独立带领团队完成数据仓库建设工作？

David 向 Jackie 道出了自己的疑虑，Jackie 说道："我们学习技术，学习的是它的核心思想和底层逻辑，这是 BI 的体格。此外，学习技术的过程中，更要认识到业务的价值，这才是 BI 的灵魂。一旦真正掌握了 BI 的核心技术和业务，做到了融会贯通，扩展其他场景也就水到渠成了。"

前面各章节讲述了芯片制造企业 BI 建设过程，而非芯片制造企业也有其 BI 建设需要解决的痛点和难点，如订单流追溯预警分析，从商机、订单、排产、生产（采购）、质检、库存、物流至回款整个过程的管理。可以通过打通端到端全流程的数据，制定并执行不同节点的预警规则，实现对订单流的全程监控，提升制造企业的管理效率，如图 9-1 所示。

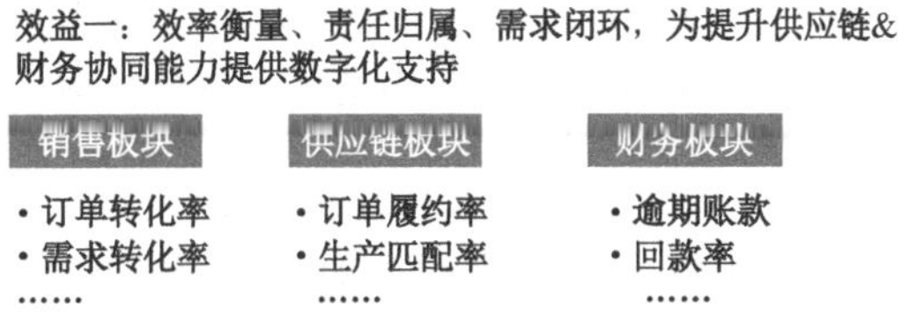

效益一：效率衡量、责任归属、需求闭环，为提升供应链&
财务协同能力提供数字化支持

销售板块	供应链板块	财务板块
·订单转化率 ·需求转化率 ……	·订单履约率 ·生产匹配率 ……	·逾期账款 ·回款率 ……

图 9-1 提升管理效率

订单流追溯可以在实际应用场景中帮助企业发现在提升客户满意度方面所要解决的问题。影响客户满意度的因素有很多，交付及时率无疑是其中最重要的因素之一，如图9-2所示。

客户下单后，若企业每次都能在规定期限内顺利完成货物交接，那么客户对企业的满意度将会上升。反之，如果不能及时交付，客户对企业的满意度将会下降，从而影响企业的运营。

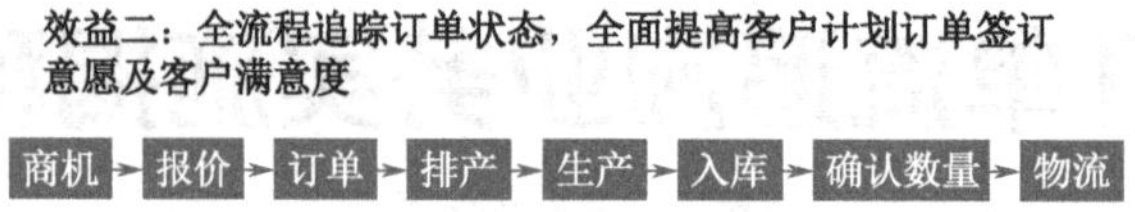

效益二：全流程追踪订单状态，全面提高客户计划订单签订意愿及客户满意度

商机→报价→订单→排产→生产→入库→确认数量→物流

图9-2　提升客户满意度

下面以一个具体的案例讲解订单流追溯业务建设。

智扬制造是广东省一家集研发、制造、销售于一体的家电生产商。在总结上年整体经营情况时，管理层发现整个企业的订单准交率仅为72%。这个数字引起了管理层的注意。经过几轮专项会议之后，管理层决定在新的一年要将此指标提升到82%。管理层希望通过建立订单流数字化监控看板，来帮助计划部门和销售部门快速定位问题订单，做好过程管控。

9.1 订单业务流程

通过对企业业务流程的调查，将企业业务分为两类：工程业务、经销业务。工程业务是企业与企业之间的交易，交易时间长，涉及产品较多，一般以项目制为主。经销业务是各经销商与企业之间的交易，各经销商向企业申请代理经销，从而分销产品。两类业务的具体流程如下。

工程业务：商机→报价→订单→排产/生产→确认数量→发货物流→开票→应收回款。

经销业务：订单→排产/生产→确认数量→发货物流→开票→应收回款。

下面以工程业务为例简单讲解业务流程。

（1）通过商机管理系统确定双方合同的签署和商机的生成。

（2）通过订单管理系统生成含商机信息的报价单。

（3）报价单转成 SAP 普通订单后，如所需的产品库存不足，则触发 SAP SD 的订单计划行生成。

（4）排产/生产系统对产品在生产线上的生产计划进行安排，生产完成后入库。

（5）库存盈余满足订单数量后，订单进入确认数量环节。

（6）SAP SD 发货，此时 SAP 将提货单号传到物流运输系统，生成对应的物流单号，并提醒客户/物流公司将货物从仓库移出。

（7）在订单发货的同时开出 SAP 发票，通过 SAP FI 生成应收账款。

SD 模块是整个订单流的核心之一，没有 SD 模块就没有订单流，因此下面重点针对 SD 模块建模过程进行讲解。

9.2 订单流之 SD 模块简介和关注点

SD（Sales and Distribution）模块即销售与分销模块，一般简称销售模块。SD 模块处理有关销售、装运、单据开具的业务。它提供销售支持，用于管理有关销售线索和竞争对手活动的信息，还提供有关市场趋势的预警。SD 模块主要业务内容包括报价、销售、发货、运输、发票处理、信贷管理等，如图 9-3 所示。

SD 模型构建过程中有几个核心关注点：订单类型的逻辑，发票类型的逻辑，货币转换，内部结算的逻辑，订单、发货、发票的关联。下面重点介绍订单、发货、发票的关联。

一般有两种处理方式，常规方式是通过 CP 进行关联，另一种方式是在合并层提前通过 ABAP 进行关联。由于 BW 已经进入 HANA 时代，SAP BW/4HANA 具有强大的功能，因此采用第一种方式即可。具体操作如下：将订单模型、发货模型、发票模型用独立的 ADSO 进行构建，利用它们共同的主键在 CP 中进行关联，如图 9-4 所示。

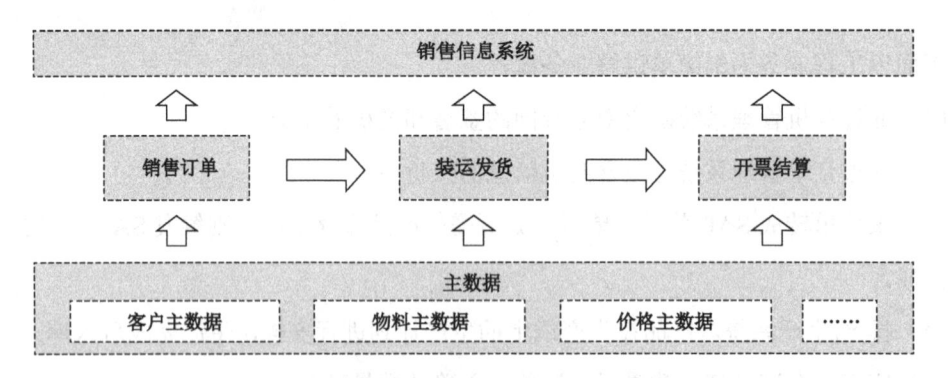

图 9-3　SD 模块主要业务内容

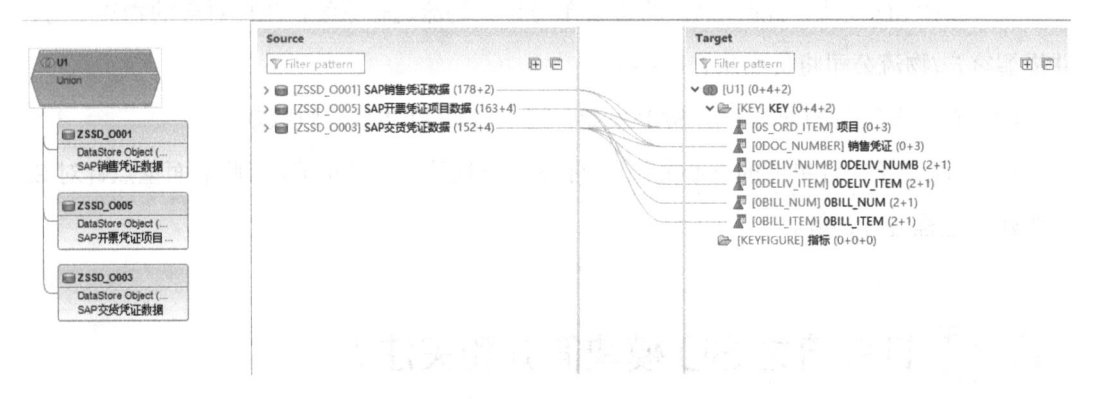

图 9-4　SD 模块建模 CP 主键关联

9.3　订单流之 SD 模块关键维度

对 SD 模块常见业务主数据、关键业务维度、凭证维度的说明如下。

（1）常见业务主数据包括物料（0MATERIAL）、客户（0CUSTOMER）、公司代码（0COMP_CODE）、工厂（0PLANT）、销售组（0SALES_GRP）、销售组织（0SALES_ORG）、库存地点（0STOR_LOC）等。这些主数据贯穿整个销售流程，业务也围绕着这些主数据流转。

（2）关键业务维度虽然不是带属性的主数据，但这些内容也十分重要。可以根据这些维度区分实际业务发生的内容，如订单类型（0DOC_TYPE）、交货冻结（0DEL_BLOCK）、拣配类型（0DEL_TYPE）、开票类型（0BILL_TYPE）等。

（3）凭证维度是关联模型非常重要的字段，主要内容有订单号（0DOC_NUMBER）、订单行项目（0S_ORD_ITEM）、交货单号（0DELIV_NUMB）、交货行项目（0DELIV_ITEM）、发票单号（0BILL_NUM）、发票行项目（0BILL_ITEM）等。

9.4 订单流之 SD 模块标准数据源和模型

项目实施过程一般比较紧凑，以 SAP 自有的 BI Content 为模板快速构建模型，后续可以基于标准模板复制进行自定义业务逻辑模型构建。BI Content 是 SAP 通过长期对服务企业的业务梳理和整合得出的通用性模型，其主要功能分布在 SAP ERP 和 SAP BW/4HANA 中。

1. 第一部分：SAP ERP 中的 BI Content

使用要激活/初始化/填充的数据源，本项目使用的是 SD 模块的 2LIS_11_VAITM（订单项目数据源）、2LIS_11_VASCL（订单计划行数据源）、2LIS_12_VCITM（发货项目数据源）、2LIS_13_VDITM（开票项目数据源）。

（1）激活数据源，执行 TCODE RSA5，选择 SAP-R/3→SD-IO，如图 9-5 所示。

（2）执行 TCODE RSA6，查看数据源是否正常，如图 9-6 所示。利用该 TCODE 还可以构建数据源增强修改结构。

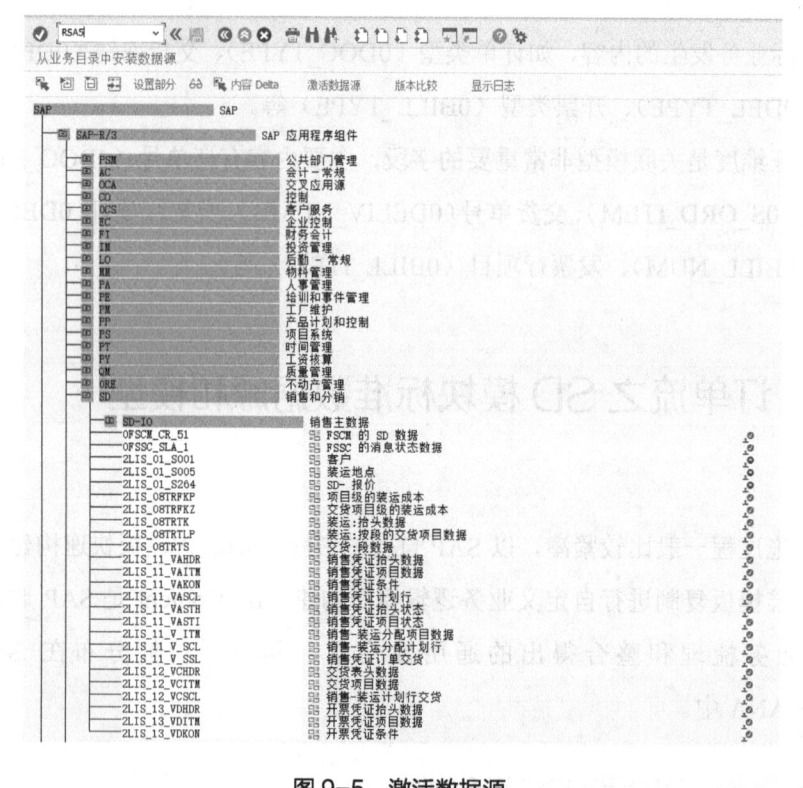

图 9-5 激活数据源

图 9-6 查看数据源

（3）执行 TCODE SBIW，初始化/填充数据源，选择"数据传输到 SAP 业务信息仓库"→"用于特定应用程序数据源的设置（PI）"→"后勤"→"管理提取结构"→"初始化"→"填充设置表"→"统计数据的指定应用设置"→"SD 销售订单-重新构建"，如图 9-7 所示。

第 9 章 订单流追溯业务实施揭秘

图 9-7 初始化/填充数据源

（4）执行 TCODE RSA3，查看数据源是否正常，如图 9-8 所示。

图 9-8 查看数据源

（5）执行 TCODE LBWE，启动增量队列功能，如图 9-9 所示。

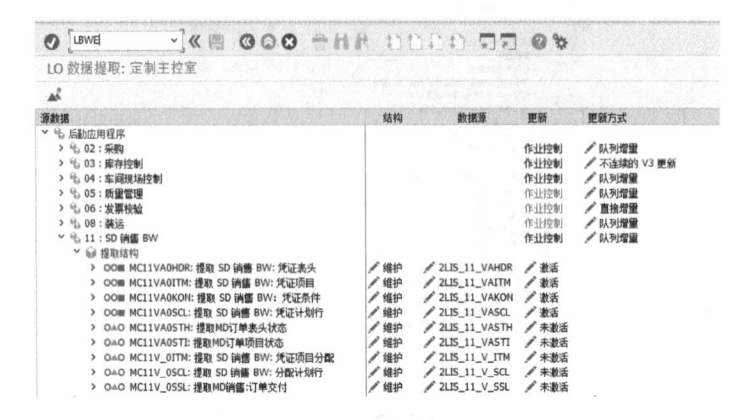

图 9-9　启动增量队列功能

2. 第二部分：SAP BW/4HANA 中的 BI Content

执行 TCODE RSA1，双击打开左侧的"业务内容"，选择对应的模块进行激活安装。激活安装后，复制 ADSO 并转换，按照对应业务逻辑需求和数据建模规范进行调整，如图 9-10 所示。

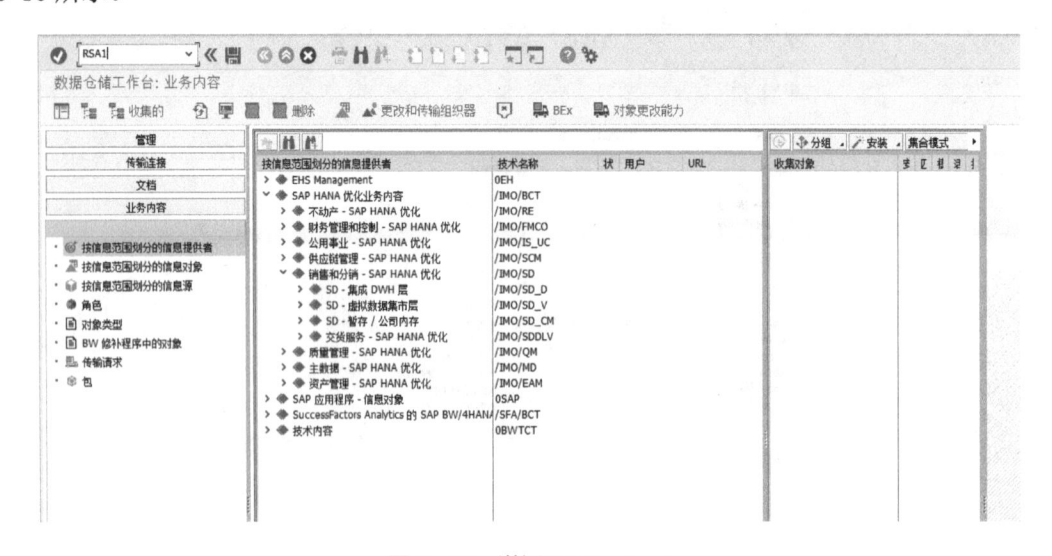

图 9-10　激活 BI Content

9.5 订单流之 SD 模块实施方案设计思路

SD 模块整体模型设计如图 9-11 所示。

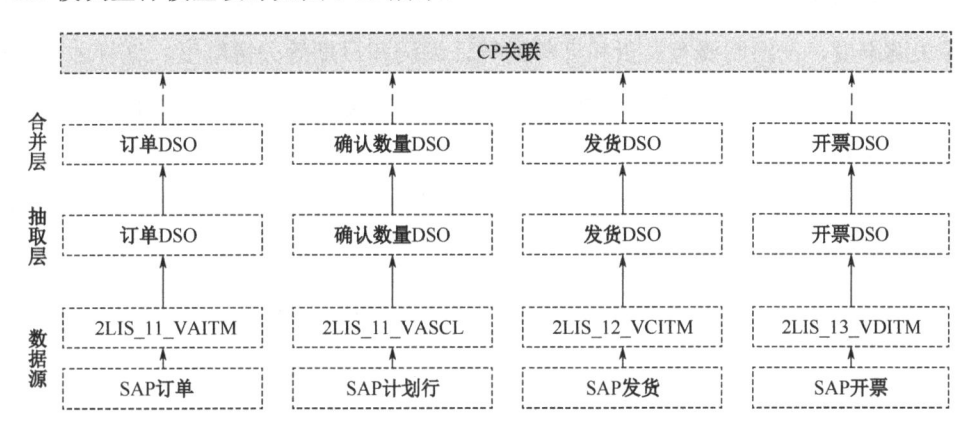

```
合并层:    订单DSO      确认数量DSO     发货DSO        开票DSO
                        ↑ CP关联 ↑
抽取层:    订单DSO      确认数量DSO     发货DSO        开票DSO
                           ↑
数据源:  2LIS_11_VAITM  2LIS_11_VASCL  2LIS_12_VCITM  2LIS_13_VDITM
          SAP订单        SAP计划行       SAP发货        SAP开票
```

图 9-11 SD 模块整体模型设计

项目实施分层建模。首先，确定数据源的取数范围；其次，构建对应的抽取层，以保存与业务系统相同的数据；然后，进一步构建合并层，统一逻辑口径；最后，通过 CP 关联构建集市层所需的特殊逻辑。详细讲解如下。

（1）数据源。数据源根据获取系统分为两类。其中一类采用 SAP ERP 标准数据源，包括 2LIS_11_VAITM（订单项目数据源）、2LIS_11_VASCL（订单计划行数据源）、2LIS_12_VCITM（发货项目数据源）、2LIS_13_VDITM（开票项目数据源）。

（2）抽取层。为了保证数据完整性，抽取层模型粒度与数据源粒度保持一致，并不做任何业务逻辑处理。例如，订单抽取层模型包含订单抬头、订单项目、产品编码、订单数量等订单最细粒度数据。

（3）合并层。合并层基于不同的业务环节，根据业务实际需求的逻辑对数据进行处理和建模。例如，为了后续可以将合并层通过订单抬头和订单项目进行关联，订单的合并层根据订单抬头和订单项目获取对应报价单的报价单抬头、报价单项目，以及报价单创建日期；开票的合并层则根据发货抬头和发货项目获取对应订单的订单抬头、订单项目、订单类型，以及订单日期。

（4）CP 关联（订单流贯通建模关键步骤）。在设计 CP 模型时，每一个环节的模型都要有之前环节模型对应的凭证编码和日期等关键维度，如图 9-12 所示。例如，常见 SD 流程是从"订单环节"到"发货环节"再到"发票环节"，则发货需要包含订单的凭证编码和日期等关键维度，发票则要有发货和订单的凭证编码和日期等关键维度。这样才能形成业务闭环，将每一个业务环节都进行关联。CP 关联既能满足当前业务需求，也能满足用户以后的自助分析和需求。

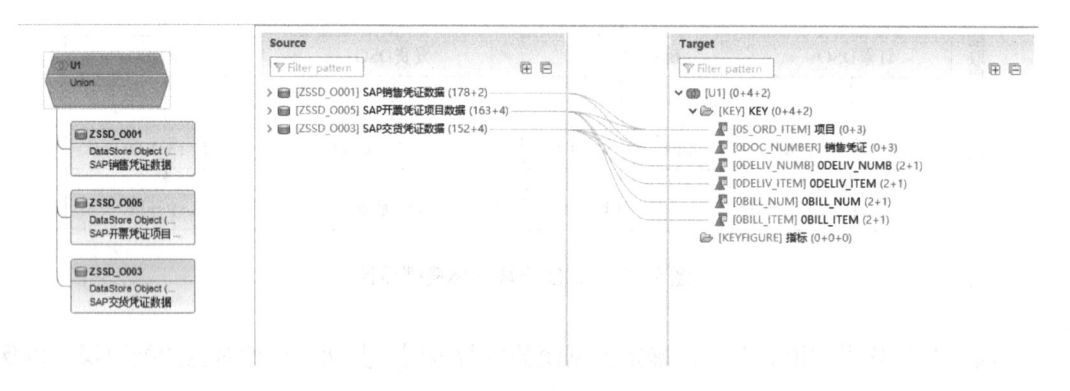

图 9-12 订单流贯通建模关键步骤

9.6 订单流其他模型和展示

按照相同的模式，根据实际情况把订单流的其他模型搭建完成。非 SAP 数据采用外部数据源，构建 SDI 或 DataService 作为辅助抽取即可。常见的非 SAP 场景有：订单管理系统获取报价单信息，物流运输系统获取货物物流运输信息，排产/生产系统或 MES 系统获取货物排产/生产信息等。

在最后的应用层，将不同模型通过订单抬头与订单行项目整合成两大模型。模型一将所有环节整合成阶段总表，之后根据订单类型归类为不同业务主题的子模型，以支持快速展示预警数据。模型二根据业务逻辑将所有有关于订单的指标按最细粒度存储，然后根据需求部分展示订单各环节详细内容。

整体业务模型架构如图 9-13 所示。

```
┌─────────────────────────────────────────────────────────┐
│                      订单流模型                           │
│  ┌──────────┐  ┌──────────┐  ┌──────────┐  ┌──────────┐ │
│  │  报价模型  │  │  订单模型  │  │  发货模型  │  │  开票模型  │ │
│  └──────────┘  └──────────┘  └──────────┘  └──────────┘ │
│  ┌──────────┐  ┌──────────┐  ┌──────────┐  ┌──────────┐ │
│  │生产计划模型│  │  生产模型  │  │  物流模型  │  │  应收模型  │ │
│  └──────────┘  └──────────┘  └──────────┘  └──────────┘ │
└─────────────────────────────────────────────────────────┘
```

图 9-13　整体业务模型架构

页面求设计上最终报表，主要分为概览和明细两个页面。概览页面提供一个整体的预警视角，帮助供应链上的计划和执行人员快速定位问题订单和问题节点，以便及时、有效地干预和推进问题的解决。明细页面提供订单的详细视角，帮助执行人员快速了解订单的前因后果。

9.7　订单流追溯方案总结

本章通过模拟影响企业生产运营的一大难点——"订单黑匣子管理"的业务场景，结合智扬信达在制造企业订单追溯管理方面的数字化实践经验，并选取 SAP BW/4HANA 这一专业的数据仓库平台作为技术支撑，来模拟构建数据资产平台，为读者呈现完整的企业订单流追溯平台解决方案。

其实，无论何种业务应用场景下的企业级数据平台的搭建，都需要经过"业务场景快速构建→标准化数据中心建模与数据管理→高扩展性与强大功能的数据分析平台搭建"的"三步走"过程。而在具体实践中，无论是前期的业务应用体系、技术架构设计与规划，还是数据应用平台的实施落地、迭代优化，都离不开专业、稳定的项目组织的基础保障（此处组织包括企业内部专业的数据团队及专业的实施服务商）。企业只有将内外部经验进行充分融合，才能实现优势互补，从而构建出科学、完善的企业级数据分析平台。

构建企业级数据分析平台犹如构建企业智慧大脑，对于企业的成长与发展有着指引作用，也是企业未来释放数据信息价值与决策价值的关键所在。大数据技术不仅可以帮助企业进行有限资源的精准定位与分配，也能协助企业更好地开展服务。例如，本章中的"订单流追溯分析平台"便可以协助制造企业实现客户订单的及时交付，提升客户满意度。

只有围绕"纵向分层、横向分域"这一基本方针来搭建数据分析平台，企业才能将数据分析平台用于实处；企业只有深入应用数据分析平台，才能不断构建"战略—战术—执行"的数据应用生态圈，最终实现平台价值与不同用户的使用目标的统一融合。

对于企业战略层来说，借助数据分析平台，能够构建企业端到端的数字价值链，帮助决策层更快、更准地做出决策与实现精细化运营，有效提高企业竞争力，实现"数据驱动决策"和"数据引领创新"。对于管理层来说，通过数据分析平台的应用，管理者能够快速洞察改善机会，敏捷复盘目标与差距，更好地掌控风险，从而提升管理效率，实现"数据赋能管理"。而对于企业的执行层来说，企业数据分析平台的构建能够有效地指引行动落地，提升工作效率，消除因人而异的行动结果偏差，实现"数据规范行动"。

企业可以通过对数据的深入应用，释放数据价值，构建"战略—经营—行动"的PDCA数据应用与闭环管理能力，推动企业组织架构与商业模式双革新，提升企业在数字经济时代的数字化竞争能力，驾驭好"数字经济"这一发展新动能。

反侵权盗版声明

电子工业出版社依法对本作品享有专有出版权。任何未经权利人书面许可，复制、销售或通过信息网络传播本作品的行为；歪曲、篡改、剽窃本作品的行为，均违反《中华人民共和国著作权法》，其行为人应承担相应的民事责任和行政责任，构成犯罪的，将被依法追究刑事责任。

为了维护市场秩序，保护权利人的合法权益，我社将依法查处和打击侵权盗版的单位和个人。欢迎社会各界人士积极举报侵权盗版行为，本社将奖励举报有功人员，并保证举报人的信息不被泄露。

举报电话：（010）88254396；（010）88258888

传　　真：（010）88254397

E-mail：　dbqq@phei.com.cn

通信地址：北京市万寿路173信箱
　　　　　电子工业出版社总编办公室

邮　　编：100036